谨以此书

献给

我的妻子谢丹，我的女儿杨羽彤和我亲爱的家人

巴西汉语教学的“三教”问题研究

杨小彬 著

BRAZIL
CHINA

WUHAN UNIVERSITY PRESS
武汉大学出版社

图书在版编目(CIP)数据

巴西汉语教学的"三教"问题研究/杨小彬著．—武汉：武汉大学出版社，2018.5

ISBN 978-7-307-20167-5

Ⅰ.巴…　Ⅱ.杨…　Ⅲ.汉语—对外汉语教学—教学研究—巴西

Ⅳ.H195.3

中国版本图书馆CIP数据核字(2018)第098214号

责任编辑:罗晓华　　责任校对:汪欣怡　　版式设计:韩闻锦

出版发行：**武汉大学出版社**　（430072　武昌　珞珈山）

（电子邮件：cbs22@whu.edu.cn　网址：www.wdp.com.cn）

印刷：虎彩印艺股份有限公司

开本:720×1000　1/16　印张:15.5　字数:222千字　插页:2

版次:2018年5月第1版　2018年5月第1次印刷

ISBN 978-7-307-20167-5　定价:35.00元

前　言

随着中国综合国力的巨大跃升和中国广阔市场的日益开放，中国与其他国家间的国际交往正在以前所未有的规模和速度广泛开展。为了推动汉语在国外的传播、提升汉语言文化的影响力，中国以国家汉办为主办机构，自 2004 年起与世界各国教育机构合作，在全球开设孔子学院。孔子学院的成功举办极大地满足了世界各国汉语学习者与日俱增的需求，成为汉语在海外传播的主流，开创了对外汉语教学研究和汉语国际推广事业的新局面。截至 2016 年年底①，孔子学院总数达 511 所，孔子课堂达 1073 个，分布在全球 140 个国家，注册学员 210 万人，中外专兼职教师 4.6 万人。

汉语教学和中国文化传播是孔子学院的两大基本职能，成功的汉语教学会增强汉语学习者学习中国文化和传播中国文化的动力，中国文化的有效传播反过来吸引更多的外国人学习汉语，二者相互促进、相互依赖。但是我们认为十年来孔子学院的汉语教学研究，尤其是国别性的对外汉语教学研究亟待加强，以提高汉语课堂教学的效果，推动孔子学院的可持续发展。

首先，针对不同国家汉语学习者外语学习需求和学习策略的国别性对外汉语精品教材十分匮乏，尤其是针对小语种国家的对外汉语教材十分匮乏。孔子学院十年的快速发展见证了我国对外汉语教材开发的全方位、立体性大发展。据孔子学院网站介绍，截至目前，孔子学院公布的官方认定的教材就涵盖了小学到大学的各种汉

① 刘延东：《创新　合作　包容　共享　携手并肩开创孔子学院发展新局面——在第十一届孔子学院大会开幕式上的主旨演讲》，载《孔子学院》，2017 年第 1 期，第 13 页。

语教材、通用汉语教材、文化读物、工具书和音像制品等 80 多种，共计 45 个语种都有汉语和外语对照的主干教材和工具书。此外，还有 75 个国家的 278 所孔子学院开发了适应当地教学大纲和考试标准的本土教材 834 套、1162 册。但是，我们应该看到这 45 种语种的教材大多是同一种通用教材的不同语种的注释版，也就是将某一种汉语教材的习题和注释部分用不同的语言翻译出来。这种注释版的不同语种的对外汉语教材在实际使用过程中同样存在水土不服的情况。另外，孔子学院本土教材由于志愿者教师的语言问题，也很少被用于课堂教学。这种难题在巴西尤为明显，目前巴西孔子学院使用的是《跟我学汉语》《当代中文》等通用对外汉语教材的葡萄牙葡语注释版，在葡语的发音和词汇的使用上，都有大量的不符合巴西葡语的录音和注释存在，内容上也基本没有涉及巴西文化。

其次，孔子学院的教师队伍极不稳定，高水平且有经验的志愿者教师成体制性的流失。孔子学院的教师以汉语教师志愿者为主体，一般任期 1~2 年，最多 3 年。他们大多由孔子学院中方合作院校在本校对外汉语本科毕业生或语言学相关专业在校研究生和毕业生中选拔，由汉办组织任前培训后派出。他们大多满怀热情，克服生活、工作中的困难和中外文化上的冲突，尽心尽力完成孔子学院的汉语教学和文化传播任务。但是，他们大多是一个人第一次生活在国外完全陌生的城市，在任期第一年需要花很大一部分精力适应生活和工作上的压力，习惯文化背景上的差异，尤其是教学经验和教学管理经验的积累。等他们逐渐适应所在国汉语教学规律和所在国文化的时候，他们由于任期结束不得不放弃汉语教师志愿者的工作回国重新学习或者重新寻找别的工作。这也是困扰巴西孔子学院多年的难题，巴西的汉语教师志愿者们需要花更多的时间学习巴西官方语言——葡萄牙语，适应巴西汉语学习者的学习特点，熟悉适合巴西汉语学习者的教学方法。但是，一般在任期 2 年结束后，这些有经验、会葡语的志愿者不得不放弃，选择回国另谋职业，而想坚持学习汉语的巴西学生不得不每年面对一位不会葡语的新手汉语教师。会葡语、有教学经验的巴西汉语教师志愿者的离任是汉语在巴西传播事业的巨大损失。

最后，国别性的汉语教学方法的研究难以开展，其应用更是十分欠缺。一方面，我国对外汉语研究的传统是强调“对外”，即对来华留学生的汉语教学研究，这与汉语国际推广事业的发展极不匹配。另一方面，孔子学院的中方外派的汉语教师们和汉语教师志愿者们大多不是专职的对外汉语教师，任期结束后大多没有继续从事对外汉语教学工作和研究工作。另外，孔子学院本土汉语教师人才匮乏，世界上有名的汉学家更注重中国文化的研究和中国典籍的翻译。由于以上种种原因，新任的汉语教师志愿者们，尤其是在巴西这种小语种的国家任教时，由于缺乏教学方法的理论指导和实际应用培训，大多自己摸着石头过河，教学效果难以得到保证。在巴西孔子学院里，初级班学员一般学习汉语的热情高，但是只有少数人能坚持到中级班，高级班学员更是凤毛麟角。这种现象与教法的研究和应用不无关系。

崔希亮①（2010）认为在汉语国际推广的背景下，汉语教学环境多元化、汉语学习者学习目的多元化、汉语教学理念多元化、孔子学院教学模式多元化等方面促使我们的汉语国际教育日益多元化，“三教”问题应该成为汉语国际教育的重心，需要各国汉语教师加强有针对性的“三教”问题研究，以推动各国汉语教育事业可持续健康发展。“三教”问题中，教师是核心，因为教师是教材的编写者和使用者，是教法的具体执行者。教师需要花大力气研究汉语学习者的需求、学习动机和学习策略，结合教材，采用适合汉语学习者学习特点的教学法，需要大力研究如何用最短的时间、以最小的代价、用最有效的方法，让学习者取得最大的学习效益。

笔者曾经在汉办和澳门理工学院举办的“葡语及葡语国家文化研习班”学习过葡萄牙语，担任过巴西留学生汉语教师，并受到巴西圣保罗州立大学孔子学院巴方院长保利诺教授的邀请，在巴西访学半年，实地考察了巴西孔子学院的运行和管理。在巴西访学期间，笔者还拜访了圣保罗大学中文系和圣保罗当地的一些教会中

① 崔希亮：《汉语国际教育“三教”问题的核心与基础》，载《世界汉语教学》，2010年第1期，第73页。

文学校和中文补习班，采用实地调查、访谈和问卷调查等方法，试图分析巴西汉语学习者的学习动机、汉语学习策略、巴西汉语教材使用现状、巴西孔子学院志愿者教师队伍培养策略和行之有效的巴西汉语教学方法。我们认为开展巴西汉语教学的“三教”问题研究，可以为国别性的对外汉语教学提供可供借鉴的研究思路，可以为巴西的汉语教学探寻现实的理论指导和应用范本，可以为汉语在巴西的推广和传播探索有效的途径。

本书共分为五章：绪论，中巴关系与汉语传播，巴西汉语教学的教材建设，巴西汉语教学的教师队伍，巴西汉语教学的教法。

第一章绪论部分主要介绍了巴西汉语教学“三教”问题的研究背景、研究问题、研究方法、研究思路、研究意义和创新点，以及本书的主要框架和主要内容。

第二章从巴西的基本国情介绍着手，简要回顾了中巴经贸往来和文化交往的历史、发展现状和现实困难，简要回顾了汉语在巴西传播的历史和现状，综合讨论了已有的巴西汉语教学的语音、词汇、语法、教材、教师和教法等方面的研究成果，并结合任务型教学法的基本特点，分析巴西汉语教学“三教”问题研究的必要性。

第三章首先简要回顾了我国对外汉语学科发展历程和我国对外汉语教材编写的历史，总结了我国对外汉语教材的成就和问题，结合当今巴西孔子学院教材使用现状和志愿者实际使用教材的经验，分析了巴西汉语教材面临的困境，讨论了巴西汉语教材开发的原则和策略。

第四章主要采用访谈和问卷调查的方法，使用 SPSS 统计软件进行数据处理，讨论了巴西汉语教师志愿者的基本情况、任职动机、生活和工作困难、教学基本情况等，分析和讨论了巴西汉语教师的培养策略。

第五章采用问卷调查的方法，分析了巴西汉语学习者选择汉语课程的原因，从内在目的动机、外在目的动机、任务价值动机、学习控制动机、期望动机和考试焦虑 6 个方面分析了巴西汉语学习者学习汉语的动机。另外，通过 Oxford 设计的 SILL 外语学习策略问卷，分析了巴西汉语学习者学习汉语的策略，从元认知策略、社交策略、记忆策略、认知策略、情感策略、补偿策略6个方面讨论巴西学生学习汉语的策略。并在分析巴西学生汉语学习动机和学习策略的基础上，探讨适合巴西学生的汉语教学方法。

结语部分总结了巴西汉语教学的教材、教师和教法研究结论，指出了本研究的不足之处。

目　　录

第一章 绪　论

第一节 研究背景

一、中巴经贸与文化交流

世界范围内的“汉语热”是巴西汉语教学问题研究的时代背景。我国的对外汉语教学起步于20世纪50年代，刚刚开始却经历“文革时期”的中断，改革开放后，面向外国人的汉语教学才艰难恢复。经过80年代中期和90年代的高速发展，对外汉语教学逐步得到了学界的认可和国家的重视，对外汉语教学慢慢成为一门新的学科。21世纪中国经济和国力的持续发展，催生了世界范围内的“汉语热”，为了适应世界上的汉语热，尤其是为了让世界更好地了解中国，增进中国人民同世界各国人民之间的友谊和互信，中国政府和学界加大了对外汉语教学的投入和研究，将对外汉语教学上升为汉语国际推广事业。

随着2004年世界上第一家孔子学院在韩国首尔大学成立，世界各国出现了争相开办孔子学院的热潮，十多年来，汉语国际推广事业的发展十分喜人。截至2016年年底①，孔子学院总数达511所，孔子课堂达1073个，分布在全球140个国家，注册学员210万人，中外专兼职教师4.6万人。

① 刘延东：《创新　合作　包容　共享　携手并肩开创孔子学院发展新局面——在第十一届孔子学院大会开幕式上的主旨演讲》，载《孔子学院》，2017年第1期，第13页。

国务院前副总理刘延东①强调，孔子学院要加快推进本土化，促进融合发展，特别是要与所在学校的目标定位相契合，要与社区大众的实际需求相适应，要与所在国家的文化环境相交融。这就要求我们大力推进国别性的对外汉语教学问题研究，只有加强针对不同国家汉语学习者的学习动机、学习方法、外语学习策略等方面的基础性研究，加强针对不同国家汉语学习者的汉语教师、汉语教材和汉语教学方法的研究，才能促进世界各国的对外汉语教学事业向深度推进，以适应世界上国际汉语推广事业高速发展的要求，促进汉语国际教育事业的可持续发展。

中巴经贸关系和文化关系的迅猛发展极大地促进了汉语在巴西的传播，是巴西汉语教学问题研究的强大动力。一般认为，中巴交往可以追溯到200年前，1810年前后，巴西皇室从中国引进茶农，在里约热内卢植物园种植茶叶。据袁一平②（2013）介绍，有巴西档案记载的最早的华人移民是1814年9月10日抵达里约热内卢的四位华人，从此开启了中巴交往的200多年历史。早期的华人在巴西的命运十分悲惨，因为茶叶种植失败而遭到囚禁甚至被皇室成员猎杀的下场。20世纪初期到20世纪60年代，大批广东人、浙江人和台湾人移民巴西，其中浙江青田人人数最多，移民历史最早。他们大多以从事沿街兜售珠链、十字花台布的提包生意起家，积累财富后选址开店，逐步发家致富。中国和巴西两个东西半球最大的发展中国家在1974年8月15日发表联合公报，正式建立外交关系。

20世纪90年代后，越来越多的中国人移民巴西，他们逐渐向巴西经济中心圣保罗转移，并开始在二十五街和布拉斯一带开店或摆早市，积累资金后开始做货柜生意。现在的二十五街和布拉斯一

① 刘延东：《适应需求 融合发展　为促进世界文明多元多彩贡献力量——在第十届孔子学院大会开幕式上的主旨演讲》，载《孔子学院》，2016年第1期，第25页。

② 袁一平：《华人移民巴西二百年简史》，载《华人移民巴西200周年纪念特刊》，圣保罗南美侨报社，2013年，第1页。

带 90%的商店是中国人开的，有大批的中国人从事中国商品的贸易，性价比高的中国商品非常受巴西人欢迎。节假日，尤其是圣诞节前的圣保罗二十五街通常都是人山人海。

进入 21 世纪，中巴经贸关系发展更加迅猛，从 2009 年起，中国超越美国，连续 5 年成为巴西第一大贸易伙伴、第一大进口来源国和第一大出口目的地，巴西已经成为中国在拉美的最大贸易伙伴和重要的投资目的地。据《人民日报》报道①，截至 2014 年，中巴贸易总额为 866.7 亿美元，巴西成为中国在拉美地区的最大的贸易伙伴和最大的投资目的地国。除了传统的商务贸易合作之外，一大批国有大中型中资企业在巴西开设分部，建设工厂。例如中国石油、中国银行、中国工商银行、华为、奇瑞汽车、江淮汽车、阿里巴巴等纷纷在巴西投资。来自中国的投资为巴西人创造了大量的就业机会，因为按照巴西的法律，在巴西的外国公司必须雇用 60%以上的巴西人。伴随更多的中资公司进入巴西，巴西学中文的人将会越来越多，学会中文对于希望在巴西的中资企业工作的巴西人来说至关重要，因此，很多巴西人主动到当地的中文补习班或孔子学院学习中文。

但是巴西人汉语学习的蜜月期很短，他们大多在学习汉语半年或一年后放弃学习汉语，因为汉语学习对巴西人来说“太难了”。尽管如此，中巴贸易的高速发展仍然需要大批会中文的巴西人，学界急需加大巴西汉语教学问题研究，寻找适合巴西人汉语学习的最佳途径，从而为巴西人学习汉语提供智力支持，为中巴贸易关系的健康持续发展提供语言支持。同时，巴西汉语教学问题研究也可以为巴西的汉语教师拓宽职业发展的道路。

巴西孔子学院在过往 7 年里由 1 所增加到现在的 8 所，充分体现了巴西“汉语热”持续发展和巴西民众汉语学习热情的不断高涨。但是巴西的汉语教学也存在着汉语教师师资力量不足、针对巴西葡语的汉语教材匮乏、汉语教学效果有待提高和巴西汉语学习者

① 吕鸿：《外交部就李克强总理访问巴西、哥伦比亚、秘鲁、智利举行中外媒体吹风会》，载《人民日报》，2015 年 5 月 14 日，第 3 版。

汉语学习难以持续等方面的问题。为了巴西汉语教学持续健康发展，开展巴西汉语教学的教师、教材和教学“三教”问题的基础性研究刻不容缓。

二、巴西汉语教学与可持续发展

巴西汉语教学事业的持续发展所面临的挑战是开展巴西汉语教学问题研究的现实需求。目前在巴西已开设8家孔子学院和2个孔子课堂：圣保罗州立大学孔子学院，里约热内卢天主教大学孔子学院，巴西利亚大学孔子学院，FAAP商务孔子学院，南大河联邦大学孔子学院，米纳斯·吉拉斯联邦大学孔子学院，坎皮纳斯州立大学孔子学院，伯南布哥大学孔子学院，华光语言文化中心孔子课堂和圣保罗亚洲文化中心孔子课堂，另外还有2家孔子学院已签署协议，正在建设之中。圣保罗州立大学孔子学院是国家汉办在南美设立的第一所孔子学院，自2008年建成至今，学生人数已经发展到目前年注册人数2000多人，教学点增加到14个，教学范围涵盖了整个圣保罗州①。圣保罗州立大学孔子学院曾于2010年、2012年和2016年先后三次被孔子学院总部授予全球“先进孔子学院”称号，现已发展成为南美地区最大的孔子学院。

我们调查发现，孔子学院的学员呈典型的扁平的金字塔结构，基数很大，塔尖人数很少，初级班人数占90%左右，中级班占8%左右，高级班只有2%。巴西学生在从初级到中级过渡过程中，大多放弃学习中文，中级班和高级班人数过少一直是困扰孔子学院发展的问题。这可能与巴西文化和巴西人性格特点有关，更有可能与巴西的汉语教师素质，巴西学生使用的教材，还有教师采用的教学方法有关。

国内外从事巴西汉语教学研究的学者较少是阻碍巴西汉语传播事业持续发展的学术因素。极少有学者的研究涉及巴西学生的汉语教学问题研究，为数不多的汉语教学志愿者的硕士论文也大多是教

---

① 《孔子学院在巴西》，载《孔子学院（中葡文对照版）》，2014年第1期，第74页。

学经验的总结，没有理论的创新和系统的研究，而且他们在完成巴西汉语教学志愿者工作和硕士毕业后，基本上也没有继续从事巴西汉语教学的研究。而巴西国内科班出身的汉语教师很少，各中文补习班的汉语教师大多是由中国人临时担任，极少人有兴趣从事专门的教学研究。现实的困难和研究的匮乏导致汉语在巴西的传播始终重复着自生自灭，难以持续发展的怪圈。为了推动汉语在巴西传播，必须推进学界对巴西汉语教学的研究，尤其是要探析解决上述问题的有效途径，巴西汉语教学的“三教”问题研究是重要突破口。

三、巴西汉语教学与“三教”研究

我国的汉语国际推广是一项国家政策，其目的是以各种形式在世界范围内传播汉语和中国文化，使国际社会对中国有比较客观的了解，增进中国与世界各国之间的友谊。长期以来，对外汉语教学是指面向来华留学生开展的以汉语作为外语的教学，其目的就是教授汉语，使留学生在尽量短的时间内学会汉语，使用汉语，为其在中国的专业学习打好语言基础。当前，我们的主战场随着汉语国际推广事业的发展，早已超越了国界，遍布世界各地，对外汉语教学的教学环境、教学对象、教学模式更是千变万化，对外汉语教学应该因地制宜，教师、教材和教法的研究需要更有针对性，更有国别性，才能推动汉语国际推广事业向前发展。

教师、教材和教法“三教”问题是推进巴西汉语教育事业的核心问题。刘延东①（2014）在第九届孔子学院大会上明确要求“要大力推进教师、教材、教法‘三教’改革”。崔希亮②（2010）认为在汉语国际推广的背景下，汉语教学环境多元化，汉语学习者学习目的多元化，汉语教学理念多元化，孔子学院教学模式多元化

① 刘延东：《迈向孔子学院的新10年——在第九届孔子学院大会开幕式上的主旨演讲》，第8页。

② 崔希亮：《汉语国际教育“三教”问题的核心与基础》，载《世界汉语教学》，2010年第1期，第73页。

等方面促使我们的汉语国际教育日益多元化，“三教”问题应该成为汉语国际教育的重心，需要各国汉语教师加强有针对性的“三教”问题研究以推动各国汉语教育事业可持续健康发展。“三教”问题中，教师是核心，因为教师是教材的编写者和使用者，是教法的具体执行者。教师需要花大力气研究汉语学习者的需求、学习动机和学习策略，结合教材，采用适合汉语学习者学习特点的教学法，需要大力研究如何用最短的时间、以最小的代价、用最有效的方法，让学习者取得最大的学习效益。

毫无疑问，巴西汉语教育事业的发展也急需在教师、教材和教法问题的研究上取得突破。目前来看，巴西的汉语教师首先面临着语言不通的问题，他们大多没有学过巴西的官方语言——巴西葡萄牙语，他们熟悉的英语在巴西课堂上也没有用武之地，因为学员们大多不懂英语。等到他们逐渐学会初级的葡萄牙语后，却面临着任期已到，必须回国的命运。这样的循环很难保证他们积极研究教材和教法问题。而巴西的汉语教材问题似乎更加严重，到目前为止，还没有一本针对巴西汉语学习者和巴西葡语的教材。可以说，“三教”问题研究的缺失是目前横亘在巴西汉语教育事业道路上的一块大石。

四、巴西汉语教学与教学理论

20世纪80年代中后期，任务型教学法（Task-Based Language Teaching，简称TBLT）刚刚兴起，经过近30年的发展，逐渐成为世界各地第二语言教学课程改革中的主流方向。纽南①（2014）认为任务型教学法是交际语言教学哲学思想在课程中的具体体现，体验式学习和以学习者为中心的思想是TBLT的重要支撑点。孟繁杰②（2008）认为任务型教学法的理论基础有功能主义语言学、

① 纽南：《任务型语言教学》，北京：外语教学与研究出版社，2014年，第10页。

② 孟繁杰、李焱：《任务型教学法在对外汉语课堂教学中的应用》，载《海外华文教育》，2008年第3期。

语言习得理论、社会建构主义和人本主义心理学。任务型教学法也越来越受到对外汉语学者们的专注，不少学者将任务型教学法用于对外汉语的汉字、阅读、口语等教学中。

任务型教学法体现了“以学习者为中心”的教学理念和方法，强调学习者个人的体验式学习，以有意义的交际任务的设计和实施为中心。这些理论可以为巴西汉语教学的课程大纲设计、课堂教学活动设计提供理论指导。任务型教学中扶助性原则、先模仿后创造等原则与巴西学生的学习动机、学习策略和学习风格十分契合，可以为巴西汉语教育的“三教”问题研究提供理论支持和现实启示。

我们认为，我们需要大力开展基于巴西汉语教育环境下的汉语教师素质和职业发展研究，基于巴西汉语学习者学习特点和需求的教材编写研究，基于巴西人的汉语学习需求和学习策略的汉语教法研究。只有这样，汉语在巴西的传播事业才能走上可持续的健康发展道路。本书拟就巴西汉语教育的“三教”问题做一点基础性的研究，以期抛砖引玉，为巴西的汉语传播事业作出积极的贡献。

第二节　研究对象与思路

一、研究对象

本书的研究目标是从中巴双边关系的历史和现状出发，分析讨论汉语在巴西传播的历史和现状问题，通过文献综述、问卷调查、访谈、统计分析等方法，就巴西汉语教学中的教师、教材和教法“三教”问题展开研究，并结合任务型教学法的理论和原则，剖析巴西汉语教学中的“三教”问题，提出相应建议，为巴西汉语教学提供基础性研究，以利于孔子学院在巴西的持续性发展，促进汉语在巴西的传播事业的发展。

本书拟着重研究以下问题：

1. 我国对外汉语教学教材开发的问题和成就是什么？巴西汉语教材的使用有哪些问题？面向巴西葡语的汉语教材开发应该采取什么样的原则和策略？

2. 巴西汉语教师有哪些生活、工作和教学中的难题？这些难题与什么因素相关？基于任务型教学法视角的、适合巴西汉语传播的对巴汉语教师的培养应该遵循什么样的策略？

3. 巴西汉语学习者学习动机和学习策略有哪些特征？什么样的教学方法适合巴西汉语学习者学习需求和学习特点？

二、研究方法

1. 文献综述法。对中巴交往历史和现状、汉语在巴西的传播历史和现状、巴西汉语教学的“三教”问题进行归纳整理，分析其问题和难点。

2. 问卷调查法。以纸质问卷和网络问卷相结合的方法，调查巴西汉语教师的基本信息、生活和工作现状以及对巴西汉语教学“三教”问题的见解，调查巴西汉语学习者的学习动机和学习策略。

3. 访谈法。对巴西汉语教师、巴西孔子学院院长、巴西汉语学习者进行访谈，调查巴西汉语教学的历史和现状、巴西汉语传播“三教”问题的难点。

4. 统计分析法。通过对问卷数据的整理分析，运用SPSS统计软件分析数据，试图找到巴西汉语教学的教师、教材和教法问题的关键点，为后续的研究提供理论和实践支持。

三、研究思路

在巴西实际从事巴西汉语教学工作的机构有私立的中文培训机构、教会中文学校、圣保罗大学中文系和孔子学院。从招生规模和汉语在巴西的传播效率上看，孔子学院实际上是当前汉语在巴西传播的主力军，但同时存在研究经费短缺、语言沟通困难和研究资源缺乏等问题，本书将主要聚焦于孔子学院的巴西汉语教学问题研究。如果没有特殊说明，本书中提到的巴西汉语教材、教师和教法研究主要是指巴西孔子学院的教材、教师和教法研究。

在巴西汉语教材研究方面，我们打算在梳理我国对外汉语教学事业的发展历程的基础上，分析和讨论我国对外汉语教材的发展历程、成就和问题，结合巴西汉语教师志愿者在教材使用方面的实际经验，分析我国面向巴西的汉语教材的问题，探讨基于任务型教学法的巴西汉语教材的编写策略。

在巴西汉语教师研究方面，我们拟采用访谈和问卷调查的方法，聚焦 2014 年在巴西孔子学院任教的 31 位汉语教师志愿者，结合对 4 位在巴西任教 2 年的志愿者的访谈，调查巴西汉语教师的任职动机和他们所面临的生活、工作和教学难题，探讨基于任务型教学法的巴西汉语教师培养策略。

在巴西汉语教学方法研究方面，我们拟采用问卷调查、访谈和实地考察等方法，调查分析巴西汉语学习者的学习动机，探寻巴西汉语学习者的学习策略，分析巴西汉语学习者的学习需求和学习特点，探讨适合巴西人的教学方法。

第三节　研究意义与价值

一、理论意义

1. 本书的实地调查和实证分析将有助于“三教”问题的研究向国别化方向延伸，增进学界对于“三教”问题的理论拓展。

2. 本书将任务型教学法的相关理论与巴西汉语教学的实际相结合，有助于任务型教学法与国别性汉语教学的理论研究。

二、实用价值

针对现有巴西汉语教学问题研究中的不足，本书的创新点是：

1. 本书立足于实证，通过实地考察、访谈、问卷调查等方式考察巴西汉语教学的“三教”问题，探讨任务型教学法与巴西汉语教学“三教”问题研究的契合点。

2. 本书关于汉语在巴西的传播历史的研究，关于巴西汉语教师志愿者的研究，关于巴西汉语学习者学习动机的研究和巴西汉语学习者学习策略的研究将会是国内相关研究的最新成果。

第二章　中巴关系与汉语传播

为了更好地研究巴西汉语教学的“三教”问题，我们有必要先考察巴西的基本国情、中巴政治和经贸关系历史和现状、中巴文化交流的历史、汉语在巴西传播的历史，以及相关的巴西汉语教学研究。

第一节　历史与现状

一、激情巴西

巴西（Brazil）位于南美洲，其国名源于巴西产的一种叫做“brazil”的巴西红木。巴西国土面积854.7万平方公里，居世界第五位，拥有完整的工业体系，是南美洲最大的经济体，为金砖五国之一。巴西土地富饶肥沃，蕴藏着丰富的石油、天然气、矿产、森林和水力资源，南部为海拔500米以上的巴西高原，北部为海拔200米以下的亚马逊平原。巴西农牧业很发达，是世界上蔗糖、咖啡、牛肉、鸡肉、大豆的主要生产国，是世界第一大咖啡生产国和出口国，有“咖啡王国”之称，同时也是全球最大的蔗糖生产和出口国、世界上最大的牛肉和鸡肉出口国。巴西烤肉（Churrasco）、黑豆饭（Feijoada）、瓜拉那饮料（Guarana）是最具特色的巴西饮食。

巴西人口约2.08亿，其中大部分人口集中居住在东南部的大西洋沿岸，圣保罗和里约热内卢是巴西最大的城市。由于历史上几次大的移民浪潮，巴西各种族之间频繁混血，其种族构成非常复杂，是名副其实的种族大熔炉，文化差异十分显著。丁金宏①（2011）研究认为，巴西人口众多、人种复杂，有“世界民族熔炉”的美誉，按照人口比例依次为：白人、混血种人、黑人和印第安人，还有来自葡萄牙、德国、日本、意大利等大量移民以及华侨等。目前在巴西的华人华侨大约有25万，巴西是当今华人华侨在拉美地区最多的国家，主要集中在圣保罗和里约热内卢②。巴西的官方语言是葡萄牙语，其语音系统、词汇和语法系统与葡萄牙葡语有较大的差别，自成体系。

1500年葡萄牙航海家佩德罗·卡布拉尔率探险队来到巴西，开始了葡萄牙人殖民巴西土著印第安人的历史。1822年9月7日，巴西完全脱离葡萄牙，独立为巴西帝国。张宝宇③（2000）认为巴西社会的形成经历过三个典型的发展周期：蔗糖生产周期（1550—1700）、矿业周期（1700—1775）和咖啡周期（1775—1830）。这三个周期都为巴西带来了大规模的欧洲和非洲移民浪潮，促进了巴西社会和文化的形成和发展。巴西文化是欧洲文化、印第安文化和黑人文化相互交流和融合而形成的，但是带有典型的欧洲特征。

如果开车行驶在巴西高原或大西洋沿岸，您会不由自主地感慨上帝对巴西人的眷顾。那里没有地震、飓风、洪涝等自然灾害，只有一望无际肥沃的稀树草原，大片大片开阔的、让人心醉的沙滩。巴西人热情奔放、乐于助人，对生活充满希望。足球和桑巴舞是巴西人的最爱，狂欢节和圣诞节是巴西人最重要的节日。

但是巴西同样面临着发展中国家普遍存在的问题，如城市环境污染、大城市缺水、社会治安恶化等问题，其中贫民窟、贫富分化加剧和办事效率低下是当前巴西最突出的社会问题。巴西的中产阶

① 丁金宏：《巴西人口城市化进程及模式研究》，上海：华东师范大学博士论文，2011年，第11页。

② 程晶：《华侨华人与中国软实力在巴西的提升》，载《湖北大学学报（哲学社会科学版）》，2012年第3期，第105页。

③ 张宝宇：《巴西500年历史嬗变》，载《拉丁美洲研究》，2000年第3期，第3页。

级十分重视教育问题，其子女大多接受很好的教育，就读于巴西国内知名高校。但是巴西普通民众不太重视教育，接触优质教育资源的机会很少，虽然经过几十年的扫盲运动，巴西文盲率和中学辍学率仍然相对较高。外语教育在巴西并不受重视，大学毕业生不会英语是很普遍的现象。

二、中巴经贸关系

周世秀①（2004）详细论述了中巴建交的历史。他指出历史上巴西人民通过以澳门为媒介的中巴贸易与中国展开交往。1880年8月，清政府与巴西签订了《中国—巴西和好通商航海条约》，但是由于中巴两国距离遥远、双方政治制度的差异和巴西国内经济发展缓慢等原因，直到20世纪70年代，两国关系存在着停滞不前和毫无生气的特点。1974年8月15日，中巴签署了中巴建交公报，两国关系从此走上了发展的快车道。

1993年，中国和巴西建立了战略伙伴关系，中巴在政治、经济、文化等方面取得了举世瞩目的成就。周志伟②（2006）分析指出，中巴新时期关系存在着以下特点：两国高层互访增多，经贸关系飞速发展，科技合作取得丰硕成果，文化交流得到加强，国际间的合作不断加强。

2004年正值中巴建交30周年之际，胡锦涛主席和卢拉总统一致同意提升两国战略伙伴关系，中巴经贸合作进入全面高速发展时期。2009年，中巴双边贸易总额第一次超过美国，中国成为巴西最大的出口目的地、最大的贸易伙伴③，巴西成为中国在拉美的重要投资目的地。2012年中国与巴西进出口贸易总额已达到857亿

---

① 周世秀：《论中国巴西建交及两国战略伙伴关系的重要意义》，载《湖北大学学报（哲学社会科学版）》，2004年第4期，第459-460页。

② 周志伟：《巴西的战略地位与中巴关系》，载《拉丁美洲研究》，2006年第3期，第43-46页。

③ 左晓园：《中国与巴西：战略伙伴关系的建立与深化》，载《拉丁美洲研究》，2011年第2版，第36页。

美元，2013 年 9 月中国已超过欧盟成为巴西最大出口市场①。

2014 年 7 月，习近平主席在中巴建交 40 周年之际访问巴西，同罗塞夫总统一致同意将中巴关系提升为“全面战略伙伴关系”。2014 年中巴贸易总额为 865.79 亿美元，其中中国对巴出口 348.94 亿美元，对巴进口 516.85 亿美元②。

周志伟③（2014）认为经济的互补及互需、中国劳动力密集型产业优势明显，而巴西矿产和农业资源优势异禀，中巴国际影响力的变化，中巴两国在国际事务中的共同诉求，全球化与全球产业分工，全球化进程是促使中巴经贸关系最近几年快速发展的主要因素。

综上所述，中巴两国的政治和经贸关系在几代领导人的大力推动下，在过去 10 年取得了迅猛发展。两国优势互补，又急需在全球化进程中为自身发展赢得空间，双方的经贸合作大有可为。随着华为、奇瑞、阿里巴巴等中国公司相继在巴西投资、建厂，中巴经贸合作必将迎来高速发展的新纪元，科技和文化领域的交流和合作会进一步深入，更多的巴西人将从中获益。正是在现实利益的驱动下，越来越多的巴西人走进孔子学院和各种中文学习班学习汉语。

三、中巴文化交流

巴西当代思想家、东方学家吉尔贝托·弗莱雷（Gilberto Freyre，1900—1987）在 1936 年就曾指出，中国文化对巴西文化的形成产生重要影响，他甚至认为巴西是美洲的中国④，这一论点已得到部分巴西汉学家的认同。

---

① 李仁方：《中国与巴西贸易结构新解：中国的视角》，载《拉丁美洲研究》，2014 年第 3 期，第 40 页。

② 吕鸿：《外交部就李克强总理访问巴西、哥伦比亚、秘鲁、智利举行中外媒体吹风会》，载《人民日报》，2015 年 5 月 14 日，第 3 版。

③ 周志伟：《中巴关系“伙伴论”与“竞争论”：巴西的分析视角》，载《拉丁美洲研究》，2014 年第 2 期，第 17-18 页。

④ 张宝宇：《中国文化传入巴西及遗存述略》，载《拉丁美洲研究》，2006 年第 5 期，第 55 页。

学界比较一致的看法是，中巴文化交流源于1810年前后。为了减少用宝石换英国商人茶叶的贸易损失，巴西皇室经由澳门，从中国内地引进中国茶农来巴西指导农民种茶。袁一平①（2012）通过考证指出，第一批茶农应该于1808年、1810年、1812—1819年间登陆巴西，约有658人，分批从澳门、广州乘船抵达里约热内卢，在英国植物园和圣克鲁斯庄园里指导巴西茶农种茶。现存于里约热内卢巴西蒂茹卡国家森林公园的著名的中国亭是早期中国人移民巴西的象征。

也有学者认为由于澳门的桥梁作用，中巴文化交流早已有之。周世秀②（1999）认为中国文化传入巴西的历史最早可以追溯至1717年，其物证是现存于米纳斯吉拉斯州首府贝洛奥里藏特以东30千米处的莎巴拉小镇圣玛丽亚·奥教堂的中国木雕画。

茅海建③（2007）考证了19世纪巴西在华招募华工的历史。他指出在1856年之前，已经有360名中国人抵达了里约热内卢。在1859年和1866年，抵达巴西的华工总人数达到了612名。但是由于清政府的闭关锁国政策和中国积贫积弱的国力，华工一直未能大规模移民巴西，反而是日本人在19世纪开创了大规模移民巴西的历史。

早期移民巴西的华人没有摆脱做苦力的悲惨命运，只能沦为巴西种植园主的工具。袁一平④（2012）认为19世纪去巴西的中国移民大多干着牛马般繁重的劳动，得到的却是微薄的酬劳，其待遇堪比黑奴。由于种茶失败，第一批中国侨民甚至被赶入森林中，供皇室成员猎杀，无一幸免。

---

① 袁一平：《华人移民巴西二百年简史》，载《华人移民巴西200周年纪念特刊》，圣保罗南美侨报社，2013年，第1-2页。

② 周世秀：《澳门在中华文明远播拉美中的重要作用》，载《拉丁美洲研究》，1999年第6期，第4页。

③ 茅海建：《巴西招募华工与康有为移民巴西计划之初步考证》，载《史林》，2007年第5期，第2-3页。

④ 袁一平：《华人移民巴西二百年简史》，载《华人移民巴西200周年纪念特刊》，圣保罗南美侨报社，2013年，第2页。

张宝宇①（2006）认为中国文化由于澳门的中介作用，主要以器物等有形文化的方式传入巴西，如茶叶和大豆的种植、丝绸和瓷器的贸易等。由于大批欧洲移民的加入和葡萄牙宗主国的地位，巴西文化的西化特征十分明显，中国对巴西的影响有限，中国文化并没有对巴西社会产生持久的重要影响。

高伟浓等②（2013）认为从20世纪初到中华人民共和国成立，旅居巴西的中国人一直没有形成规模，巴西的华侨不过1000人。到1972年，巴西的中国侨民已经增至4万人，其中包括大量的中国台湾人，也有来自中国大陆的广东人和浙江人。他们大多以提包生意起家，从事珠链和台布生意，有的侨胞积累财富后开设角仔店发家致富。袁一平③（2012）研究发现，巴西华侨自发成立社团，并修建寺庙、教堂作为巴西华人文化聚会场所，如1919年巴西华人最早的侨团——巴西中华会馆、1964年中国神父何彦昭发起修建的华侨天主堂、1964年在圣保罗创立的弥陀寺，等等。

这一时期中巴文化交流值得一提的是张大千先生。他从1952年至1969年旅居在巴西圣保罗州的一座中式园林——“八德园”，远离世俗，潜心创作。客居巴西是他创作成果最为丰硕的时期，他的画作在巴西民间被广为收藏。巴西大学中唯一一所开设中文专业的圣保罗大学远东文学系的办公室墙上，就挂有张大千先生的画作。

1974年中巴正式确立外交关系，中巴文化交流开始迈入快车道。1985年11月，中巴政府签订中巴两国文化合作教育协定，中巴文化交流开始走上快速发展道路。到1999年，旅居巴西的华人

---

① 张宝宇：《中国文化传入巴西及遗存述略》，载《拉丁美洲研究》，2006年第5期，第56页。

② 高伟浓等：《巴西华人社团的类型及发展特色——以20世纪80年代之后成立的社团为主》，载《八桂侨刊》，2013年第2期，第48页。

③ 袁一平：《华人移民巴西二百年简史》，载《华人移民巴西200周年纪念特刊》，圣保罗南美侨报社，2013年，第1-2页。

已经达到 13 万，其中 90%左右的华侨已经加入巴西国籍①。到 2012 年止，有 20 多万华侨在巴西落地生根，巴西是拉丁美洲华侨最多的国家②。1980 年成立的巴西华人协会积极开办葡文中文班，赈灾捐款，维护祖国统一大业，传承中华文化。

程晶③（2012）指出巴西华侨华人在提升中国软实力方面发挥着重要作用：弘扬中国文化，加强中巴文化交流，如推广汉语教育、传播中国传统文化、展示中国习俗文化、展现中国文化价值观等；介绍中国发展的最新经验，展示中国经济发展的成就，促进中巴经贸和文化交流的发展；增进中国和巴西的政治理解和互相信任，宣传中国的外交政策和互利共赢的合作理念。

在中巴经贸关系高速发展的同时，中巴两国在文化领域的交往也在不断加强，尤其是足球和汉语教育领域。1977 年球王贝利跟随美国宇宙队来华访问，使中国球迷领略到原汁原味的桑巴足球。1992 中国足协与健力宝公司合作，在全国范围内选拔了 22 名青少年足球运动员赴巴西求学，他们很多成为日后国内各甲级俱乐部，甚至是中国足球队的核心成员。为了适应巴西“汉语热”，国家汉办先后在巴西建成了 8 所孔子学院和 2 所孔子课堂。2009 年 5 月，卢拉总统在访华期间专程参加了中国社会科学院巴西研究中心的揭牌仪式。一些国内的大学也积极举办中巴文化交流活动，如湖北大学在 2012 年成立了巴西研究中心，每年在湖北大学举办巴西文化周等活动。

许多专家学者一致看好中巴两国的未来发展前景，这主要是基于两国经济上互补和政治上合作共赢的大国战略伙伴关系。当前，

---

① 高伟浓等：《巴西华人社团的类型及发展特色——以 20 世纪 80 年代之后成立的社团为主》，载《八桂侨刊》，2013 年第 2 期，第 48 页。

② 程晶：《华侨华人与中国软实力在巴西的提升》，载《湖北大学学报（哲学社会科学版）》，2012 年第 3 期，第 105 页。

③ 程晶：《华侨华人与中国软实力在巴西的提升》，载《湖北大学学报（哲学社会科学版）》，2012 年第 3 期，第 107-108 页。

巴西“汉语热”仍在持续，颜欢①（2015）认为巴西教育部已经意识到，中文教育应该列入巴西各学校的正式课程，以培养更多的懂中文的巴西人才。在世界日益多极化、全球化的今天，中巴两国人民互利、合作、共赢是两国外交的终极目标。汉语在巴西的传播将为清除中巴交流的语言障碍作出贡献。

第二节　汉语传播

语言通常被当作思维的外衣，因此语言的域外传播总是会受到不同文化差异的影响，其传播过程从来不会是一帆风顺的。巴西的官方语言——葡萄牙语与汉语在词、语音和语法上存在天然差异，巴西文化与中华文化相隔遥远、差异巨大，这些都使得汉语在巴西的传播起步艰难、发展缓慢，这从汉语在巴西圣保罗的传播可见一斑。

汉语在巴西的传播是与中巴经济贸易发展和文化交流需求相生相伴的。历史上巴西人民最早通过以澳门为媒介的中巴贸易与中国展开交往。1880 年 8 月清政府与巴西使团签订《中国—巴西和好通商航海条约》②。但是由于地理和历史因素的制约，两国始终未能形成更为密切的关系，直至 1974 年 8 月 15 日，中巴签署了中巴建交公报，两国关系从此走上了发展的快车道。尤其是中国改革开放后，国力全面提升，中国与世界各国的联系全面铺开，中国在国际上的领导地位也逐步形成。在这个大背景下，中巴关系也达到了完全异于以往的程度。

随着中国的迅猛崛起，世界掀起了“汉语热”，汉语教学活动也在巴西迅速发展。语言是文化的载体和外衣，中巴政治、经贸和文化交流的最大障碍就是语言问题。汉语在巴西传播的外部条件、

---

① 颜欢：《巴西“中国热”推动汉语热》，载《人民日报》，2015 年 2 月 5 日，第 3 版。

② 周世秀：《论中国巴西建交及两国战略伙伴关系的重要意义》，载《湖北大学学报（哲学社会科学版）》，2004 年第 4 期，第 459-460 页。

学生学习汉语的动机和学习汉语的需求都大大有别于国内针对留学生的汉语教学，学界需要大力加强汉语在巴西传播过程中出现的新问题研究。

为了更全面地了解巴西的汉语教学情况、更全面地了解中巴关系，本书拟对巴西圣保罗汉语教学的过去和现在做一个简要的梳理，并对其存在的问题和未来发展趋势，提出我们的浅见，与关心这个问题的学者专家共勉。

一、初创期

虽说中国人移民巴西始于 16 世纪，但早期移民大多是“华工”，直至 20 世纪 40 年代，抗日战争和解放战争期间，才开始有了更多工商界人士和知识分子移民巴西。所以，在 20 世纪 50 年代初，一方面是移民人口增加，一方面是移民生活渐趋稳定之后，在巴西的华侨社团才开始关注华侨子女的教育问题，特别是关心祖国语言文化的传承问题，于是开始积极投资兴建中文学堂或中文补习班，在华侨子弟和巴西民众中传播汉语和汉文化。

20 世纪 50—60 年代可以视为巴西汉语传播的第一个时期，其标志是 1958 年中国神父党世文初抵巴西，有感于巴西侨社中华文化传承的危机，在圣保罗开办“圣保罗市第一中文学校”，这是巴西中文教育的开端①。1963 年 4 月，该校向巴西圣保罗教育厅立案，正式改名为“孔圣学校”(INSTITUTO CONFUCIO)，成为巴西小学，由巴西人任校长和教师，学生有 500 多人。学生上午完全按巴西学校课程授课，下午为中文课，课程包括语文、历史、地理和公民教育。但是这一时期的中文教学没有专业教师，教师大多由华侨华人业余时间兼职担任。

巴西圣保罗汉语传播初创期的主要特点有以下三点：首先，巴西圣保罗汉语学生主体是华侨子弟，基本没有圣保罗人学习汉语。

---

① 徐捷源:《曝斋随笔》，载《圣保罗中华会馆华光报》，1999 年，第 6 页。

居住在圣保罗的巴西华侨们有感于语言对文化传承的作用，传力中文学校，希望他们的下一代能够不忘本，记住中华民族的根本；其次，圣保罗的中文学校往往与教会慈善活动联系在一起，没有独立的财政拨款支持，仅仅处于聊胜于无的尴尬地位，学校大多没有统一的教材和教学目标，教学全靠华侨业余奉献来维持；最后，教学基本围绕中国台湾出版的教材展开。由于中华人民共和国还没有与巴西正式建交，这一时期的巴西中文学校使用的教材都是中国台湾出版的，汉语基础教学基本围绕注音符号和繁体字开展。

二、发展期

20 世纪 70—90 年代是汉语在巴西传播的发展期。20 世纪 70 年代初，中巴正式建交，大批来自祖国大陆东南沿海的中国人移民巴西。随着华侨人数的增长，各个侨团纷纷开设中文补习班，招收华侨子弟中幼儿园和小学适龄儿童补习汉语。1972 年年底，由圣保罗中华会馆向中国台湾侨务主管部门要求选派的徐捷源老师前往巴西圣保罗开办中文学校。与此同时，因为圣保罗州政府大力发展公立学校教育，同时也是由于师资不足、教学质量不高等原因，最早成立的“孔圣学校”于 1973 年停办，改办周末补习班。徐捷源(1999)① 总结 40 年的巴西中文教学时认为，师资欠缺导致教学质量欠佳，老师转行非常普遍。尽管 20 世纪 90 年代初成立了巴西中文教学协会（见表 2-1），意在推动巴西汉语教师从事汉语教学研究、提升汉语教学质量，但是最终因为教师缺乏专业精神而沦为一般的侨团。另外，巴西是一个民族的大熔炉，大多巴西华侨后裔选择“落地生根”，主动融入巴西社会，传统的中文补习班的教学模式难以为继。徐捷源（2010）一针见血地指出“巴西的汉语教学五花八门，巴西政府的教育部门又不闻不问”②。

---

① 徐捷源：《曝斋随笔》，载《圣保罗中华会馆华光报》，1999 年，第 6 页。

② 徐捷源：《国际汉语教育专家访谈提纲——中山大学访谈录》，2010 年，第 4 页。

20 世纪 90 年代巴西还有十几所中文补习学校，这些学校的性质是私立的，所以规模不大，招生的对象主要是中小学华侨子弟，有的只招收幼儿园的学生，影响有限。

表 2-1　**巴西中文教学协会会员学校一览表（徐捷源，1999）**

学校名称	负责人	备注
圣保罗大学东语系中文组	杨宗元	现任会长
圣保罗中华会馆中文学校	徐捷源	现任副会长
圣保罗华侨天主堂中文学校	唐鄞济华	现任副会长
圣保罗教会中文学校	陈玉凤	
新生中文学校	周神育	教务主任：邱思源
慕义教会中文学校	陈安仁	
全真道院中文学校	徐文章	
天恩教会中文学校	张美珍	
佛光学苑中文学校	陈淑丽	教务主任：刘姿利
圣若瑟中文学校	刘占江	
幼华学园	陈丽娇	
华侨基督教会中文学校	石饶映珩	
乐儿学园	于晓玲	教务主任：徐素媛
基督徒之家中文班	吴淑英	
康宾纳斯中文学校	陈华洸	
敏纳斯华联会中文学校	黄文玉	教务主任：王兰琴
敏纳斯中国文化书院	钟玉霞	
里约佛光中文学校	蔡正美	
欧文国语中心	欧怡芬	
Santa Catarina 联邦大学中文班	林秀雄	
仁德国际学校	ELAINE MOURA	
仁爱学园	庄瑞堂	

续表

学校名称	负责人	备注
PERNAMBUCO 州海息飞中山中文学校	王全寿	
巴拉纳州古城中文学校	纪聪男	

另外，巴西本土大学也在这一时期开始设立中文专业，培养熟悉汉语和中国文化的本土人才。1968 年，圣保罗大学（UNIVERSIDADE DE SÃO PAULO）东方语文学系（DEPARTAMENTO DE LÍNGUA ORIENTAIS-DLO，现改为 DEPARTAMENTO DE LETRAS ORIENTAIS-DLO）成立了巴西唯一教授本科中文课程的中文组（CURSO DE LÍNGUA E LITERATURA CHINESA），由孙家勤教授负责。圣保罗大学中文组可以视为巴西高等教育体系中汉语教学的火种，一直面向所有圣保罗大学各学院的学生开设中文选修课。该中文组现开设中文本科和硕士课程，有 6 名教师，其中 3 名巴西人，负责人 Antonio José Bezerra de Menezes Júnior 教授是巴西人，长期从事中国文学和历史研究。在他的努力下，圣保罗大学与西安外国语大学、广东外语外贸大学和澳门大学签有合作协议，每年有双方学生交流访学项目。据 Antonio 教授介绍，圣保罗大学的学生中很少有巴西学生能够坚持修完从初级入门到高级的所有课程。

由于历史的原因，圣保罗大学中文组早期的华人教师大多是来自中国台湾（但祖籍大多是大陆北方各省），现在三位华人教授中，两位是来自中国台湾的巴西本地华人，一位来自中国大陆，侨居巴西里约近 20 年。起初，教材是基于中国台湾版汉语教材的自编资料，20 世纪 80 年代以后也引进了中国大陆出版的《现代汉语》。不过，也是由于历史因素，20 世纪 80 年代以前，华裔教授一般采用注音符号或“耶鲁式拼音”和繁体字教学。20 世纪 90 年代初，一位巴西教授在北大进修后带回来了中国大陆教材，并且采用汉语拼音和简体字教学。上文提到巴西教育部门欠缺具体的外语教学政策，其实也体现在圣保罗大学的许多“小语种”上面，特别是中国语文。

需要特别指出的是，这一时期巴西侨社中文教学的主导者仍然是中国台湾的侨务主管部门，中文补习学校使用的教材也是中国台湾出版的，注音字母和繁体字是主要教学内容。这些中文学校或补习班的教学对象是巴西华人华侨后裔，目的是传承中华文化，为汉语在巴西的传播作出了历史性的贡献。随着更多的来自中国大陆移民的加入，尤其是20世纪90年代后大批广东人和浙江人到巴西从事中巴贸易工作，对华侨子弟的汉语拼音和简体字的教学需求也愈发凸显，现在传统侨社的中文学校（班），一般也是“一校两制”，除了仍接受中国台湾的教材教法外，也采用中国大陆出版的教材及简体字、汉语拼音。

巴西圣保罗汉语传播的发展期主要特点有以下两点：第一，汉语教学由于缺乏政府支持而渐渐中落，政府大力扶持公立教育和巴西华侨后裔选择融入巴西文化是主要原因；第二，教学中以繁体字为主还是以简体字为主存在争议，后期加入的中国大陆移民并不认同中文补习学校的繁体字教学，“一校两制”较为普遍。

三、繁盛期

中巴两国的政治和经贸关系在在过去10年取得了迅猛发展。2009年，中巴双边贸易总额第一次超过美国，中国成为巴西最大的贸易伙伴、最大的出口目的地和第二大进口来源国①。随着中国大型企业相继在巴西投资、建厂，中巴经贸合作必将迎来高速发展的新纪元，科技和文化领域的交流和合作也将进一步深入。特别是2001年12月，中国加入世贸组织（WTO），巴西汉语教学有了迅猛发展。徐捷源在一次接受巴西媒体 Folha de São Paulo 采访时，谈到那一个学期中文学校的招生情况，特别是他自己的那个成人班，竟然破纪录地来了40多名巴西裔和华裔青年，其中巴西裔学生超过半数。谈话中他“脱口而出”杜撰了一个词——“Chinamania”（有

① 左晓园：《中国与巴西：战略伙伴关系的建立与深化》，载《拉丁美洲研究》，2011年第2版，第36页。

“对中国疯狂迷恋”的意思，比“中国热”的意思更为强烈），该报次日发表访谈时竟然将那个词作为标题。

中国加入世贸组织至少对巴西的汉语教学来说是有极大的影响的。从那一个学期起，不但巴西的中文补习班如雨后春笋般一家接一家地开了起来，许多英语补习班也加开了汉语班，一些传统侨社的中文班也加开了以汉语拼音和简体字教学的班级。这些学校的规模不大，招生的对象主要是中小学华侨子弟，有的只招收幼儿园的学生，其中一些学校兼有代家长照顾孩子的性质：上午上巴西学校的学生，中文学校负责代家长到巴西学校将孩子接回来，辅导孩子做巴西学校的功课和学习中文；下午上巴西学校的学生，则是上午到中文学校，中午由中文学校送去巴西学校。所以，从中巴文化学术交流的角度来说，侨社中文学校（班）的影响有限。值得关心巴西中文教学人士思考的是：由于中国的崛起和中巴经贸关系的发展速度确实出乎所有人的意料，汉语在巴西的传播也迅猛地升温，于是造成了一个负面的现象——汉语教学的基本工作还没准备好，“市场化”已经全面铺开，而且是“品牌”良莠不齐的情况让人触目惊心。

除了巴西侨社开办中文学校外，21 世纪初中国侨联积极主动联合巴西中学，在中学开设中文课程，汉语在巴西的传播开始走向繁盛。例如，圣保罗圣本笃学校（Faculdade e Colégio São Bento）在校长肖思佳神父和来自中国大陆的吴桂秋执行校长的努力下，自 2007 年起开启了在巴西教授葡文和中文双语的先河，现有华人学生 200 多名，是巴西最大的正规葡汉双语教育学校。圣本笃学校还与中国侨联合作，国侨办每年从华侨大学选派 2 名汉语教师支持该校的中文教学工作，取得了很好的教学效果。陈雯雯①（2015）将巴西本土的华文教育分为 3 种：家庭补习、正规的中文学校

① 陈雯雯：《巴西华文教育现状探析》，载《华文教学与研究》，2015 年第 2 期，第 2 页。

(班)、非正规的中文学校（班）。陈雯雯①（2015）认为巴西的华文教育存在以下问题和困难：中文作为外语语种，地位不高；已有的学校多是中文补习学校，不被巴西主流社会认同；巴西华裔学生的语言学习在汉语和葡语之间摇摆，很多学生错过了最佳的语言学习时间；教学上无统一的中文教学大纲，采用复式教学；师资队伍参差不齐，教学水平难以保证，传统的“抄写+背诵+做练习”的教学方法比较流行；面向巴西华裔的中葡对照教材及配套用书很少。

当前，孔子学院是汉语在巴西传播的主要形式。巴西第一所孔子学院于 2008 年 7 月由湖北大学和圣保罗州立大学合作建设，自建成至今，学院规模不断扩大。据圣保罗州立大学孔子学院现任院长蔡蕾介绍，圣保罗州立大学孔子学院学生人数从最早的 104 人，发展到目前年注册人数 2000 多人，教学点由原来的 1 个增加到 14 个，从圣保罗市区逐步扩展到圣保罗州立大学在圣保罗州的 10 多个校区。其主校区位于圣保罗市著名的前皇室所在地 IPIRANGA，拥有多媒体教室 5 间、语音实验室一间、能够容纳 300 人的多功能报告厅一间，建有专用的图书馆，硬件设施齐备。圣保罗州立大学孔子学院现有汉语教师和汉语教师志愿者共 23 人，巴方工作人员 8 人。截至 2014 年 9 月，累计注册学生近 7000 人，是巴西乃至南美地区最大的孔子学院，曾于 2012 年和 2016 年两次获得“全球最佳孔子学院”称号。截至目前，巴西共建成 8 所孔子学院、2 所孔子课堂。

孔子学院和孔子课堂除了开展常规的汉语教学课程之外，还充分结合各学校的实际，开设商务汉语、中国功夫等课程，并且积极与当地的教育局合作，推进汉语课程走进巴西中学课堂。孔子学院还充分利用中国的传统节日，如中秋节、春节等，举办舞狮、太极拳表演，举行用毛笔给巴西人写汉语名字等中国文化展演活动，让巴西人能够近距离接触中国文化。孔子学院和国内合作院校联合举

① 陈雯雯：《巴西华文教育现状探析》，载《华文教学与研究》，2015 年第 2 期，第 10 页。

办的“三巡”活动深受巴西民众的喜爱，每次演出都是场场爆满。可以说，无论从教学规模，还是从影响力上讲，孔子学院已经成为中巴两国人民交流的重要桥梁。

这一时期的最大特点是孔子学院在巴西发展和壮大。孔子学院主要发展方向是巴西成年人的汉语教学，弥补了巴西汉语成人教学的缺口，学员人数最多，学员结构更加趋于多样化，使得巴西汉语教学不再局限于巴西华裔幼儿。相对较低的学习费用和中巴政治、经济和文化的巨大发展和深度交融促使越来越多的巴西人走进汉语课堂，学习中文，体验中华文化。

四、汉语传播的问题

正是在现实利益的驱动下，越来越多的巴西人走进各种中文学习班和孔子学院学习汉语。汉语在巴西的有效传播必将为扫清中巴交流的语言障碍作出贡献。但是，巴西孔子学院普遍面临着巴西学生汉语学习热情难以持续的问题，尤其是高级班学生人数过少的问题。这一方面与巴西学生有热情无毅力、不愿意做作业的学习特点有关，另一方面也与巴西汉语教学的教师、教材和教法问题研究的稀缺有关。

首先，巴西汉语传播缺乏巴西政府的支持，学生缺乏长期学习汉语的动力。巴西汉语传播从无到有，主要源于巴西侨社自发性的组织，汉语教学并没有被纳入巴西国民教育体系，汉语教学机构多是私立性质，缺乏政府教育经费支持，生存始终是摆在这些机构面前的难题。另外，英语是巴西人首选外语语种，汉语在巴西属于小语种，学习汉语的实用性不强，这就使得巴西汉语学习者大多是巴西华侨子弟，很少有巴西人选择汉语作为外语。近年来，由于孔子学院成为汉语在巴西传播的主力军，很多巴西人到孔子学院学习汉语，但是由于汉语成绩并不被巴西教育体系认可，考试成绩对促进他们学习汉语的积极性似乎作用不大①，再加上巴西学生选择学习

① 杨小彬：《外国学生汉语学习动机研究——以巴西汉语学习者为例》，载《武汉理工大学学报（社会科学版）》，2017 年第 2 期，第 160 页。

汉语很大程度上是因为汉语和汉文化本身的魅力①，这就使得巴西人学习汉语十分随意，一旦觉得汉语很难学，他们会选择放弃。这一点从孔子学院巴西汉语学员的结构可以得到印证，我们调查发现，孔子学院的学员呈典型的扁平的金字塔结构，基数很大，塔尖人数很少，初级班人数占90%左右，中级班占8%左右，高级班只有2%不到。巴西学生在从初级到中级过渡过程中，大多放弃学习中文，中级班和高级班人数过少一直是困扰孔子学院发展的问题。这可能与巴西文化和巴西人性格特点有关，更有可能与巴西的汉语教师素质、巴西学生使用的教材，还有教师采用的教学方法有关。

其次，巴西汉语传播缺乏合格的师资。21世纪初，随着中国的崛起和中巴贸易额的大幅上涨，汉语在巴西的传播得到了迅猛发展。但是巴西汉语教学的“缺点”也因此暴露无遗，尤其是中文教学机构的师资，有些教师连基本发音都有问题，巴西教师西方口音特重，华人教师中还有许多带着浓重的“闽南口音”。更普遍的问题是，一般华人教师即使“语言能力”基本可以，但“语文知识”普遍欠缺。有些华人教师的语法能力更是“惨不忍睹”，例如，有学生问，“你写得很好”的“得”为什么不可以写成“的”？老师的答复竟然是：“中国人就是这么写的。”这就是欠缺语文知识造成的“知其然不知其所以然”的问题。此外，许多人明知今日全球“汉语热”完全是冲着中国崛起，冲着中国这个绝对不可忽视的市场来的，但是还是有许多汉语教师竟然紧抱繁体字和注音符号的教材，去教授巴西学生或工商界人士。另一方面，巴西孔子学院的汉语教师志愿者是一群特别有活力、热情开放、热爱汉语国际传播事业的年轻人，他们对于人生的第一份工作特别重视，渴望依靠孔子学院的平台和自己的努力，认真学习巴西葡语，锻炼自己的工作能力，提升自己的教学方法，做好汉语在巴西的传播工作。但是由于巴西葡语是我国传统意义上的小语种以及志愿者管理制度的原因，

① 杨小彬：《外国学生汉语学习动机研究——以巴西汉语学习者为例》，载《武汉理工大学学报（社会科学版）》，2017年第2期，第160页。

巴西孔子学院始终面临着成熟的巴西汉语教师紧缺、新手教师占比过高的结构性问题。国家汉办应该改革小语种国家汉语教师志愿者管理制度，从根本上解决巴西汉语教师志愿者的职业发展问题，吸引更多的优秀巴西汉语教师志愿者留在巴西，从事汉语在巴西的传播工作，以便提高课堂教学效果，促进汉语在巴西传播事业的发展。

最后，巴西汉语传播缺乏合适的教材。巴西圣保罗州立大学孔子学院巴方院长保利诺教授曾多次指出，缺乏适合巴西人学习汉语的中文教材是制约巴西汉语传播的瓶颈。我们发现孔子学院现行的汉语教材最大的问题是缺乏针对性，没有巴西葡语版本，没有与巴西文化有机结合，孔子学院使用的教材在难度上要么过于简单，要么过于复杂。由于缺乏中文和巴西葡语的基础性对比研究，加上中葡两种语言之间巨大的差异以及中文汉字书写和认读的难度并没有在教材中得到很好的循序渐进的展示，使得很多巴西人在学完初级班后就放弃了汉语学习。我们认为编写适合巴西人特点的、结合中巴文化的、体现中葡语言特点的汉语初级教材是当前汉语在巴西传播亟待解决的课题。我们认为应该建立基于孔子学院的中巴合作机制，加强基础理论建设和需求分析研究，并以此为出发点，以“字本位”为指导方针，按照任务型教学法设计教材内容，体现以学生为中心的教学理念，构建平面的书本教材、单机版的教材光盘和网络版的教材学习平台相结合的立体化教材格局。

巴西圣保罗州立大学孔子学院巴方院长保利诺教授曾多次指出，目前越来越多巴西民众对汉语、中国文化和中国发展等方面感兴趣，很多中资公司想要投资巴西，也有不少巴西公司想去中国探索新路，巴西的“汉语热”还在持续①。

① 杨小彬：《外国学生汉语学习动机研究——以巴西汉语学习者为例》，载《武汉理工大学学报（社会科学版）》，2017年第2期，第160页。

现阶段汉语在巴西的传播与中巴经贸文化迅猛发展极不相称。我们必须站在中巴两个大国发展战略伙伴关系的高度出发，集中力量大力开展汉语在巴西的传播研究，尤其是汉语在巴西传播的教师、教材和教法等基础性的研究，提升汉语在巴西传播的教学效果，为建立中巴国家间经济贸易和文化交流架起语言沟通的桥梁。

面对中巴经贸关系日益深化、中巴文化交流日益加强、巴西“汉语热”持续升温的大好局面，巴西汉语传播的从业者们更应该结合汉语本体和对外汉语教学的研究成果，大力开展巴西汉语传播的教师、教材和教法问题研究。我们认为应该着力调查巴西汉语教学中的实际问题，并从这些实际问题出发，结合当今外语教学法理论研究的新成果，探寻对巴汉语教学的有效方法，从而提高巴西汉语教学效果，推动巴西孔子学院的可持续发展，推动汉语在巴西的传播。

第三节　汉语教学与“三教”问题

由于缺乏专业师资，很少有学者专门从事巴西汉语教学的相关问题研究。据笔者调查发现，巴西国内几乎没有像徐捷源老师那样，积极投身巴西汉语教学和研究 40 年的汉语教师。各侨团开设的中文补习班的教师多是临时拼凑的，大多没有专业的对外汉语学习和教学背景，而且汉语教师转行从事其他工作的现象非常普遍，这主要是由于他们缺乏从事巴西汉语教学研究的兴趣。巴西的汉语教学使用的教材非常杂乱，有的使用的是中国台湾出版的教材，有的使用的是中国大陆出版的教材，有的使用的是自编教材，但还没有专门针对巴西葡语和巴西人学习特点、学习需求的汉语教材。各中文学校繁简汉字教学之争也阻碍了汉语在巴西的传播。另外，圣保罗大学中文教师们的学术兴趣主要集中在中国文学的介绍和翻译上，关于汉语教学的问题涉及较少。因此，巴西国内有关巴西汉语教学问题的研究成果很少。

由于笔者的葡语水平有限，查阅葡语资料比较艰难，因此笔者将巴西汉语教学问题研究的文献查阅工作主要放在国内文献的查阅上。我们以“巴西”、“汉语”、“对外汉语”等为线索词查阅中国知网等网站，初步得到表2-2统计结果。

其中5篇博士论文并不是关于巴西汉语教学问题的研究，而硕士论文大多来自于巴西孔子学院的中方合作院校的硕士研究生，他们大多有在巴西孔子学院担任汉语教师志愿者的经历，或者有在国内从事过巴西留学生教学工作的经历。EBSCO上面查到的论文实际上也与汉语教学没有什么关系，可能是笔者将“汉语”译作“Chinese”来查阅的缘故，因为“Chinese”还有中国，或中国人的含义。

表2-2

	中国知网				中国学术文献出版总库			EBSCO
搜索条件	博士论文	硕士论文	期刊	报纸/会议	博士论文	硕士论文	期刊	
篇名=巴西，且篇名=汉语	0	5	5	1	0	2	4	68
篇名=巴西，且篇名=对外汉语	0	1	1	0	0	1	1	0
篇名=巴西，且主题=汉语	0	5	12	1	0	3	9	7
主题=巴西，且主题=汉语	0	17	43	5	5	30	31	25
主题=巴西，且主题=对外汉语	0	8	5	0	5	17	1	0

为了理清思路，本书将以上论文进行归纳整理如下：

一、汉语语音教学

有关巴西汉语教学的语音问题研究的 4 篇论文和 1 篇硕士论文的作者都有在巴西教授汉语或在国内教授巴西留学生汉语的经历。他们结合自身的教学经历，总结了巴西学生在学习汉语声、韵、调上的偏误，探讨了巴西汉语教学的语音教学问题。

杨帆①（2011）通过汉语和巴西葡语的语音系统对比分析和自身的教学实践，认为巴西学生学习汉语时最大的问题来源于葡语语音的干扰。巴西学生学习汉语语音时有三难：单字音节发音难、一声四声区分难、声调语调把握难。杨帆还总结了她在教学中教学效果较好的声、韵、调的教学方法。她认为初级阶段的语音教学重点应该是声、韵，中、高级阶段应以声调听辨为语音教学重点。

郭军叶②（2012）以 10 名巴西留学生为调查对象，以课本中的自由语素和常用词为调查材料，统计了巴西留学生声母和韵母的发音偏误。他认为偏误发生的原因主要在于巴西葡语的母语干扰而产生的负迁移、学习语境和学习态度的影响以及教师语音教学意识和巴西留学生语音学习意识的减弱。他认为巴西汉语教学的语音教学应该注意三个方面：明确汉语语音特点，详解发音部位、方法；运用语音对比，找出差异，进行针对性的强化训练；教学应该形象化、多样化。郭军叶③（2012）还分析了 10 名巴西留学生的声调偏误，指出巴西留学生声调偏误主要表现在巴西留学生的阳平发音不够高，上声的发音降得不够，所以他们的阳平和上声很难分辨。因此，对巴西学生汉语声调教学的难易顺序应该是去声、阴平、阳平、上声，他认为把声调教学与五线谱结合起来是对巴西人简单有

---

① 杨帆：《对巴西葡语学生对外汉语语音教学的探究——以巴西圣保罗州立大学孔子学院学生为例》，武汉：湖北大学硕士论文，2011 年，第 32-33 页。

② 郭军叶：《巴西留学生汉语声韵母习得偏误分析浅探》，载《科技创新导报》，2012 年第 2 期，第 250 页。

③ 郭军叶：《巴西留学生汉语声调偏误分析及教学对策浅探》，载《中国校外教育中旬刊》，2012 年第 1 期，第 81 页。

效的汉语声调教学方法。

代爱芳①（2014）认为巴西留学生汉语语音偏误主要是因为巴西葡语语音系统与汉语语音系统存在很大的差异，或者因为巴西葡语中不存在相应的汉语语音，引发了巴西学生汉语语音学习的负迁移。巴西留学生的第三声类似于汉语的第二声，巴西学生常常把语流末尾的轻声字读成第三声等。代爱芳②（2014）认为巴西留学生有偏爱直观的教学方式、喜欢课堂互动、不喜欢课前预习和课后复习等特点。因此，在针对巴西留学生的语音教学中，形象化、趣味性的讲解和练习比较可取。

但是上述巴西汉语教学的语音对比分析都没有系统的大数据支撑，没有引入实验语音学的方法进行实证研究，对教学方法的实际效果分析缺乏实证，偏重于感性的教学方法的实践总结。

二、汉语词汇教学

关于巴西汉语教学的词汇研究有 1 篇论文和 3 篇硕士论文，主要集中在中葡词汇对比分析与汉语词汇习得偏误分析及其影响因素分析上面。

柴纹纹③（2011）通过分析 30 名巴西留学生的试卷和练习，总结了巴西留学生在学习汉语词汇过程中产生的偏误类型及其原因。

何静④（2011）以名量词试卷测试的形式，对 25 名巴西留学生的名量词偏误进行了统计分析，认为巴西学生在学习汉语名量词时的最大障碍是巴西葡语中没有名量词概念，巴西学生往往会漏用

① 代爱芳：《巴西留学生汉语语音偏误分析》，载《时代教育》，2014 年第 3 期，第 125 页。

② 代爱芳：《对巴西留学生的汉语语音教学方法初探》，载《学周刊》，2014 年第 10 期，第 18 页。

③ 柴纹纹：《巴西留学生汉语学习偏误分析与对外汉语教学》，载《科教文汇（上旬刊）》，2011 年第 4 期，第 85 页。

④ 何静：《母语为日语、葡语的学习者使用名量词的偏误分析与教学策略》，武汉：湖北大学硕士论文，2011 年，第 33 页。

名量词，目的语规则泛化现象比较严重，例如“个”泛化现象明显①。何静认为对从初级到高级程度不同的巴西留学生应该采取不同的名量词教学方法，并且指出对巴西留学生要采取灵活多样的学习方案，增加学习的趣味性，课堂模拟实景教学是一个不错的选择。

田诗园②（2014）以问卷调查方式，并结合其在巴西三年的教学实践，对巴西学生习得汉语语气词“吗、呢、吧、啊、的、了”偏误类型分别进行了分类，并分析了这些偏误的原因，提出了相应的对比法、情境法和交际法等教学策略。

李岩岩③（2014）对重庆大学巴西班 17 个学生的词汇量进行了测试，分析了影响巴西班初级汉语学习者汉语词汇学习的因素，并就他们的汉语词汇教学提出了相应的建议。她认为巴西留学生动词掌握得最好，其次是形容词，名词最差。

以上巴西汉语教学的词汇教学问题研究的缺点是样本数量偏少，且研究对象大多集中在来华的巴西留学生，分析方法集中在比例分布上面，没有详细的数据分析报告。

三、汉语语法教学

柴纹纹④（2011）从语音、词汇和语法方面分析了巴西留学生汉语学习的偏误，并就巴西汉语教学的语音和词汇教学方面提出了建议：在语音上，教师可以将汉语与学习者的母语做比较，找出两者的异同点，利用图示或者做示范，让学生反复模仿；在词汇教

---

① 何静：《母语为日语、葡语的学习者使用名量词的偏误分析与教学策略》，武汉：湖北大学硕士论文，2011 年，第 22 页。

② 田诗园：《巴西学生使用汉语语气词的偏误分析与教学策略——以“吗、呢、吧、啊、的、了”为例》，武汉：湖北大学硕士论文，2014 年，第 38-44 页。

③ 李岩岩：《关于初级阶段汉语学习者词汇习得的研究——以重庆大学巴西班为例》，重庆：重庆大学硕士论文，2014 年，第 30 页。

④ 柴纹纹：《巴西留学生汉语学习偏误分析与对外汉语教学》，载《科教文汇（上旬刊）》，2011 年第 4 期，第 85 页。

学上，教师要详细讲解词语用法，让学生了解错词和正确用词之间的区别，以纠正词汇上的偏误；在语法教学中，教师要重视语序的变化与语法关系的讲解，另外还应该加强口语的练习，布置课外的写作或造句作业。

朱瑞花①（2011）以澳门大学和陕西师范大学共 51 名巴西留学生为研究对象，通过调查搜集他们在汉语语序习得方面的偏误例句，归纳总结了巴西汉语学生的语序习得的偏误类型，对比了汉语与葡萄牙语的异同，并且提出了解决巴西学生语序习得偏误的对策。

石琳②（2013）聚焦于巴西里约热内卢天主教大学孔子学院初级和中级班巴西学生，收集学生的作业、考试试卷和口头交际等方面的材料，用偏误分析和对比分析的方法，归纳总结巴西学生在汉语学习中存在的偏误，分析了偏误存在的主要原因，并从巴西汉语学习者的特点出发，就面向巴西葡语的汉语教材开发和教师培养等方面提出了建议。

四、教材建设

巴西汉语教学的教材问题研究主要集中在对外汉语教材开发应该适应海外汉语学习者大大增加的新形势，开发更有针对性的国别性对外汉语教材的讨论上面。因为很显然，针对学习者特点，适合对象国语言和文化特征的国别性的汉语教材更能满足对象国汉语学习者的需要，提高汉语学习效果。

陈雯雯③（2015）认为巴西华文教材存在“一多三少”的问题：基础阶段教材需求量多，中葡对照教材数量少，适合学生的配

---

① 朱瑞花：《巴西学生汉语语序习得偏误分析》，西安：陕西师范大学硕士论文，2011 年，第 37 页。

② 石琳：《巴西学生汉语习得中的语法偏误分析——以巴西里约热内卢天主教大学孔子学院为例》，保定：河北大学硕士论文，2013 年，第 10-21 页。

③ 陈雯雯：《巴西华文教育现状探析》，载《华文教学与研究》，2015 年第 2 期，第 9 页。

套读物少，适合幼儿阶段的教材少。她通过问卷调查发现，认为教材不符合巴西当地风俗习惯的教师有 37.17%，认为教材缺乏趣味性的教师有 23.38%，认为当前使用的教材不符合华裔学生听说较好、读写较差的情况的教师有 18.18%，认为教材不适合学生的实际认知水平的教师有 14.06%。

王泉玲①（2013）比较了巴西流行的两种汉语教材：《精英汉语（基础版）》(葡萄牙语版本）和《新实用汉语课本（第一册)》(英语版本)，对比分析了二者的编写原则、课文、词汇、语法、等方面，认为尽管《精英汉语》体现了国别化的某些特征，但并没有深入挖掘所在国学习者的特点，并没有深入对比巴西葡语与汉语之间的异同，并没有深入研究巴西汉语学习者的学习习惯。

石琳②（2013）认为目前巴西学生使用的教材大多是英语注释的教材，并不适合不同学习阶段、不同学习需求的巴西学生。她认为巴西文化与中国文化差异巨大，价值观与中国有很大的不同，因此开发以巴西葡萄牙语为注释语言的汉语教材是当务之急。

高子茜③（2014）从教材编写理念和目的、课文、语法和练习等方面，比较了中葡版本的《精英汉语》和汉办通用教材《长城汉语》，并用问卷调查的方式分析了《精英汉语》的使用效果，并指出宣称是国别性教材的《精英汉语》，只体现在课后练习、注释等具体的文字翻译中，与其他通用性教材差异不大。

徐大千④（2014）结合其汉语教师志愿者的教学经验，以课

① 王泉玲：《〈精英汉语〉和〈新实用汉语课本〉的对比研究》，上海：上海外国语大学硕士论文，2013 年，第 31 页。

② 石琳：《巴西学生汉语习得中的语法偏误分析——以巴西里约热内卢天主教大学孔子学院为例》，保定：河北大学硕士论文，2013 年，第 33 页。

③ 高子茜：《对外汉语教材对比研究——以〈长城汉语〉和〈精英汉语〉为例》，保定：河北大学硕士论文，2014 年，第 26 页。

④ 徐大千：《初级综合教材〈当代中文〉葡语版的针对性问题研究》，武汉：湖北大学硕士论文，2014 年，第 40 页。

堂教学和问卷调查的方法，就巴西孔子学院普遍使用的葡萄牙语版本的《当代中文》的针对性进行了分析研究。她认为葡语版的《当代中文》只是在其加拿大版的基础上翻译而来，教材的编排存在一些不足，主要表现在《当代中文》并不是专门针对葡萄牙语的汉语学习者的。巴西汉语教材应该针对巴西人热情、奔放、学习时间少等特点，在词汇选择及葡语解释和语法讲解上，应该结合巴西本土的葡萄牙语和巴西文化特点选材。

田诗园①（2014）认为在语气词编排问题上，葡萄牙语版的汉语教材《当代中文》和《精英汉语》存在问题，比如语气词的编排没有系统性、语气词的讲解过于简化、缺乏语气词的练习等。

朱瑞花②（2011）认为目前在中国学汉语的巴西学生使用的汉语教材都是英语版本，教材的英文注释不够简明，翻译水平不太高。不论是汉语教师，还是巴西学生，都希望有适合不同学习阶段的葡语版汉语教材。因此，必须因地制宜，编写专供巴西学生使用的汉语教材。

综上所述，研究者们在教授巴西汉语学习者的过程中，发现了当前缺乏针对巴西葡语的对巴汉语教材的现实问题，同时结合问卷、访谈等形式进一步说明了面向巴西的不同级别的汉语教材亟待开发的问题，并结合自身的教学经验，对新教材的编写提出了很好的建议。但是现实情况是，这些建议目前还没有付诸实施，市面上还没有出版面向巴西葡语学习者的汉语教材。

五、教师队伍

迄今为止，笔者还没有查阅到有关巴西汉语教学教师问题研究

---

① 田诗园：《巴西学生使用汉语语气词的偏误分析与教学策略——以“吗、呢、吧、啊、的、了”为例》，武汉：湖北大学硕士论文，2014年，第37页。

② 朱瑞花：《巴西学生汉语语序习得偏误分析》，西安：陕西师范大学硕士论文，2011年，第37页。

的专门文章，但是上述有关巴西汉语教学问题的研究论文大多涉及巴西汉语教学教师问题，并就巴西汉语教师应该具备的素质展开讨论。目前巴西汉语教学的关键问题是缺乏会巴西葡语的汉语教师，再加上巴西大部分学习汉语的学生是成年人，他们大多不会说英语。只会英语，不会巴西葡语的汉语教师很难向巴西学生解释汉语语法，很难与学生沟通，客观上造成了巴西学生汉语学习理解上的偏误，教学效果自然难以保证。

徐捷源①（2010）在谈到巴西本土从事汉语教学职业的教师时指出，大多数教师是非专职教师，并且汉语教师欠缺专业水平与学习研究的热忱。徐老师指出，由于师资和教学智能的不足，一般的教师“照本宣科”的多，能够思考教学目标、做教学研究的极少，甚至可以说“没有”。据笔者调查，这种情况确实存在。在巴西中文学校或中文补习班从事汉语教学工作的大多是家庭主妇，汉语教学只是她们的业余工作，她们从事巴西汉语教学的目的有时纯粹是为中华文化的传承尽自己的义务。

陈雯雯②（2015）调查了70位华文教师，发现来自中国台湾的老华侨和来自中国大陆的新移民是巴西华文教师的主体。来自中国台湾的老华侨年龄偏大，喜爱华文教学工作，他们随着中国台湾移民的不断减少而减少。中国大陆新移民教师大多葡语不过关，做中文教师只是权宜之计，他们随着中国大陆新移民的增加而增加。整体上讲，巴西华文教师专业素质趋向专业化，但是巴西华文教师没有被纳入政府教育管理体系，无法享受巴西政府给予教师的正当权益，并且工资普遍偏低，除课酬外基本没有其他福利待遇。

朱瑞花③（2010）分析了中巴文化在地域文化、颜色文化、习俗文化和手势语文化方面的冲突实例，认为巴西汉语教师自身要

---

① 徐捷源：《国际汉语教育专家访谈提纲——中山大学访谈录》，第2页。

② 陈雯雯：《巴西华文教育现状探析》，载《华文教学与研究》，2015年第2期，第7页。

③ 朱瑞花：《巴西学生汉语语序习得偏误分析》，西安：陕西师范大学硕士论文，2011年，第40页。

具备强烈的应对中巴文化冲突的敏感意识，同时还要培养巴西学生的文化敏感意识。

石琳①（2013）认为培养一批会巴西葡萄牙语的教师至关重要。她认为孔子学院的志愿者大多不会巴西葡萄牙语，志愿者使用英语同巴西学生交流是造成学生理解偏误一个重要原因。另外，她认为巴西汉语教师还要加强中葡双语的对比分析，并且要大力开发适合巴西学生的汉语教材。

可以看出，尽管每年在巴西从事汉语教学的孔子学院汉语教师志愿者和孔子学院中方合作院校的外派教师有30名左右，但是目前针对这一群体的生活和工作状况，以及培训方面的研究亟待加强，进而为巴西汉语教师的选拔和培训做准备。

六、教学方法

巴西汉语教学的教法研究同样散见于各种巴西汉语教学的语音、词汇、语法教学的文章中，并没有专门的的巴西汉语教学的教法研究。比较一致的观点是：巴西学生的群体特征和个体特点非常独特，普遍热情很高，对汉语和中华文化兴趣浓厚，但是学习动力不足且难以持续，不太愿意课外花时间预习和复习，更不愿意做家庭作业。他们大多期望只利用课堂学习时间学好汉语，学习的持续性不足。相比较传统的教学方法，他们对趣味性教学方法、游戏活动型教学活动更感兴趣。巴西汉语教师必须针对巴西汉语学习者成人化的特点，研究他们的学习动机和学习策略，根据他们的学习目的和特点制定灵活多变的教学方法。

朱瑞花②（2011）指出，来中国学习汉语的巴西成人学习目的明确，都希望在最短的时间内、以最小的代价学好汉语，喜欢寻找规律，不喜欢死记硬背。巴西汉语教师在课堂上可以多采取启发

① 石琳：《巴西学生汉语习得中的语法偏误分析——以巴西里约热内卢天主教大学孔子学院为例》，保定：河北大学硕士论文，2013年，第31页。

② 朱瑞花：《巴西学生汉语语序习得偏误分析》，西安：陕西师范大学硕士论文，2011年，第32页。

式的教学方法，引导学生自主思考、自主归纳语言规律。

袁海霞①（2014）用访谈的形式调查了45名巴西留学生的个体差异，认为巴西汉语教学的教学方法上应该注意以下几个方面：使用自我驱动，减少教师讲解时间，增加学生自学时间；作业要有层次性和典型性；引导学生形成正确的学习动机和学习信念。另外，应该在教学中多安排文化活动或文化讲座，促使学生练习使用汉语，在情感上越来越亲近汉语。

笔者认为，巴西汉语教学的教法问题研究应该从系统研究巴西汉语学习者的学习动机和学习策略出发，归纳总结他们的学习动机要点，了解他们的学习方法，从而为巴西汉语教学的教法研究提供现实基础。

从已有的研究中，我们可以看出，现有的巴西汉语教学的"三教"问题研究的作者大多是从事巴西汉语教学的志愿者或汉语教师。他们从自身的教学经验出发，调查访谈巴西汉语学习者、总结实践经验、提出教学建议。这些研究主要集中在偏误研究、对比分析和教学实践总结等几个方面。但是偏误分析研究缺乏语料库的支撑，对比分析还不够系统、不够深入，教学实践的总结没有与理论结合。巴西汉语教学研究中硕士论文较多，论文发表的刊物层次还不够高，没有一篇CSSCI论文。

面对中巴经贸关系日益深化、中巴文化交流日益加强、巴西"汉语热"持续升温的大好局面，巴西汉语教学从业者们更应该结合汉语本体和对外汉语教学的研究成果，大力开展巴西汉语教学"三教"问题的研究。我们认为应该着力调查巴西汉语教学中的实际问题，并从这些实际问题出发，结合当今外语教学法理论研究的新成果，探寻对巴汉语教学的有效方法，从而提高巴西汉语教学效果，推动巴西孔子学院的可持续发展，推动汉语在巴西的传播。

---

①　袁海霞：《基于课程测试的留学生个体差异研究——以巴西来华预科学生为例》，载《湖北科技学院学报》，2014年第12期，第139页。

第四节　任务型教学法与汉语教学

一、任务型教学法

20 世纪 80 年代中后期，任务型教学法（Task-Based Language Teaching，简称 TBLT）渐渐兴起，经过将近 30 年的发展，逐渐成为世界各地第二语言教学课程改革中的主流方向。纽南①（2014）认为任务型教学法是交际语言教学哲学思想在课程中的具体体现，体验式学习和以学习者为中心的思想是 TBLT 的重要支撑点。任务型教学法的理论基础有功能主义语言学、语言习得理论、社会建构主义和人本主义心理学②。

纽南指出任务型教学法关注的任务应该是教育性任务（pedagogical tasks），而不是真实世界的任务（real-world tasks）或目标性任务（target tasks）。关于什么是任务，很多外国专家们有不同的论述（纽南，1989；威利斯，2004；萨穆达，拜盖特，2010；埃利斯，2013；纽南，2014），有些中国学者结合中国的英语教学或对外汉语教学论述了任务的定义问题（贾志高，2005；盛双霞，2007；陈文博，2011）。

综合学者们的观点，本书采纳纽南③（2014）对任务的定义：教育性任务是一组学习者用目的语进行理解、使用、创作或互动的课堂活动，学习者的注意力集中于调动他们的语法知识来表达意义，其目的是传达意义而不是操控语言形式。任务应该具有完整性，是有起始、中局和结尾的独立交际行为。在任务的设计和完成过程中，应该注重开发学习者自由运用已有的语法知识完成任务、

① 纽南：《任务型语言教学》，北京：外语教学与研究出版社，2014 年，第 10 页。

② 孟繁杰、李焱：《任务型教学法在对外汉语课堂教学中的应用》，载《海外华文教育》，2008 年第 3 期。

③ 纽南：《任务型语言教学》，北京：外语教学与研究出版社，2014 年，第 4 页。

进行有意义交际的能力，而不是句型等语法形式的操练。

纽南①（2014）指出任务型教学法是以早期的心理语言学理论为基础建立起来的，例如 Krashen 的四个假设的理论：习得—学习假设、自然顺序假设、监控假设和输入假设，Swain 的输出假设理论，Long 等人的意义磋商理论。

纽南②（2014）将教育性任务分为六步任务链：（1）创立熟悉背景知识的任务，以熟悉完成任务的基本词汇、语言知识和语境；（2）给予学习者使用目的语词汇、结构和功能的操练活动；（3）给予学习者真实的听力练习；（4）让学习者聚焦于语言要素，如语法和词汇；（5）提供更加灵活的联系；（6）引入教育性任务，如小组讨论、作出决策。他认为任务型语言教学任务应该遵循以下 7 个原则：扶助性原则、任务相依性原则、循环性原则、主动学习原则、整合性原则、先模仿后创造原则、反思原则。

朱金花③（2008）讨论了任务型教学法在中外教师合作大学英语教学模式中的效果。朱金花认为任务型语言教学可以在课堂里模拟真实生活的各类活动，有利于培养学生在真实生活中运用英语语言的能力，而任务型教学的关键是任务设计必须符合课程大纲要求，能激发学生的学习兴趣，切实可行，有利于培养学生综合能力。

贾志高④（2005）探讨了任务型教学法的定义、本质、构成要素和任务设计的原则。他指出任务型教学属于以学习为中心的教学法，是一种能体现语言价值的有效教学途径。

任务型教学法对学习者充满挑战，强调有意义的交际能力培

---

① 纽南：《任务型语言教学》，北京：外语教学与研究出版社，2014 年，第 77-84 页。

② 纽南：《任务型语言教学》，北京：外语教学与研究出版社，2014 年，第 34-35 页。

③ 朱金花等：《从建构主义视角探析任务型语言教学法的应用》，载《上海大学学报（社会科学版）》，2008 年第 3 期，第 157 页。

④ 贾志高：《有关任务型教学法的几个核心问题的探讨》，载《课程·教材·教法》，2005 年第 1 期，第 55 页。

养，使学习者通过完成任务性的语言知识，充分刺激学生兴趣，激发学习者的潜能。进入 21 世纪，任务型教学法在亚太地区外语课堂中广受欢迎，如中国、日本、韩国、马来西亚等国的课程设置和教学大纲中，任务型教学法已经成为一个中心概念。中国 2013 版《全日制普通高中英语新课程标准》中，明确将任务型教学作为优化教育教学的方式。

二、任务型教学法的应用

任务型教学法也越来越受到对外汉语学者们的专注，不少学者将任务型教学法用于对外汉语的汉字、阅读、口语等教学中。

盛双霞①（2007）研究了任务型教学法在对外汉语课堂中的实例，详细列举了前任务阶段、任务环阶段和后任务阶段的课堂教学设计。该文分析了任务型教学法的优点和局限性，认为对外汉语课堂比较适合以下几种任务：交换和传递信息类任务；解决实际问题式任务；辩论活动等交换意见式任务；决定式任务。

孟繁杰②（2008）分析了任务型教学法的理论基础，并且以《汉语教程》第 33 课为例研究了任务型教学法在对外汉语教学中的运用问题，指出任务型教学法的课堂教学模式一般分为语言材料的导入与讲解、语言知识的练习和布置与完成交际任务三个阶段。

梁宇③（2008）以《体验汉语写作教程》为例，论述了任务型教学法在对外汉语写作教材设计中的运用，指出该系列教材很好地贯彻了任务型教学法的特点：强调意义同时兼顾语言形式、任务链的设计思路和强调互动的任务设计。

---

① 盛双霞：《基于任务的对外汉语课堂教学》，载《中国大学教学》，2007 年第 3 期，第 67 页。

② 孟繁杰、李焱：《任务型教学法在对外汉语课堂教学中的应用》，载《海外华文教育》，2008 年第 3 期，第 36 页。

③ 梁宇：《任务型教学法在对外汉语写作教材中的体现——评〈体验汉语写作教程〉系列教材》，载《海外华文教育》，2008 年第 4 期，第 51 页。

姜安①（2009）按照任务型教学法的理念，按照任务前、任务环和任务后的步骤，分别阐述了对外汉语教学中针对汉字的笔画、部件和字义教学的任务设计。姜安认为按照在“在做中学”的任务型教学特点设计互动性的任务，可以提高学生的学习兴趣和学生的自学能力，增加学生课后习得汉字的可能性。

陈文博②（2011）比较了传统的 3P（Presentation，Practice，Production）功能交际教学法和任务型教学法的优缺点，详细介绍了对外汉语初级口语课堂中任务前、任务环和任务后的各种类型的任务设计，并且指出具体的课堂任务是学习的动力，完成任务的过程就是学习的过程，任务成果的展示是评价方式。任务型教学法可以拉近课堂与现实生活的距离，从而可以提高语言交际能力的培养效率。

寇志晖等③（2012）以课堂观察的方法，对三位老师的 3P 传统教学课堂和任务型课堂做了记录和研究，对比分析了传统教学和任务课堂的异同点和优缺点。该文认为尽管传统课堂对教师来说比较容易掌握，但是难以体现“以学生为中心”的教学思想，另外，随着任务型教学法的教学理念的引入，三位老师的课堂教学都不再是“完全传统化”的教学了。他们认为传统 3P 教学模式需要继续优化，任务型教学法引入可以促进对外汉语教学的发展。

于晓日④（2014）以《标准汉语教程》课文为例，研究了任务型教学法在口语课堂中的运用问题，认为尽管留学生的语言基础贫乏客观上造成了任务型教学法实施的障碍，但是强调“大量真

---

① 姜安：《任务型教学法在对外汉字教学中的运用》，载《海外华文教育》，2009 年第 4 期，第 4 页。

② 陈文博：《任务型语言教学法在对外汉语教学中的应用——基于汉语课堂教学示范初级口语课的分析》，载《语言与翻译》，2011 年第 2 期，第 77 页。

③ 寇志晖等：《传统 3P 模式与任务型教学法的课堂实践与分析：汉语作为第二语言教学的角度》，载《海外华文教育》，2012 年第 1 期，第 9 页。

④ 于晓日：《任务型教学法与高校对外汉语教学》，载《海外华文教育》，2014 年第 3 期，第 325 页。

实性输入”和“在做中学”的任务型教学对于对外汉语教学是行之有效的。

从现有的任务型教学法在对外汉语教学运用的研究中，我们发现大部分的研究对于任务型语言教学法的理论、定义、原则介绍较多，尤其是任务型教学法在不同课堂中的任务设计研究，很有实践启发意义。学者们较为普遍地认为任务型教学法是一种体现现代教学理念的教学方法，应该成为对外汉语教材设计和课堂教学设计的主流。但是，关于任务型教学法的效果的实证研究，以及面向不同国别汉语学习者的任务型教学设计研究比较缺乏。

三、任务型教学法对巴西汉语教学的启示

任务型教学法体现了“以学习者为中心”的教学理念和方法，强调学习者个人的体验式学习，以有意义的交际任务的设计和实施为中心。这些理论可以为巴西汉语教学的课程大纲设计、课堂教学活动设计提供理论指导。任务型教学中辅助性原则、先模仿后创造等原则与巴西学生的学习动机、学习策略和学习风格可能比较契合，可以为巴西汉语教育的“三教”问题研究提供理论支持和启示。

本书将在分析巴西汉语教学的“三教”现状和问题的基础上，以任务型教学法理论为指导，重点探讨任务型教学法在巴西汉语教材开发、巴西汉语教师培养和巴西汉语教学法探索中的具体运用问题。

第三章　巴西汉语教学的教材建设

我国的对外汉语教材的发展是随着我国对外汉语学科的建立和发展，以及对外汉语教学事业的发展而逐渐发展与成熟起来的。本章将简要回顾我国对外汉语教材编写的成就与问题，回顾我国对外汉语教材编写的理论研究，并以此为基础，分析巴西汉语教材的现状和问题，探讨基于任务型教学法的巴西汉语教材编写策略。

我们试图通过分析我国对外汉语教材编写的历史和经验，比较国内外对外汉语教材编写的差异，调查分析巴西人学习汉语的需求，探讨面向巴西葡语的初级汉语教材编写的基本设计原则和思路，以达到学生通过教材的学习，能够基本表达他们感兴趣的日常生活的话题，初步了解中国的当代文化和当代国情的目的。本研究将为面向巴西葡语的初级汉语教材设计提供理论上的总结和实践上的指导。

第一节　教材编写及其发展

早在20世纪50年代我国的学者就开始探讨对外汉语教材的编写理论与实践的研究。20世纪80年代是我国对外汉语教材编写的第一个高潮，教材编写的种类和数量大量涌现，与此同时，也出现了一批对教材进行经验总结和理论发掘的文章。从20世纪末期到现在对外汉语教材编写又达到了一个高潮，随着国家经济实力的增强、中外文化交流的日益加强、国家汉语国际推广战略的实施，教材编写出现了国别化、多媒体化、多元化的特征。回顾我国对外汉语教学学科的发展，回顾对外汉语教材编写和研究的历史，能够使我们更清楚地把握对外汉语教材的编写规律，有助于总结经验、推陈出新。

一、起步：20 世纪 50—70 年代

据李泉①（2005）研究，中华人民共和国的教材编写是从 1950 年第一批东欧学生来华留学开始的。最初的对外汉语教材是为满足教学急需而编写的散篇教材，特点是对话体课文，语法现象用英语和俄语加注。第一部铅印的教材是《语法教材》，特点是以语法为纲。中华人民共和国第一部正式出版的教材是邓懿编写的《汉语教科书》，由商务印书馆出版。李泉认为《汉语教科书》集中体现了对外汉语教学初创阶段的教学理论和教学方法。教材以语法为纲，吸收了当时汉语传统语法和结构主义语法的研究成果，同时又注意到了语言交际中表达意念的各种方式，在语法点的确定、切分和编排方式上体现了汉语作为第二语言教学的特点。

20 世纪 70 年代出版的教材主要有商务印书馆出版的《基础汉语》（1971）和《汉语课本》（1977）。这两本教材没有突破《汉语教科书》确定的语法蓝本，但借鉴了结构语言学的理论，突出了句型教学，实践性较强。但是由于时代的限制，课文的选择过于政治化。

总的来说，由于受到国内政治局势、国内经济发展和国际苏美争霸的局限和影响，从我国的对外汉语教学事业教师结构和留学生结构上看，这一时期的对外汉语教学还远远没有形成规模，与之相对应的是对外汉语教材种类少，形式比较单一。这一时期的对外汉语教材编写主要理论依据是汉语自身的研究传统和结构主义理论，重视语法结构的传授，轻语言交际功能和文化交流功能，内容选择上比较政治化，尽管强调了实践性原则，但是实际上只能做到训练一定的听说读写的技能，难以达到真正培养交际能力的目标。

---

① 李泉：《对外汉语教材研究》，北京：商务印书馆，2006 年，第 1 页。

二、发展：20世纪80—90年代

20世纪80年代以来，随着我国改革开放政策的实施，中国经济创造了一个又一个奇迹，我国的综合实力显著增强，国际地位大大提升，中外政治、经济和文化交流日益扩大。与此相适应，国外渴望了解中国、学习中国文化的需求也越来越强，来华学习汉语的留学生不仅在规模上大大超过以往，而且留学生的国家更加多元化，我国的对外汉语教学事业迎来了第一个高潮。教材建设在数量上、种类上也随之获得了较好的发展。

据赵贤州①（1988）统计，各类对外汉语教材就有16大类210种。比较有代表性的教材有：李培元主编的《基础汉语课本》、樊平主编的《现代汉语进修教程》、刘珣主编的《实用汉语课本》、胡裕树主编的《今日汉语》、鲁健骥主编的《初级汉语课本》等。

《基础汉语课本》集中体现了国内以往对外汉语教材的优点，继承了以往教材的语法体系，但是在语法针对性上和课文内容的选择上，都有创新，更加实用。吕必松②（1990）认为《基础汉语课本》是当时最成熟的按照结构法的路子编写的教材。

《实用汉语课本》是我国出版的第一部专门针对外国人的初级汉语教材。它借鉴吸收了功能语言学的相关理论，以句型、结构和功能为纲，试图将语言的交际功能融合到句型、语法对比之中，着重培养学生的语言交际能力。该教材出版后在国外受到好评，被广泛使用20多年。吕必松③（1990）认为《实用汉语课本》是当时最高水平的综合教材。

《初级汉语课本》的特色是注重专项技能训练的系列教材，其中《听力练习》是我国编写最早的听力教材之一。其主干教材

---

①　赵贤州：《建国以来对外汉语教材研究报告》，见：李泉：《对外汉语教材研究》，北京：商务印书馆，2006年，第2页。

②　吕必松：《对外汉语教学发展概要》，北京：北京语言学院出版社，1990年，第46页。

③　吕必松：《对外汉语教学发展概要》，北京：北京语言学院出版社，1990年，第62页。

《初级汉语课本》用公式法表示语法项目，不再强调语法的系统性教学，而是将语法化整为零分散教学，是语法教学的创新之举，使得语法教学更加简明实用，更有针对性。

20 世纪 90 年代以来，教材的编写和出版的数量急剧增加。20 世纪最后的十年，对外汉语教材的编写与出版出现了一派繁荣的景象，每个月出版的教材就有 10 多种①。齐沛②（2003）通过分析 20 世纪 90 年代后期我国汉语教材的出版发行情况，总结出以下几个主要特征：更新的速度加快；从单纯的语言教学向专业知识和中华文化传播方向拓展；中、高级汉语教材比例大幅度上升；口语教材的出版数量占据首位；20 世纪 90 年代后期，音像教材和多媒体教材大量增加。

20 世纪 90 年代比较受欢迎的教材有：胡波等编写的《汉语听力教程》、王福祥等编写的《外国人学中国语》、白崇乾等编写的《报刊语言教程》、陈灼等编写的《桥梁——实用汉语中级教程》、何慕编写的《速成汉语》、杨寄洲等编写的《汉语教程》、黄政澄编写的《新编汉语教程》、周思源等编写的《中国社会概览》。

20 世纪 80 年代后期至 90 年代，在对外汉语教学学科领域开展了大量的基础研究，先后出现了一大批对教材进行经验总结和理论探讨的科研成果，如《汉语水平考试大纲》《对外汉语教学初级阶段教学大纲》《对外汉语教学中高级阶段教学大纲》等③。

在国外，一大批学者基于本国的教学经验总结和本国学习汉语者的学习规律的认识，有针对性地编写了与国内不同的、创新性的汉语教材。如法国白乐桑与中国张朋朋 1989 年在法国编辑出版的《汉语语言文字启蒙》。白乐桑高举“字本位”的旗帜，根据汉语的“字”是音、形、义的统一体，字可以组词的特点，宣称“字”

---

① 程相文：《对外汉语教材的创新》，载《语言文字应用》，2001 年第 4 期，第 37 页。

② 齐沛：《对外汉语教材再评述》，载《语言教学与研究》，2003 年第 1 期，第 58 页，第 59 页。

③ 齐沛：《对外汉语教材再评述》，载《语言教学与研究》，2003 年第 1 期，第 60 页。

是汉语区别于印欧语系拼音文字的根本特征，是汉语学习的基础。《汉语语言文字启蒙》从汉语“字”的部首、笔顺学习出发，在汉语学习回归到字的学习上，摆脱了“词本位”和汉语拼音方案的束缚，走出了不同于国内的汉语教材编写之路。该教材在法国畅销20多年，受到了法国学生的欢迎，而且该教材所倡导的“字本位”的思路也得到了越来越多学者的重视和研究。

这一时期对外汉语教材编写的总体特征是逐渐摆脱了以结构为纲的编写思路，注重语法结构和功能的结合，交际教学法得以在教材中体现，强调教学过程交际化的教学路子，并逐渐注重中国文化的介绍和中外文化的对比，体现了当时对外汉语教学学科的发展思路和特点。这一时期的教材编写，并没有抛弃以往纯结构的编写路子，而是在保留语法体系完整性的情况下注重结构与功能的结合，同时又逐渐注重文化功能的引入和介绍。这是具有中国特色的编写思路，也为今后教材的编写积累了宝贵的经验。

三、规模：21世纪初

进入21世纪，随着我国综合实力的巨大提升及中外政治、经济和文化交流的日益扩大，世界范围内的“汉语热”进一步升温，我国的对外汉语教学事业迎来了又一个发展的高潮。我们国家的对外汉语教学事业迎来了重大的战略调整，从以面向来华留学生的汉语教学为主，发展到走出国门，采取中外合作的形式传播汉语和中华文化。国家汉办从2004年起开始在全球范围内采取中外高校合作办学的形式设立孔子学院，2005年推出汉语国际推广战略。为解决汉语师资问题，2007年开始在26所高校招收汉语国际教育硕士，培养外向型对外汉语教学的专门人才。与此相适应，世界范围内学习汉语的人数也大大增加。截至2016年年底①，孔子学院总数达511所，孔子课堂达1073个，分布在全球140个国家，注册

① 刘延东：《创新　合作　包容　共享　携手并肩开创孔子学院发展新局面——在第十一届孔子学院大会开幕式上的主旨演讲》，载《孔子学院》，2017年第1期，第13页。

学员 210 万人，中外专兼职教师 4.6 万人。

学习汉语的巨大需求与现实条件的差距也促使更多的学者从事对外汉语教学事业，汉语本体研究、汉语作为第二语言教学的研究正在走向深入，这些研究都有力地推动了对外汉语教材的创新和对外汉语教材建设的大发展。

朱志平①等（2008）调查了华语教学出版社、北京语言大学出版社、复旦大学出版社、北京大学出版社、社会科学出版社五家专业汉语教材出版机构从 1998 年到 2008 年出版的 23 种供来华留学生或海外汉语学生使用的教材，共约 80 册。该研究发现我国的对外汉语教材在内容设计上表现出如下一些特点：教学内容设计思想围绕话题展开，在一定的教学理念的指导下实现语料的取舍，对课堂教学活动安排的思考主要体现在练习题型的设计上面，文化的呈现方式更加多样化。

这一时期出版的教材主要有：刘珣主编的《新实用汉语课本（1-5）》(北京语言大学出版社，2002 年)、康玉华、来思平编写的《汉语会话 301 句》（北京语言大学出版社，2005 年）、鲁健骥编写的《初级汉语课本》（北京语言大学出版社，2003 年）、李晓琪主编的《博雅汉语（初级起步篇、准中级加速篇、中级冲刺篇、高级飞翔篇）》(北京大学出版社，2004 年)、李禄兴主编的《发展汉语（初级、中级、高级）》(北京语言文化大学，2005 年)、马箭飞等编写的《汉语口语速成（入门篇、基础篇、中级篇、高级篇）》（北京语言大学出版社，2006）、杨寄洲主编的《汉语口语教程（初级、中级、高级）》(北京大学出版社，2007 年)、周小兵主编的《阶梯汉语（初级、中级）》(华语教学出版社，2007 年)。

此外，我国出版界还涌现了一批教材的多语种版本，如：高等教育出版社于 2006 年出版发行的《体验汉语》（已出版英语、法语、德语、韩语等不同版本）、人民教育出版社于 2003 年出版发行的《跟我学汉语》（已出版英语、泰语、德语等版本）、北京语言大学出版社于 2005 年出版的《汉语乐园》（已出版英语、荷兰语、

① 朱志平等：《1998—2008 十年对外汉语教材述评》，载《北京师范大学学报（社会科学版）》，2008 年第 5 期，第 132 页，第 133 页。

保加利亚语、捷克语、乌克兰语等不同版本，该教材计划出版 45 种语言版本）、河北教育出版社于 2008 年出版的《精英汉语》（已出版英语、葡萄牙语等版本）。

同时，为了适应网络多媒体时代的需求，教材从形式到内容上都有不断的创新。如国家汉办基于网络多媒体技术开发的新型对外汉语教学模式“长城汉语”项目，是一个完整的从初级到高级汉语课程的对外汉语教学体系。“长城汉语”更像是一个整合各种汉语课程资源的网络学习平台，可以实现全球汉语学员在网上完成全部注册、学习、评价等学习过程，可以满足全球汉语学员随时随地学习汉语的需求。

总的看来，我国的对外汉语教材的种类不断丰富，已初步形成多层次、多类型、系列化、多媒体化的、可以基本满足多种需求的教材体系，我国的对外汉语教材建设也开始走在了世界的前列。21 世纪的教材总体上体现了汉语学习者国别多样化、水平层次多样化的特点，也基本贯彻了全面培养汉语学习者交际技能的指导思想。同时，新型教材也体现了教学理念和教学方法的转变，课文不再是教材设计的中心，以“学生为中心”或“话题为中心”的教材符合当今世界上第二语言教学的潮流，更能满足不同学习者，尤其是不同国家和文化的学习者的需求。但是，我们并没有放弃我国对外汉语教材编写重视语法结构、功能和文化的传统，是在继承基础之上的创新。另外，多媒体教材和网络化教材的出版、网络汉语教学资源库的建成与推广，也大大解放了汉语学习的时间和空间的束缚，使得汉语学习者完全可以根据自己的需求，设计个性化的学习内容，对外汉语教学不再受到书本、教室和教师在时间上和空间上的限制，随时随地学习汉语已经成为可能。

第二节 基本成就与主要问题

一、基本成就

我国的对外汉语教材建设始于 20 世纪 50 年代，是我国对外汉语教学学科发展和建设的前沿阵地和重要标志。随着我国综合实力的提升，来华留学生和国外学习汉语的人数急剧增加，形成了推动对外汉语教材建设的动力源泉，对教材数量和种类的要求更加多元化，这是对外汉语教材得以在最近30年大发展的根本原因。随着全球范围内“汉语热”的持续升温和海内外汉语教学从业人员和研究人员的增加，经过近60年的摸索和建设，对外汉语教学逐渐从一个边缘化的附属学科发展成独立的学科。为了不断满足不同层次、不同国别的汉语学习者的需求，越来越多的学者开始致力于这一学科的建设和发展，并初步建立起学术化的传统，重视基础研究和理论研究，并且注重将国内外的研究成果吸收到教材、教法当中，这些教材方面的研究是教材编写的指导思想，是教材建设的理论基础。应该说，我国的对外汉语教材建设取得了巨大的成就，并且逐渐形成了关注教学语法和交际能力的特色。

刘珣①（2000）指出我国已经走过了20世纪50年代的结构法教材时期，走过了20世纪80年代至90年代的结构与功能相结合的教材时期，现在正跨入结构、功能和文化相结合的时期。迄今为止，我国出版的对外汉语教材不下上千种，基本上能够满足国内教学的需求。李泉②（2002）总结了我国对外汉语教材编写问题的研究论文和专著，认为对外汉语教学学科发展和建设的重要标志之一是对外汉语教材在编写和研究方面取得的丰硕成果。

李泉③（2002）总结了我国20世纪80和90年代的教材编写和研究，总结出教材编写和研究的三大成就：教材数量的增长速度异乎寻常；教材的种类多种多样，可以基本满足多种需求，已经形成多类型、多层次教材体系；教材编写的经验总结和理论研究进步明显，论文和专著成果比较丰硕。

---

① 刘珣：《对外汉语教育学引论》，北京：北京语言文化大学出版社，2003年，第322页。

② 李泉：《近20年对外汉语教材编写和研究的基本情况述评》，载《语言文字应用》，2002年第3期，第106页。

③ 李泉：《近20年对外汉语教材编写和研究的基本情况述评》，载《语言文字应用》，2002年第3期，第101页。

齐沛[①]（2003）认为我国对外汉语界在教材建设过程中，十分注重经验总结和理论建构，沿着结构—功能—情景、结构—功能—文化等教学法思路来编写教材，集中体现了汉语作为外语教学的理论探索成果，我国的对外汉语教材编写工作进一步系统化和科学化。

胡晓慧[②]（2007）将1999年我国对外汉语教材和2007年进行了对比，并指出自21世纪以来，我国的对外汉语教材的数量飞速增长，教材种类不断丰富，可以基本满足多种要求的教材体系已经初步形成，教材的不同语言版本得到重视，与汉语课本配套的教师手册、学生手册、练习册、录音带、多媒体光盘等教辅材料蓬勃发展，教材编写日益重视课型的配合和等级的衔接。

朱志平等[③]（2008）分析了华语教学出版社等五家专业汉语教材出版机构出版的23种教材的话题安排、任务设计、教材体例、练习设计、教材版面和装帧设计，总结出我国对外汉语教材的发展趋势：（1）商务口语教材和单项技能教材大量出现，重视交际技能的全面培养和口语交际能力；（2）在话题选择上，对外汉语教材逐渐与国际接轨，一方面话题选择越来越广泛，另一方面话题选择更加具有发散性；（3）在教学语法研究成果的基础上，对外汉语教材在语料取舍方面很有中国特色；（4）课文中与语言交际功能密切相关的句式和词语越来越受到重视，注重学习者实际语境中的体验；（5）语言技能的培养越来越受到重视，在继续关注传统的语言要素教学的基础上，新体例要素不断增加；（6）教材版面和装帧设计越来越人性化。

毫无疑问，经过60年的努力，伴随着对外汉语教学学科发展和对外汉语教学事业日益壮大，我国对外汉语教材的研究和建设所

---

① 齐沛：《对外汉语教材再评述》，载《语言教学与研究》，2003年第1期，第60页。

② 胡晓慧：《在汉语热中走出去——近年来国内对外汉语教材出版评述》，载《市场与发行》，2007年第12期，第32页。

③ 朱志平等：《1998—2008十年对外汉语教材述评》，载《北京师范大学学报（社会科学版）》，2008年第5期，第132-134页。

取得的成绩是巨大的：

（1）教材数量大量增加，从最初的1~2种散编教材，到现在的上千种，这些教材基本上已经能满足不同类型、不同层次的来华留学生的课堂教学需要。

（2）教材品种更加多层次化、更加多样化。相继出版了多语种版本的教材，教材的分工定位更加清晰。

（3）教材的形式更加多元化，多媒体配套产品逐渐成为教材出版发行的必备品，网络化教材也正在逐步形成。

（4）“学习者为中心”越来越成为教材编写者考虑的首要原则，国别化教材日益受到重视。

（5）对汉语本体的研究和汉语作为第二语言教学的研究正在走向深入，这些研究成果必将使得我们的对外汉语教材更加具有科学性、更加富有针对性。

二、主要问题

面对已经出版的上千种教材，我们还应该保持清醒的头脑，总结经验，找出教材编写中的问题。总的来说，现有教材基本能够满足国内教学的需要，这可能与国内的对外汉语教学使用的是根据国内各级教学大纲而编写的教材有关。但是，对现有教材不满意的声音一直没有停止过。其中，国外有些专家的负面评价比较多，他们大多从自身的教学经验以及本国汉语学习者的学习规律方面评价国内出版的教材。

黎天睦①（1983）在对20世纪80年代国内编写的对外汉语教材的研究中指出了教材的一些问题，例如内容有时太系统、太细、太单调，介绍文化方面的资料比较少，语料不够实用，课本和练习有的意思不大，口语和书面语分得不够清楚等。

---

① 黎天睦：《北京语言学院汉语教材简评》，见：李泉：《对外汉语教材研究》，北京：商务印书馆，2006年，第17页。

英国的佟秉正①（1991）认为我国的初级汉语教材的汉语本位思想严重，不同母语的汉语学习者使用同样的教材，没有考虑不同母语的汉语学习者的学习特点和学习需求，而且从拼音到汉字教学转换过程太短，让学习者很难适应。另外，教材对话的设计纯粹是语法知识的练习，严重脱离实际生活。

法国的白乐桑②（1996）通过比较我国20世纪80年代出版的几套教材，认为我国国内出版的对外汉语教材内容单调，缺乏实用性，语法解释让人摸不着头脑。他曾明确指出大部分汉语教材没有抓住汉语教学中的根本问题，即“字本位”。正是汉语教材忽略汉语“字”的教学设计使得汉语教学处于危机状态，白乐桑认为在语言学和教学理论方面，在教材的编写原则方面，以及在课程设置方面，汉语教学危机的根源是不承认中国文字的特殊性以及不正确处理中国文字和语言特有的关系。

李晓亮③（1996）认为在实际的对外汉语教学课堂中，很难找到适合外国学生使用的对外汉语教材。李晓亮指出在许多的教科书里，充斥着枯燥无味的对话，语法是在一种干巴巴的语言环境中表达出来的。而且语法讲解的方式是当时中文教科书的一大弊端。

徐家祯④（1997）曾明确表示，中国出版的汉语教材很难获得海外市场的认可，除非这些教材在内容和形式上作出革命性的修改。比如课本内容和课时安排的冲突、有些课文不符合成年人的学习需要、语法句型解释不够清楚、阅读材料太难、新内容太多等。

---

① 佟秉正：《初级汉语教材的编写问题》，载《世界汉语教学》，1991年第1期，第33-36页。

② 白乐桑：《汉语教材中的文、语之争：是合并，还是自主，抑或分离?》，载《世界汉语教学》，1996年第4期，第99页。

③ 李晓亮：《对外汉语教材的几个问题》，载《世界汉语教学》，1996年第4期，第101页。

④ 徐家祯：《从海外使用者的角度评论大陆编写的初级汉语课本》，见李泉：《对外汉语教材研究》，北京：商务印书馆，2006年，第19页。

同时，国内有关专家对教材的现状也不是很满意。李泉①（2002）总结了近几年国内专家的评价，认为对外汉语教材大体存在以下几个问题：（1）对外汉语教师感到很难找到真正好用的教材；（2）对外汉语教材数量多、品类齐全，但是令人满意的很少；（3）国内外有很多学者对现行的从基础级别到中高级教材都提出了批评意见。

朱志平②（2008）指出我国的对外汉语教材主要存在以下几个问题：（1）话题虽然广泛，但是由于对学习者本身的研究不够，话题顺序的安排上不够精心；（2）对汉语本身和对外汉语教材的基础性研究还有待深化；（3）与教材配套的教师参考书比较匮乏，需要编写更多的教材的补充材料，以供教师上课灵活选择。

王悦欣③（2008）从对外汉语教材出版发行的角度指出我国教材的五大问题：（1）对外汉语教材数量多，但真正适合的教材却很少；（2）教材编写原则强调语法多，满足学习者的真正需求少；（3）教材编写创新不够，真正反映时代发展的新成果少；（4）教材语言陈旧、过时，适应性差；（5）书籍的装帧设计粗糙，缺乏吸引力。

翟汛④（2010）指出现有教材无法满足对汉语和中国文化教学资源的巨大需求。现有的教学资源存在五个突出问题：一是观念老化，针对性不强，雷同严重；二是品种不多，主要是教材，缺乏各类自学读物；三是载体单一，主要是纸制品，缺乏数字化产品；四是表现形式和手段落后，运用现代化手段不多，生动性、趣味性欠缺；五是适合自学和远程学习的资源太少。

---

① 李泉：《近 20 年对外汉语教材编写和研究的基本情况述评》，载《语言文字应用》，2002 年第 3 期，第 103 页。

② 朱志平等：《1998—2008 十年对外汉语教材述评》，载《北京师范大学学报（社会科学版）》，2008 年第 5 期，第 136 页。

③ 王悦欣：《对外汉语教材重在创新与实用》，载《出版发行研究》，2008 年第 7 期，第 58 页。

④ 翟汛：《汉语教学资源体系所要求的新一代对外汉语教材》，载《长江学术》，2010 年第 1 期，第 122 页。

另外，国家汉办对我国的对外汉语教材的编写也非常重视，设有专门的教材处，从汉办主任许琳的几次公开访谈中，也可以看出我国教材编写的问题。早在2007年，许琳就曾明确指示对外汉语教学的教材要重新编写，新教材要贴近外国人的生活、思维和习惯。同时，编写新教材也会考虑到一些非英语国家学习者的需求。2010年，许琳在十一届全国人大二次会议新闻中心举行的“孔子学院的发展情况”专题采访中，再次重申，教材经过市场检验才是根本，教师要脱离本体，要贴近外国人的思想、贴近外国人的习惯、贴近外国人的生活来编教材，组织教学。要把中国式的教材变为当地本土式的教材，出发点是“他们要学什么”，而不是我们“让他们学什么”。她认为，目前国内输出的汉语教材都不可避免带有母语的痕迹，如果有大批外国人来编汉语教材，那才是产业化的成功，汉语推广才大有希望。对此，向全世界推广英语的英国人深有体会：作为一门外语，一国的语言作为外语来教时，别国的语言教材好过母语国教材，才是母语发达的标志。

综上所述，我国的对外汉语教材的编写和研究主要有以下几个突出的问题：

（1）通用型教材所占比例较大，有针对性、创新性教材所占比例较少。很大一部分教材从体例、话题安排、练习的形式上和内容上都比较重叠。

（2）国别化教材较少。现有的国内出版的国别性教材绝大多数是同一种教材的不同注释版本，并不是针对不同国家汉语学习者而特别设计的教材。

（3）基础理论研究亟待突破，对西方语言理论介绍偏多，对汉语作为第二语言的理论创新偏少，汉语究竟是“字本位”还是“词本位”还没有形成共识。

（4）中外合作不够。我们的教材编辑者汉语本位思想比较多一些，对汉语国际推广工作的本质认识有待提升。汉语国际推广的根本目的绝不是向其他国家输出汉语，推销中国文化，汉推战略实质上是促进汉语言的传播，满足世界了解中国、渴望与中国交流的巨大需求。

对教材的总结和反思，是在汉语界和对外汉语教学界不断总结汉语本体研究和汉语作为第二语言教学的研究成果，并借鉴吸收国外语言学理论、语言习得理论和第二语言教学理论的基础上进行的，是在为不断满足日益增长的世界各地不同学习者的需要的前提下进行的，这个过程是教材编写和发展的必由之路，反过来也大大促进了我国的对外汉语教学研究。

第三节　教材编写理论

一、教材编写与教学法理论

教材是根据教学大纲编选的供教学用和要求学生掌握的基本材料。这种材料不仅仅限于教科书之类的文字材料，还包括音像资料、电子资源等一切可用于教学的材料。教材是传统课堂的教学依据，第二语言教材更是学科发展的突破口和前沿阵地。教材是按照某种特定教学法理论来编写的，即教学法理论是教材编写的基础，不同的教材贯彻了不同的教学法的理念。

由于受到翻译法和直接法的影响，我国20世纪50—60年代的对外汉语教材大多特别强调语法的系统性学习，特别强调词汇教学和听、说、读、写全面发展，并且逐渐把实践性原则放在第一位，“精讲多练”成为教材编写的共识性的原则。《基础汉语》是这方面的代表，它从以语法系统知识讲授为中心发展到了示范句加语法注释的形式，语法得以用注释的形式保留。

20世纪70年代的教材主要受西方听说法的影响，强调实践第一的原则，主张听说领先，或者全面要求，听说领先。那时的教材引进了句型教学的方法，通过句型的操练达到语法知识的掌握，但是语法结构仍然是教材编写的主要依据。

20世纪80年代，由于受到西方功能教学法的影响，我们的教材编写者们逐渐将语言的交际功能放在优先考虑的位置。语言是社会的交际工具成为共识，汉语学习者的目的不是为了学习丰富的汉语语法知识，而是在实际交际中使用汉语进行交流。我们的教材逐渐开始注重结构与功能的结合。

20 世纪 90 年代至今，人们对语言与文化的关系研究更加深入。语言是文化的载体，在跨文化交际的过程中，文化背景扮演着重要的角色，语言的文化意义会产生很多交际的障碍。教材也要适应全球化的趋势，实现教材中的文化视点在多元文化背景下的融合。我国的对外汉语学界整合传统翻译法、句型结构法、听说法和功能法等理论，提出了结构—功能—文化相结合的路子。与此同时，随着信息技术和网络技术的发展，人们越来越关注教材的信息化建设。

赵贤州①（1988）指出教材编写与教学法理论关系密切，教学法是教材编写的理论指导，教材是对教学法理论的进一步完善，二者相辅相成。他认为对教学法理论研究不够深入和全面是我国对外汉语教材无法让人满意的主要原因。

赵金铭②（2004）也认为不同类型的教材的编写依据应该是不同的教学法理论，并且我们需要在充分研究特定的教学对象的学习特点和学习需求的基础上，探寻合适的、行之有效的教学方法，最后才是教材的具体编写工作。

由此看来，教材编写应该以一种具体的教学法为指导，结合学习者的需求，选用恰当的原则来编写。由于没有万能的教学方法，对外汉语教材的编写者要特别注意教学法的本土化吸收，即不能囫囵吞枣地照搬西方的教学法，也不能完全将自己排除在西方学习者已经适应的成形的教学方法之外。

二、“词本位”与“字本位”

早在 20 世纪 90 年代，我国的对外汉语教学界以及国外的汉语教学界的一些学者就敏锐地觉察到了我国对外汉语教学存在的问

① 赵贤州：《建国以来对外汉语教材研究报告》，见：李泉：《对外汉语教材研究》，北京：商务印书馆，2006 年，第 29 页。

② 赵金铭：《跨越与会通——论对外汉语教材研究与开发》，载《语言文字应用》，2004 年第 2 期，第 113 页。

题，认为按照西方现代语言学理论而建立起来的“词本位”的教学方法是“汉字难认”、“汉语难学”的罪魁祸首，是当今世界汉语教学危机的根源。在充分研究汉字基本规律和我国的汉字教学历史的基础上，他们从理论上提出对外汉语教学应该回归“字本位”的教学路子，并且在实践中取得了成功的经验。

“词本位”的教学路子是历史的必然选择。1898 年，马建忠的《马氏文通》根据拉丁语法为代表的印欧语法体系，最早提倡词类本位语法体系。此后在中国的语言学界、外语教学界和文字学界，西方的语言理论、语言教学方法，甚至是语言研究方法，一直被当作金科玉律介绍到中国。在大学课堂上，洪堡特、索绪尔、乔姆斯基被不厌其烦地介绍。一些学者甚至根据西方语言某些语言学家提出的文字发展“三段论”，即“象形→表意→拼音”，认为汉语尚处于表意阶段，是一种落后文字，主张“汉字拼音化”。在这样的“思维定势”下，发端于 20 世纪 50 年代的对外汉语教学也从根本上抛弃了汉字教学的历史传统，用印欧语的眼光来观察汉语、用印欧语的理论和方法来解析汉语。20 世纪 50 年代末，中华人民共和国首次正式出版的对外汉语教材——《汉语教科书》是完全按照“词本位”的原则进行设计编排的。时至今日，“词本位”的教学路子仍然是我国对外汉语教学的主流方法。

然而，这种无视汉语汉字的规律，完全按照西方语言理论框架建立的“词本位”教学方法给我国的对外汉语教学事业带来了诸多的问题，甚至是危机。首先，“词本位”严重忽视汉语语言的民族性特征。赵元任先生就曾明确指出汉语里的词与英语的 word 并不完全一致。欧阳祯人①（2007）从历史语义学的角度指出汉字是汉语研究的中心。这可以从《说文解字》《易经》等著作中得到体现。其次，“词本位”主宰一切，汉字教学沦为词汇教学的附属品，客观上造成了外国学生普遍口语能力相对较好，汉语书写能力低下的现象，是“汉字难学论”的罪魁祸首，大大拖累了汉语和

① 欧阳祯人：《从对外汉语教学的现状看历史文化语义学的作用》，载《海外华文教育》，2007 年第 3 期，第 5 页。

汉字走向世界的脚步。最后，偏离汉语本身规律的“词本位”教学使我国的对外汉语教学事业处于危机之中①。白乐桑②（1997）就曾明确指出汉语教学危机的根源是不承认中国文字的特殊性以及不正确处理中国文字和语言特有的关系。

正是在研究汉字特有规律的前提下，国内一些学者提出了“字本位”的教学路子。国内最早提出“字本位”理论的是徐通锵先生③（1994），他明确指出汉语语义句法的结构单位是形、音、义三位一体的“字”，而不是“语素”。汉字不应该只是汉语的书写单位，更应该是汉语句法结构的基本结构单位。

对外汉语教学应该自主创新，重回“字本位”的观点受到越来越多学者的关注。1997年，第一次全国性的对外汉字教学专题研讨会在宜昌召开，大会由国家对外汉语教学领导小组办公室主办、湖北大学协办。国家汉办又于2001年在湖北大学主办了“国际汉语教学学术研讨会”，会议以对外汉字教学研究为重点，并且出版了《国际汉语教学学术研讨会论文集》，有些学者呼吁让“字本位”教学取代“词本位”④。近年来，潘文国⑤（2006）更是从理论上提出了“字本位理论”，明确指出字本位理论的根本定位应该是：汉语特色的普通语言学研究，普通语言学背景下的汉语研究。

从“词本位”到“字本位”，是汉语语言研究视角和汉语教学观念方面方向性的根本转移，是对外汉语教学界从根本上转变“词

---

① 郦青、王飞华：《字本位与对外汉语教学》，载《西南民族大学学报·人文社科版》，2004年第6期，第370页。

② 白乐桑：《汉语教材中的文、语之争：是合并，还是自主，抑或分离?》，载《世界汉语教学》，1996年第4期，第99页。

③ 徐通锵：《“字”和汉语的句法结构》，载《世界汉语教学》，1994年第2期，第1页。

④ 张德鑫：《从“词本位”到“字本位”——对外汉语教学的战略转移》，载《汉语学报》，2006年第2期，第36页。

⑤ 潘文国：《“字本位”理论的哲学思考》，载《语言教学与研究》，2006年第3期，第38页。

本位”的教学方法和教材编写的理路，是对“字本位”的传统研究方向的回归。发展我国的汉语教学和国际汉语推广事业，我们必须尊重汉语区别于印欧语的语言特色和汉字的特点，创立基于“字本位”的对外汉语教学教材品牌，设计基于“字本位”教学方法和教学思路。这不仅关系到国家的汉语国际推广战略的成功实施，长远来看，也关系到国家的强盛和民族的自强。

三、教材编写的主要原则

我国的对外汉语教学界和英语教学界对于第二语言教材或外语教材编写的通用性原则进行过系统的研究。

赵贤州①（1988）提出对外汉语教材的编写必须遵循四项原则：（1）针对性。教材必须是针对特定的学习对象编写的，有具体的学习目的和学习要求等。（2）实践性。语言技能的掌握只有通过大量的实践才能掌握，反对过分强调对系统的语言知识的传授。（3）趣味性。有趣味的材料才能使学习者产生持久的学习兴趣。同时，要避免教材内容幼稚化的倾向，教材的趣味性不在于其本身，而在于它的效果，要适应成年人的心理特点。语言材料要多样化，要选取反映现实生活的、成年人喜闻乐见的、形式多样的材料作为课文的内容。（4）科学性。包括编排上的科学性、数量和比例上的科学性、语音语言的规范性、注释的准确性和严密性。

吕必松②（1993）提出各种类型的对外汉语教材编写的普适性原则：实用性原则、交际性原则、知识性原则、趣味性原则、科学性原则和针对性原则。

束定芳③（1996）提出外语教材必须遵守的六个具体原则：（1）真实性。教材选用的语言要地道，反映语言适用的实际。（2）循序

---

① 赵贤州：《建国以来对外汉语教材研究报告》，见：李泉：《对外汉语教材研究》，北京：商务印书馆，2006 年，第 34-40 页。

② 吕必松：《对外汉语教学概论（讲义）（续五）》，载《世界汉语教学》，1993 年第 3 期，第 216 页，第 217 页。

③ 束定芳、庄志象：《现代外语教学——理论、实践与方法》，上海：上海外语教育出版社，1996 年，第 216 页，第 217 页。

渐进。内容安排上要从易到难、从旧到新。（3）趣味性。语言材料要有趣。（4）多样性。文章的题材、体裁要有变化。（5）现代性。语言材料应该是现代语言的典范。（6）实用性。教材编写要满足学习者和社会的需求。

刘珣①（2000）提出对外汉语教材要遵循五项原则：针对性、实用性、科学性、趣味性和系统性。

赵金铭②（2004）对通用性教材的编写原则进行了进一步的探讨，结合对外汉语的实际需要，提出了教材编写的十项原则：定向原则、目标原则、特色原则、认知原则、时代原则、语体原则、文化原则、趣味原则、实用原则和立体原则。

此外，李泉（2004，2007，2008）等分别对对外汉语教材编写原则中的针对性、实用性和科学性进行了总结和讨论，分析了各项原则的内涵和实质，并结合对外汉语教材编写中的问题对以上原则在贯彻实施方面提出了建议。

综上所述，我们发现通用性教材原则的认识基本上大同小异，不同学者从不同的角度和不同的需要出发，提出了各项原则的具体要求和不同的侧重点。对于针对性、实用性、趣味性等学界早已达成共识。但是在各项原则的具体内涵和具体表现方面，专家的意见并不相同。还有一个很大的问题就是，对外汉语界对于采取什么样的具体措施来保证这些原则在所编教材中落实还缺乏必要的实践总结和理论研究，因此很多教材虽然宣扬自身的科学性，但对于科学性如何体现却言之不详。我们应该加强各项教材编写原则的具体落实策略研究，使得我们的教材真正做到科学性和创新性的统一。

四、教材编写的基本出路

对外汉语教材发展变化紧紧追随着对外汉语教学学科和对外汉

① 刘珣：《对外汉语教育学引论》，北京：北京语言文化大学出版社，2003年，第314-317页。

② 赵金铭：《对外汉语教学概论》，北京：商务印书馆，2004年，第175-185页。

语教学事业的发展变化。孔子学院在全球迅速地建立和汉语国际传播事业的极大扩展，都对现有的对外汉语教材提出了更高的要求。对教材的迫切需求和对教材的创新渴求是现在汉语国际传播过程中必须解决的重大问题，因而对外汉语教材的开发和研究是具有战略意义的。

刘珣①（1994）就曾经指出新一代的教材必须具有以下几个方面的特点：（1）以培养交际能力为基本目标，以熟练运用为导向；（2）体现语言习得的过程和规律，以学生为中心；（3）坚持结构—功能—文化相结合的最佳途径；（4）教材必须现代化和立体化。

赵金铭②（2004）探讨了汉语教材的分类和汉语教材的系统集成问题，指出教材建设应该走发扬传统、推陈出新的创新之路。教材的语言技能培训要有丰厚的内容作为依托。要研究新的教学模式，编写全新的教材。新教材要关注汉字的特点，体现汉语与汉字的关系。教材的出新在于对研究新成果的吸纳。科学性、新颖性和趣味性是教材编排的要义。教材编写的思路应该多样化和多元化。

翟汛③（2010）提出新型教材的编写与设计应该放置于教学资源体系中总体考虑，新的对外汉语教材要适应以下三种需求：教材要适应新的海内外教学对象的需求、教材要适应新的教学形式（来华留学生汉语教学、海外汉语教学、华人子弟汉语教学、海内外网络教学等）的需求、教材要适应新的海内外教学内容的需求。

汉办主任许琳指出多语种教材开发力度加大，教材覆盖率持续上升。45 个语种的汉语教材翻译工作取得了重要进展，在解决汉语教材有没有问题上迈出了一大步。多媒体课件制作能力显著提高，各国自编本土教材蔚然成风。

---

① 刘珣：《新一代对外汉语教材的展望——再谈汉语教材的编写原则》，载《世界汉语教学》，1994 年第 1 期，第 65-67 页。

② 赵金铭：《跨越与会通——论对外汉语教材研究与开发》，载《语言文字应用》，2004 年第 2 期，第 117 页。

③ 翟汛：《汉语教学资源体系所要求的新一代对外汉语教材》，载《长江学术》，2010 年第 1 期，第 122 页。

2010年8月，世界汉语教学学会与国家汉办在中国沈阳联合举办了第十届国际汉语教学研讨会，本次大会的主题是“世界汉语教学的新教材与新教法”，共有汉语教学法创新、汉语教材分析与使用、汉语教材编写思考与创新、汉语技能教学、汉语课堂教学研究、汉语要素教学、汉语语言测试、汉语教材使用培训与市场推广和汉语教学资源与信息技术九个方面专题。

在大会公开发表的第十届国际汉语教学研讨会交流材料中，我们可以看出，国内外的专家对于任务型教学法的理论与实践研究、汉字教学研究、编写国别化的汉语教材研究和对外汉语资源和信息技术研究都非常关注，其中，对汉语资源库和教学中信息技术的利用的研究更是多达47篇。对于教材改革和创新的呼声也非常高。

经过我们初步统计，探讨任务型教学法在对外汉语教学中的运用的研究论文有11篇，它们是：白建华的《主题式教学在21世纪的发展及应用》、陈丽宇等的《融入任务型教学活动的旅游华语师培课程设计》、邓淑兰等的《任务型教学法在商务汉语教学中的调研》、刘弘的《基于标准的教学目标设计——以任务型教学为例》、陆庆和等的《“交际任务二人唱”的尝试》、杨建国的《任务型汉语教学个案实施报告与思考》、袁芳远的《课堂任务条件和形式对输出语言质量和数量的影响》、张亚茹的《基于小组协作的“任务驱动”式探究教学》、郑家平的《任务式汉语口语教学实验研究》、黄秀坤的《基于任务型对外汉语教学系统的语段训练策略研究》、孟柱亿的《目的语环境中任务型短期汉语培训模式探索》。

研究国别化对外汉语教材的论文有14篇，它们是：方向红的《面向葡语国家的初级汉语教材编写设计》、何婉的《韩国作文教学以及教材编写》、汲传波的《国别汉语教材与跨文化交际》、季薇的《关于非通用语种国别汉语教材研发的思考》、金学丽的《阿拉伯地区商务文化课本编写的几点思考》、李茉莉的《如何强化对日口语教材》、吴凌非的《如何针对日本大学生的课堂注意力特征编写汉语教材》、肖宁遥的《论欧美汉语教材中新兴语料的选用与改编》、张顺子和河东衍的《浅谈对韩汉语教材的建设及教学模式的创新》、黄金英的《缅甸两套小学汉语教材对比研究与本土化汉语教材建设思考》、李韵论的《对韩初级汉语教材的针对性》、王若江的《论汉语教材的国别性特征——以〈加油〉〈启蒙〉〈体验汉语〉为例》、王天虹的《基于英国中小学教学的少儿汉语教材对比》、邹丽冰的《浅谈缅甸北部汉语教材的问题——以缅北地区曼德勒市汉语教材为例》。

研究汉字教学的论文有12篇，它们是：董雪松的《谈对俄汉语教材编写中汉字项目的编写原则》、邓小琴的《汉字教学中进行部首和六书解析的“透明性条件”》、范祖奎和池中华的《中亚留学生汉字学习策略的国别差异分析》、何雪莲的《非汉字文化圈留学生的汉字启蒙教学》、金伟的《关于汉字领先教学的思考》、柳素子的《日本小学低年级汉语课上的汉字教学法和汉语教学模式》、欧阳晓芳的《略论初级阶段的对外汉字教学——以美国匹兹堡孔子学院基础班教学实践为例》、朴兴洙的《结合“字”和“词”的汉语词汇教学》、钱多的《针对母语为阿拉伯语学生的汉字教学研究》、涂敏的《汉字不难写——汉字笔顺规则的扩展及其课堂教学运用》、王淦华的《从识记汉字入手，是海外青少年学中文有效的途径》、魏慧萍的《认同与分歧：汉字词在韩语母语者汉语词汇习得中的影响及其教学策略》。

笔者经过综合分析认为，为了满足海外市场的需要，对外汉语学界应该顺应时势，加强与不同国家的合作，尤其是各国孔子学院的合作。我们应该联合国内外各语种的专家，加强汉语与不同语种之间语言和文化的基础研究，尤其是语言和文化的对比研究。并依托各国的孔子学院和孔子学堂，加紧调查分析各国汉语学习者的实际需求。以此为基础，我们才可能编写出符合实际需要的，并且最大限度满足各国汉语学习者需要的对外汉语国别化教材。无论是在政府层面，还是在专家学者看来，在教材体系建设中，研发国别化的初级汉语教材已经成为当务之急。

目前来看，大部分的教材编写设计都比较理想化，缺乏实地的调查分析。这样的教材即使有些创新，但是否符合实际需求和市场规律实在是一个值得深思的问题。常宝儒①（2006）认为我们应该向苏联学习，苏联的对外俄语教材是针对每一种语言的，为每一种学习俄语的人编写一种俄语教材，共有针对不同母语的几十套教材来推广俄语。甚至针对海地官方语言——法语和海地人通用的克里奥尔语，都有相关的教材。

另外，当今的教材应该尽量吸收汉语本体研究和汉语作为第二语言教学研究的最新成果，尤其是教学法的最新动向，把握各国汉语学习者的习得规律，满足他们的学习诉求。汉语自身的特点不能完全依照西方的理论体系来分析，我们应该建立适合汉语特色的研究理论和研究方法体系。现在有一种比较流行的做法，就是根据一种通用型教材，将注释部分用不同的文字翻译一遍，编写出它的多语种版本。这无疑是旧瓶装新酒，并非是真正地满足世界各国汉语学习者需要的国别化教材。

除此之外，国别化对外汉语教材应该充分发挥现代多媒体技术和网络技术的优势，建立立体化的教材格局，制作供学生自主学习使用的学习光盘、供教师使用的多媒体教学课件。同时，应该整合网络教学资源库，建设供教师和学生可以实时和延时在线学习的、共享的网络学习和教学平台，并以网络教学平台为基础，建立汉语学习的终身学习机制，尝试解决汉语学习延续性的问题。

综上所述，我们的对外汉语教学事业在学科建设、教材建设、师资建设、学习汉语人数和广度上都取得了很大的成就。但是我们的汉语国际推广战略也面临着很大的挑战。在众多的挑战中，我们认为针对不同国家的汉语学习者而编写的适合汉语作为第二语言教学规律的、适合不同国家第二语言教学大纲的、适合不同国家学习者第二语言习得规律的对外汉语教材是我们所面临的最大的挑战之一。这主要有以下三个原因：

---

① 常宝儒：《在“新中国对外汉语教学 52 周年座谈会”上的讲话》，见：李泉：《对外汉语教材研究》，北京：商务印书馆，2006 年，第 289 页。

首先，教材是学科发展的前沿阵地和突破口①。这是由第二语言教材在学科建设中所处的地位和它所承担的功能所决定的。赵金铭②（2004）指出第二语言教材具有五种功能：教学功能、课内外媒介功能、文化交流功能、激发学习兴趣功能、促进学科建设的功能。这五种功能决定了第二语言教材在整个教学活动中起到了连接和纽带的作用，在很大程度上决定了教与学的质量，是教学大纲得以实施的根本保证，也是使不同的教学方法和教学模式有效实施的根本保证，教材的编写和建设是学科发展水平的集中体现。此外，赵金铭③（2004）还指出第二语言教材有以下诸多方面的作用：通过实践检验这种理论推动学科理论研究的发展、检验教学大纲并推进教学改革、教材的创新可以带动教学策略和学习策略的更新、教材的更新将促进评价手段和方法的改进、教学实践经验可以上升为教学理论和教材编写理论并用于指导教学和教材编写。由于我们国家汉语界和国外汉语界在汉语的本体研究、汉语作为第二语言教学的规律、不同国家汉语学习者习得汉语的规律等研究上还存在很大的分歧，或者说还没有出现突破性的进展，所以作为对外汉语学科前沿的对外汉语教材至今仍然没有取得令人信服的标志性成果。

其次，大多数从事对外汉语教材研究的学者都曾在不同的场合指出，国内外对我们现有的汉语教材很不满意。在将近 60 年的我国对外汉语教学事业发展过程中，教材建设一直处于引人注目的地位，教材的种类和数量基本上可以满足来中国学习汉语的留学生需要。胡晓慧④（2007）通过调查统计得出，中华人民共和国成立

---

①　刘珣：《新一代对外汉语教材的展望——再谈汉语教材的编写原则》，载《世界汉语教学》，1994 年第 1 期，第 58 页。

②　赵金铭：《对外汉语教学概论》，北京：商务印书馆，2004 年，第 159 页。

③　赵金铭：《对外汉语教学概论》，北京：商务印书馆，2004 年，第 163 页。

④　胡晓慧：《在汉语热中走出去——近年来国内对外汉语教材出版评述》，载《市场与发行》，2007 年第 12 期，第 32 页。

后至1994年，国内正式出版的汉语教材274种，1995至1999年达134种，而2007年北京大学出版社、北京语言大学出版社、华语教学出版社的汉语教材数量竟达到722种。但是人们也发现现有的不少教材缺乏新意，比较雷同，大多是在同一水平上重复，缺少有创意、受欢迎的教材。最近也有一些结合多媒体技术推出的对外汉语教材，但大多在体例和编写思路上还没有突破。从使用者的角度来看，多数时候想找到一本合适的教材还是比较困难的。总体上讲，人们对现行教材不满意的声音要远高于对现行教材满意的声音。国家汉办主任许琳早在2007年就指出对外汉语教学的教材要重新编写，新教材要贴近外国人的生活、思维和习惯。同时，编写新教材也要考虑一些非英语国家学习者的需求。

最后，针对不同国家的，尤其是非通用语国家的，国别化汉语教材亟待开发。现有的国内开发的针对小语种的对外汉语教材多数是同一种母本，配上不同的语言注释，例如《汉语900句》《当代中文》等。这样的汉语教材只是从我们教学的角度出发，按照同一种大纲，以汉语作为第二语言教学的共性为出发点编纂而成的，对于不同语种的学习者的习得规律、学习汉语的真实需求，以及不同语种国家第二语言学习大纲就没有办法兼顾了。由于国外孔子学院的学员大多不是全日制的青年学生，所以这样的教材拿到非通用语种的孔子学院使用，多少有些水土不服。有时候由于课文内容的选择过于书面化，教学方法和教学模式千篇一律，教材难以承担孔子学院推广汉语、促进中外文化交流和理解的功能。

以湖北大学和圣保罗大学在巴西开设的第一家孔子学院——圣保罗州立大学孔子学院为例，尽管经过多方努力，该孔子学院已经成功在圣保罗州立大学的5个校区开设了汉语课程，并且成功在7座城市开设了教学点，但是2009年实际招生人数不到300人，这当然无法满足巴西人学习汉语的需求。这当然有多方面的原因，其中所选用的教材《精英汉语》《跟我学汉语》《当代中文》等教材不适应巴西人的学习习惯是很大的原因。了解葡语的人都知道，葡萄牙葡语和巴西葡语在语音、词汇，甚至语法方面都有很大的差异。而《精英汉语》《跟我学汉语》《当代中文》等教材的葡语版本，要么是面向葡萄牙葡语的汉语学习者开发的，要么是该教材英语译本的葡萄牙葡语的再译本，仅仅从文字的翻译层面都存在着不准确甚至是误译的情况，有的甚至成为巴西学生的笑谈。另外，更严重的问题是，这些教材设计的依据并不是巴西的汉语学习者研究和巴西汉语教学教法研究成果，很难适应巴西汉语学习者的学习特点，教材使用效果欠佳。截至 2014 年 9 月，仅圣保罗州立大学孔子学院就已经累计注册学生近 7000 人。无论是从现实的需求，还是从中巴两国政治、经济和文化的需要出发，面向巴西葡语的汉语教材研发都是当务之急。

第四节　中葡汉语教材

一、汉语教材与巴西葡语

巴西联邦共和国是拉丁美洲最大的国家，全国人口约 2.08 亿，居世界第 5 位，经济实力居拉美首位。进入 21 世纪，中巴经贸关系发展更加迅猛，据《人民日报》报道①，从 2009 年起，中国超越美国，连续 5 年成为巴西第一大贸易伙伴、第一大进口来源国和第一大出口目的地，巴西已经成为中国在拉美的最大贸易伙伴和重要的投资目的地。

截至 2014 年，中巴贸易总额为 866.7 亿美元，巴西成为中国在拉美地区最大的贸易伙伴和最大的投资目的地国。除了传统的商务贸易合作之外，一大批国有大中型中资企业在巴西开设分部，建设工厂。例如中国石油、中国银行、中国工商银行、华为、奇瑞汽车、江淮汽车、阿里巴巴等纷纷在巴西投资。来自中国的投资为巴西人创造了大量的就业机会，因为按照巴西的法律，在巴西的外国公司必须雇用 60% 以上的巴西人。伴随更多的中资公司进入巴西，巴西学中文的人将会越来越多，学会中文对于希望在巴西的中资企业工作的巴西人来说至关重要，因此很多

① 吕鸿：《外交部就李克强总理访问巴西、哥伦比亚、秘鲁、智利举行中外媒体吹风会》，载《人民日报》，2015 年 5 月 14 日，第 3 版。

巴西人主动到当地的中文补习班或孔子学院学习中文。另外，巴西分别于2014年和2016年举办了世界杯足球赛和奥运会。这些现实的经济和文化交流的需要都促使越来越多的巴西人学习汉语。

由于历史上曾为葡萄牙的殖民地，巴西的官方语言为葡萄牙语。全世界有2亿多人口使用葡萄牙语（Português），葡萄牙语是世界上使用最广泛的语种之一，居世界流行语种的第6位。世界上现有8个国家以葡萄牙语作为官方语言。随着1974年中巴建交、1979年中葡建交、1999年澳门回归，特别是近年来中国与葡语国家的文化交流和经济贸易往来的日益频繁，无论是中国国内懂葡语的人才还是葡语国家懂汉语的人才都是稀缺资源，主要原因还是葡萄牙语在国内外语教学界仍属于传统的小语种，招生规模非常小。加强对葡语国家的汉语推广工作，对于促进内涵丰富的人文交流具有重要意义。

目前，在葡萄牙的一些大学设有汉语专业，但是数量很少。而在巴西，只有圣保罗大学一家开设有中文专业课程，在其他一些大学，汉语只是作为选修课程。葡语国家的孔子学院也在逐步发展，但相对于其他语种的国家来说数量还是较少，还远不能满足汉语国际人才培养的需要。

从汉语师资上看，国家汉办非常重视面向葡语国家的汉语国际推广工作，为此于2009年5月11日在澳门理工学院专门成立了国际汉语教师澳门培训中心。王佳①（2009）认为该中心的成立有助于加快解决目前葡语国家汉语教师选派难的问题，加强孔子学院非英语语种汉语师资培养培训，推动汉语在葡语国家及地区的推广。从面向葡语国家的汉语教材现状看，目前专门面向葡语国家大学中文专业或中文选修课程的汉语教材几乎是空白，大多数汉语教师使用现成的中英版的教材。只有个别孔子学院，如葡萄牙米尼奥大学孔子学院、巴西利亚大学孔子学院等使用自编的汉语教材。另

① 王佳：《国际汉语教师澳门培训中心揭牌》，载《世界汉语教学学会通讯》，2009年第1期，第8页。

外，据有些汉语教师反映，中葡版的《旅游汉语》《精英汉语》等教材并不适合巴西学生的实际需求，因为课本的相关注释用的是葡萄牙葡语，而不是巴西葡语，巴西学生有一些抵触的心理，这样使用起来也不是很得心应手。由此可见，国别性教材还应该有针对不同国家地区的版本。

面对2亿人口的拉美大国，现有的教材资源是非常稀缺的，为了进一步促进巴西的汉语国际推广工作，开发面向巴西葡语的初级汉语教材是很有必要的，而且是必需的。

巴西的汉语教材主要使用中国大陆出版社出版的汉语教材、中国台湾出版的汉语教材和巴西本土出版的汉语教材。巴西本土出版了一些葡中版本的文学书籍，如由中国国家汉办资助，圣保罗州立大学出版社和巴西圣保罗州立大学孔子学院合作出版，由里卡多·普里莫·葡萄牙和谭笑夫妇合作翻译的《中国唐代诗选》《论语》和《鱼玄机诗集》等中国经典葡语翻译书籍，其中《中国唐代诗选》还获得了巴西图书出版商会第56届哈布蒂（Jabuti）图书奖翻译类二等奖。这类翻译书籍对于在巴西传播中国文化有很大的作用，但是对于巴西初级汉语学习者帮助不大。中国台湾地区出版的汉语教材主要用于一些教会或者中国台湾人开办的幼儿园或课外补习班。我们重点考察孔子学院的汉语教材使用情况。

二、中葡对照的汉语教材

近年来，国家汉办组织大量人力和物力开发主干教材的多语种版本、不同语种的中文双语课外读物和工具书，成绩喜人。例如，汉办共计组织出版了下列教材和工具书的45种语言版本（均包含葡萄牙语版本）：适合小学使用的《汉语乐园》、适合中学使用的《跟我学汉语》和《快乐汉语》、适合大学使用的《当代中文》。还有各种工具书：《汉语800字》《汉语图解小词典》《国际汉语教学通用课程大纲》《汉语图解字典》《声典·汉语教学有声挂图》。

根据国家汉办2015年教材目录和中山大学全球汉语教材库提供的信息，我们统计了当前中葡汉语教材的现状，并初步分析了这些中葡汉语教材的基本内容和使用对象，总结如表3-1：

表 3-1　　**中葡汉语教材统计表**

教材名称	编者	出版社	册数	使用对象	内容简介
《轻松学汉语》(少儿版)	马亚敏	三联书店(香港)有限公司	4	汉语初学者，特别是小学生	采用交际法，重点培养学生的听力和口语交际能力，每册包含课本、光盘、练习册，并配有字卡及挂图。
《跟我学汉语》	陈绂等	人民教育出版社	4	海外 15 至 18 岁青少年汉语学习者	针对各种不同的生活场景编写课文，进行背景分析，解析语言难点，并以提高学生的口语成段表达与阅读能力为宗旨编制语音、文字等练习材料。包括学生用书、教师用书、练习册、词语卡片、生字卡片、CD。
《体验汉语》生活篇(葡萄牙语版，40～50 课时)	朱晓星等	高等教育出版社	1	海外小学到大学汉语学习者	根据体验式教学理念和任务型教学思想而设计，以基本生活需要为依据，以实用的交际任务为编写主线，注重听说技能的培养。包含纸质教材、教师用书、教学卡片、发声教学挂图、多媒体互动教学软件。
《汉语 900 句》	黄宏	外语教学与研究出版社	1	海外汉语初学者	实用口语教材，包括 700 多个汉字、1500 个基本词汇、450 个补充词语以及 100 个最基本的句式，包括课本、CD/MP3、DVD-ROM。

续表

教材名称	编者	出版社	册数	使用对象	内容简介
《每日汉语》	国家汉办、中国国际广播电台	中国国际广播出版社	6	汉语学习者	以日常情景对话为核心教学内容，采用轻松活泼的对话形式，并辅以漫画插图，图文并茂地为学习者讲解情景对话中的词汇、句型、语法以及相关的中国文化背景知识，在教授汉语的同时，让学习者了解中国文化。配有MP3教学节目光盘，适合汉语学习者边听边读，随时随地学习。
《精英汉语》基础篇	谭春健等	河北教育出版社	1	汉语初学者	以培养学生的汉语口语交际技能为主要目标，满足学生简单、实用的汉语学习需求，在实际运用中学习语言，以交际能力为目标，听说各有侧重。包括课本、练习手册、教师手册、CD-ROM。
《精英汉语100句速成》	谭春健	河北人民出版社	1	汉语初学者	精选了“日常礼仪”、“个人信息”、“生存交际”、“日常生活”、“社会交往”五个主题下的100个高频实用的汉语句子。每个句子和对话按照葡萄牙语、拼音、中文的顺序进行排列，并配以典型插图，对话后附有词语列表。

续表

教材名称	编者	出版社	册数	使用对象	内容简介
《精英汉语100字速成》	梁彦民	河北人民出版社	1	汉语初学者	选取了最常用、构字构词最多、必须首先掌握的汉字作学习内容，从字音、字义、构成、结构、书写等多方面做了详细的介绍。
《中国文化常识》	国家汉办	高等教育出版社等	1	汉语学习者	介绍了中国传统思想、中国传统美德、中国古代文学、中国古代科技、中国传统艺术、中国文物、中国古代建筑、中国工艺美术、中国民俗和中国人的生活，旨在用口语化的文字向各国汉语学习者介绍中国文化常识。
《中国蒙学经典故事丛书》	国家汉办	五洲传播出版社等	4	汉语学习者	包括《三字经》《百家姓》《千字文》和《幼学琼林》。全书精选出一些在中国广泛流传的故事，以简短而生动有趣的文字讲述出来。
《中外文化交流故事丛书》	国家汉办	五洲传播出版社等	10	汉语学习者	从中外文化交流的历史长河中选取中外文化交流史上具有代表性和重要意义的人物及故事，介绍给学习汉语的外国学生和对中国文化感兴趣的外国读者。

续表

教材名称	编者	出版社	册数	使用对象	内容简介
《长城汉语》	马箭飞等	北京语言文化大学出版社	6	从零起点到中级水平的汉语学习者	基于网络多媒体技术开发的新型汉语教材包括互联网、局域网、单机版3种产品形态，教学内容共涵盖6个级别60个单元180课。
《汉语乐园》	刘富华等	北京语言大学出版社	6	海外小学生	具体内容有：互动句型、生词、汉字学习、图解中国文化(母语介绍)、手工、歌曲、故事等多种游戏活动。每册包括：课本、练习册、词语卡片、教师用书、同步阅读、测试题、配套CD、多媒体学习光盘。
《当代中文》(葡萄牙语版)	吴中伟	华语教学出版社	1	国外汉语教学院校，汉语自学者	体现了语言教学的科学性、实用性和趣味性。课文内容新颖，有机地将中国文化和中国发展变化的社会生活融入教学内容之中，符合外国人学习汉语的需要。本套教材采用双色印刷，图文并茂。包括课本、练习册、汉字本，全书配有CD有声课文等。

续表

教材名称	编者	出版社	册数	使用对象	内容简介
《快乐汉语》	李晓琪	人民教育出版社	3	15至18岁的汉语初学者	参照了英国及部分英语国家中学外语课程大纲和GCSE考试大纲，并根据基本交际需要及课堂教学的特点，进行了系统的调整和补充。包括练习册、教学挂图、CD。
Curso de Chinês, V. 2	Ellen Hsu Su Hui	HSU SU HUI	1	汉语初学者	教材内容的组织有利于巴西学生学习和理解内容。书的重点是用交际法学习中文。内容的选择与制备好让学生在课堂及日常生活中练习。包含书法练习和不同的记忆练习。该书有很多图片，并包含一张CD。
Curso Básico de Chinês	Ellen Hsu Su Hui	HSU SU HUI	1	汉语初学者	包含两个部分：第一个部分介绍中国文化和历史。该课文是用葡萄牙语写的，但是朝代、人名和地名都是用汉语写的。第二个部分有汉语课(全部翻译葡萄牙语)，包含汉字(繁体字和简体字)、词汇、句子和练习。

续表

教材名称	编者	出版社	册数	使用对象	内容简介
《你好，中国(葡萄牙语版)》	中国国际广播电台	高等教育出版社	1	汉语学习者	选取了100个代表中国传统文化精髓的汉语词汇，围绕这100个词汇，制作出三种不同媒体形态的产品，即：100集电视系列片、100篇短文组成的图书，从不同侧面反映中国文化的博大精深，加深国外民众对中国和中华文化的了解。

中葡汉语教材都是在21世纪初世界“汉语热”大潮的时代背景下出版的，除了《精英汉语》主要针对葡萄牙汉语学习者开发外，其余基本上都是汉办主推的、经过市场检验的精品汉语教材的葡语版本。这些汉语教材吸收了汉语研究、教学法研究和对外汉语教学研究的成果，具有以下几个鲜明的特征：

首先，交际教学法原则被广泛应用。教材的编写十分注重在社会交往和生活场景中交际任务的设计，注重学生听说技能的培养，以提高汉语学习者交际能力为重要目标。“做中学”的学习方法比较符合西方汉语学习者的学习风格，比较符合他们的学习需求，受到了他们的欢迎。在国外汉语学习者普遍学时不足，汉语读写能力提高费时低效的情况下，交际教学法能够提高他们的听说能力，提高他们学习汉语的兴趣，保持汉语学习的动力。

其次，实用性和趣味性被充分吸收。教材内容的选择以话题为单元学习主线、以实际生活场景为单元学习背景、以解决实际生活问题为单元学习目标，使学生能够在单元学习任务完成后，习得相关话题的汉语知识，激发他们掌握实际生活需要的知识点和相关技能。同时，教材的版面设计和内容编排采取彩色印刷、图文并茂等方式增加可读性和趣味性，互动的任务设计十分有趣。

再次，教材多媒体化。几乎所有的教材都配有 CD、MP3 文件，实现了教材内容的多媒体化，有的教材还有单机版和网络版，如《长城汉语》，有的教材建立了专门的学习网站。各种多媒体形式的教材十分贴近 21 世纪信息社会的特征和要求，极大地方便学生利用各种多媒体手段、不受时间和地域的限制学习汉语。

最后，中国文化知识与汉语知识充分融合。教材中增加了中国现实生活、中国传统文化、中国国学经典等文化知识的介绍，使得国外汉语学习者在学习汉语的同时，了解中国文化，增强他们学习汉语的学习动机。

除了以上国内出版的多语种的汉语教材之外，各国孔子学院还结合自身的发展和教学需求编写教材。据汉办统计，截至 2015 年年底，共有 75 个国家的 278 所孔子学院开发了适应当地教学大纲和考试标准的本土教材 834 套、1162 册。中葡汉语教材主要由葡萄牙和巴西孔子学院开发，具体情况详见表 3-2。

表 3-2　**葡萄牙和巴西孔子学院优秀本土教材一览表**

国别	孔子学院	教材
葡萄牙	里斯本大学孔子学院	《新编汉葡双语课本第一册》、系列教辅和文化材料(《葡萄牙名人采访录》《商务汉语口袋书》《中国好歌 50 首》《中国好诗 50 首》等)
	米尼奥大学孔子学院	《应急汉语》《应急旅游汉语》，*Licoes de Chines Para Criancas*（儿童汉语课本），*Licoes de Chines*（汉语课本(上、中、下三册)），练习册(volume 1)，*Caderno De Exercicios*(练习册(上、中册))，《大学汉语》《孔子的传承》《中国茶的智慧》/《养生养心中国茶》《一位葡萄牙汉学家眼中的中国》《中葡跨文化研究丛书》，*Chines e Portugues, distancia linguistica e sociocultural*、*Ensaios de gramatica de chinos I*

续表

国别	孔子学院	教　材
巴西	圣保罗州立大学孔子学院	介绍日常简单汉语的小册子、《小世界大家庭》（光盘）、《中国皮影艺术展》（光盘）、《论语（中葡语版）》《鱼玄机诗集》《唐诗精选》
	巴西利亚大学孔子学院	《娃娃学汉语教程（葡语版）》《旅游汉语（葡语版）》《精英汉语学习软件》《精英汉语100字速成》
	南大河州联邦大学孔子学院	《中国简史（葡文）》
	里约热内卢天主教大学孔子学院	《中国文化入门》

从表3-2可以看出，巴西的孔子学院并不满足于使用汉办精品教材的葡语版，积极开发出版适合巴西汉语学习者的汉语教材，例如《娃娃学汉语教程》《旅游汉语》等。这些教材体现了趣味性和实用性原则，是巴西汉语教材开发的良好开端。同时，各孔子学院与时俱进，充分发挥中国文化传播者的作用，大力开展中国文化典籍的葡语翻译工作，使更多的巴西人了解中国文化，如《论语（中葡语版）》《鱼玄机诗集》《中国唐诗精选》等。由于师资力量不足，缺乏专门的研究人员和基础性研究，巴西本土的汉语教材开发还有很长的路要走。

但是，我们应该看到，中国本土开发的中葡汉语教材只是一些精品汉语教材的葡萄牙语版，其针对的读者群是所有的外国汉语学习者，并非专门针对巴西汉语学习者。陈雯雯①（2015）曾在调查后指出，31.17%的教师认为教材不符合巴西当地风俗习惯，23.38%的教师认为教材缺乏趣味性，14.06%的教师认为教材不适

① 陈雯雯：《巴西华文教育现状探析》，载《华文教学与研究》，2015年第2期，第9页。

合学生的实际认知水平。在实际课堂教学中，巴西汉语教师普遍反映很多教材内容并不能满足巴西本土汉语学习者的学习需求，有些任务设计并不符合他们的学习习惯。因为葡萄牙葡语和巴西葡语的差别，有些教材的葡语翻译甚至会被巴西人当做笑谈。我们认为，开展巴西汉语学习者的学习需求、学习风格和学习策略等方面的研究是巴西汉语教材开发的当务之急。

三、汉语教师志愿者眼中的汉语教材

据我们调查，巴西孔子学院主要使用的教材有《精英汉语》《新实用汉语》《跟我学汉语》《当代中文》四种。《精英汉语》是孔子学院于2008年最先使用的教材，课文按照生活交际话题编排内容，采用葡萄牙葡语注释，没有配套的练习册，主要适用于初级班，目前孔子学院已经不再使用这套教材了。《新实用汉语》配套有练习册，课文贴近生活，并且跟中国文化结合，在难度上注重循序渐进，主要用于中高级班的汉语教学，但是由于只有英语注释版本，没有葡语注释版本，孔子学院也已经不再使用了。《跟我学汉语》是孔子学院初级班使用最多的教材，配套有练习册，用葡萄牙语注释，主要适用于中小学生。《当代中文》主要用于孔子学院的大学生或者成人的中级班和高级班，配套有练习册和汉字本，采用葡萄牙葡语注释。

我们就巴西汉语教材问题采访了4位在巴西孔子学院任教2年以上的志愿者，访谈的问题主要聚焦于她们在使用中的实践经验。下面是志愿者对这些教材的评价：

> 《精英汉语》：我觉得安排得还比较合理。我当时葡语也不好，所以我觉得蛮好的。我又给他们讲了课，我顺便又学习了葡语。对没有葡语基础的老师，还是比较有帮助的。因为说个词，有时候你可能不知道是什么意思，但是它上面都有注释，学生直接去看，就知道了。这本书的话题跟我们接触的还比较紧密，练习比较紧密（志愿者Z）。
>
> 《新实用汉语》：最大的问题是注释是英文的。但是，我

有一个班，那本书（《新实用汉语》）上面的注释对他们就不起作用，因为他们有好多人，英语就是不懂的，基本上完全不懂。比较难，生词比较多。语法，其实也有语法点，讲得也还比较详细，但是可能我们上课的时候，按它那个课文的设置讲那些语法点，就感觉他们（学生）跟不上（是否老师有没有讲清楚的问题?），就是有一点难度吧，有点超前，他们有点跟不上。关键是我们这边的老师葡语也不怎么好，也没有办法用葡语解释得很透彻（志愿者Z）；这本书的编排是我教起来最得心应手的……所以我挺喜欢《新实用汉语》这本书的。但是它最大的缺陷就是它是英文版，没有葡语版（志愿者Y）。

《跟我学汉语》：它主要的特点就是比较简单，整个第一册有18个单元，每一个单元6课，前面简单，后面可能稍微难一点……前面的虽然简单，我不知道是因为那些学生不认真了，还是怎么的，上面有拼音，有葡语的注释，但是学生好像学得还是不怎么样（志愿者Z）；前10课重复率太高了，讲到后面会稍微好一些。但是前面的内容太简单了（志愿者Y）；老师如果用这本教材的话，可以安排很多事情，课堂上内容还比较丰富……但是那个练习册我觉得问题太大了。首先，我觉得最不应该的是它有很多可以不用出现的题目，最不用出现的题目，最无效的题目就是填写生词……它放了很多篇幅在词汇，在很多很基础的东西上面，但是它太忽视太忽视语法了……但是我觉得它只是把英文的部分翻译成了葡文，它并没有针对汉语与葡文的区别，针对两大语言的区别来设计教材，就是它对巴西的学生来说没有针对性（志愿者H）。

《当代中文》：我觉得那个就比较难，从第一课看就比较难，句型什么的，一开始就有点难……我觉得这个还是比较好的，如果成人对自己的学习行为有一定的控制，有一定的意识，我觉得（《当代中文》）是挺好的（志愿者Z）；它前3课的内容太难了……比如说，它第一节课教的是：“您贵姓?”但是我觉得“您贵姓?”这句话出现在第一课，我觉得特别不

> 合适，我们平时就在非常正式的场合，我们才会问“您贵姓?”一般的情况下，“你叫什么?”“你叫什么名字”就 OK 了……我觉得《当代中文》更加适合的语境是，对于国内每天上课的留学生，我觉得这是一本不错的书，但是对国外，一个星期只上一节的，一个星期只上 3 个小时的学生，这本书并不特别适用（志愿者 Y）；我觉得《当代中文》的编写不太好，这本书上手太难了，越往后教可能更轻松……然后它的练习册确实太难了，它的练习册是没有拼音的，它直接就是一句话，它第一课就是一句话，所以经常我们的练习册是没办法做的，就是你让一个学完拼音的人直接看汉字是不可能的……作了两种语言的对比，很有针对性，很重交际。虽然非常地难，非常地难，内容很多，但是很实用……《当代中文》是一本很商务的，我觉得是很针对商务人士的一个教材（志愿者 H）。

我们在访谈中还请她们重点就编写面向巴西葡语的初级汉语学习者汉语教材提出建议，她们的建议如下：

> 志愿者 Z：如果是专门针对巴西的话，虽然教材是中文的，里面可能有中国的文化，但是教材里面要有一些示例要稍微结合一下巴西的元素，这样他们自己可能更感兴趣。而且我们用中文把他们的东西说出来，他们会自豪一点，有的时候可能学得会更好一点。就像我们上课时举例子，有的时候哪个班上同学举的例子，他们就会记得更快一些。这是我个人的看法。然后还有葡语的话，哪个会有录音，录音就是葡语的，像《跟我学汉语》就是的，比如放听力的时候，那种指令性的文字，是用葡语讲出来的，但是它是葡葡。但是葡葡跟巴葡的发音又有一些区别，然后每次一放音，那些中小学生，他们本来就是比较调皮的，有的就开始模仿啊，有的就是哄堂大笑啊，因为发音跟他们（巴葡）不一样……我觉得语言的话，如果是专门针对巴西的话，我觉得可能更加地结合他们那边的文

化，如果是有可能的话，能够用巴葡更好一点。这样的话，教材不仅供孔子学院使用，放在他们书店的话，对汉语爱好的，也会使用，也会去买。很多人还是蛮愿意学汉语的。那边有很多的培训机构、语言中心都有汉语课。

志愿者 Y：第一是口语化。课后的生词里面会有一些关联的，不是说一个单词单独地在这里面，最好的方法就是把所有同种类的词编在一起，话题化会好一些。比如说有关颜色的词编在一起，然后问路的词，年纪的词，家庭的，按这样的顺序来编的话，可能会好一些。一次性可以讲很多，你可以扩展，他们学起来也轻松一些、集中一些。其次，最好的方法是多设计一些活动，每节课都要设计一些活动在里面，设计一些课堂活动。

志愿者 H：我觉得最重要的是做好两种语言的对比，语音，然后语法，然后文化，比如他们的语法手段就是词性的变化，动词的变化。但是我们的语法手段是语序。所以这个就导致了他们觉得语序的打乱不影响语言信息的传递，但是汉语的语序打乱，那就什么都变了，比方说“Eu te amo”中的“te amo”就是说，那个动词“amar”变成“amo”就注定了主语是“我”，而不是你，而不是任何其他人。只要“amo”这个词一出来，就知道主语是我。但是汉语“你爱我”“我爱你”，总是那个“爱”。另外，最开始就教他们认，语音，汉字，全部都要教给他们，“字本位”教学法是最好的。你从横竖撇捺点，先告诉他们这些最基本的，然后再，再……我觉得重点就是那些简单的一些部件，比方说“口”“女”“日”“十”，这些一、二、三、四、五、六、七、八、九、十，这些东西你先教给他们，他们就会自己在里面找，这个字这边是什么，这里有一个什么，那里有一个什么。从笔画到简单的偏旁部首、独体字。从笔画到简单的独体字，再到跟课本相关的字、单词。我觉得最重要的是做好两种语言的对比，语音，然后语法，然后文化。最后教材注释必须是用巴葡的，因为它全是葡葡的，没有巴葡的。巴葡和葡葡其实现在经过时间的那个，差别是很大的，有些词的意思都改变了。所以它根本就不是针对巴西人的一本教材。最典型的例子就是“rapariga”，在葡葡里面就是小女孩，和“menina”是一样的意思，但是在巴葡里面就是“prostitute”的意思。这个差别很有一点大。所以在听力练习里面，它用葡语问问题，讲什么“rapariga”什么的，他们就大笑。其实他们懂，但是自己会在那里开心一阵子。还有就是翻译不一样，他们特别鄙视葡葡的那个翻译。

志愿者 W：我觉得需要一个口语教材。因为我觉得我们教学生汉语，造福当地社会，把他们引进中资公司，给他们创造更多的就业机会，或者拿奖学金去中国，最基本的是要能够交流。所以口语教材很重要。我觉得口语教材如果要编好，要编成不同的种类，比如说你是在中资公司工作的，你可能需要更多的工作上的汉语，对吧？一种商务式的口语，需要更多的这样的东西。如果说你是去中国留学，你可能需要更多的是生活啊，和校园里面的一些东西，所以你这个口语教材肯定是要分类的。另外，他们有时候会觉得（葡语注释）好笑。里面的有些名字很奇怪，有些词的翻译很奇怪，可能有些词语在巴葡和葡葡里面不一样，比如说“城市”这个词，巴葡里面叫“cidade”，葡葡里面叫“sigio”，“sigio”在巴葡里面是指那种小农庄，作坊叫“sigio”。

通过我们的调查和访谈，我们发现孔子学院现行的汉语教材最大的问题是缺乏针对性，没有巴葡版本，没有与巴西文化有机结合，在难度上要么过于简单，要么过于复杂。由于缺乏中文和巴葡语言的基础性的对比研究，加上中葡两种语言之间存在的巨大的差异和中文汉字书写和认读的难度并没有在教材中得到很好的循序渐进的展示，使得很多巴西人在学完初级班后就放弃了汉语学习，我们认为编写适合巴西人特点的、结合中巴文化的、体现中葡语言特点的汉语初级教材是当前汉语在巴西传播亟待解决的课题。

第五节　中葡汉语教材编写创新

一、加强中外合作，组建编写团队

随着世界各地孔子学院和孔子学堂的建立，国别化的汉语教材的需求也越来越强烈。目前针对不同国家的汉语教材主要是由所在国的汉语专家编写，这些教材大多是该国的有关专家根据汉语学习者的需求、习得汉语的规律和教师的经验积累来编写的，在形式上比较活跃，内容选材上比较适合本国汉语学习者的口味，注重文化和语言的对比，在处理文化现象时比较重视日常生活的介绍，重视文化和语言的有机融合。这样的汉语教材，一般来说是比较适合所在国汉语学习者的需求的。其中，一些比较好的汉语教材，如法国的《汉语语言文字启蒙》，甚至已经成为经典之作，远远超越了国别化教材的范畴。但是，国外的国别化汉语教材对汉语语法的系统性介绍均不太重视，对汉语本体的研究更是不够全面，由于国外汉语专家所处的环境的限制，这些方面的缺陷是很难弥补的。

我国国内编写国别化汉语教材的编写模式大多一致，即先有一本比较成功的对外汉语教材，然后组织国内相关语种的汉语专家或相关语种的专家，对汉语教材进行对译，或修改注释，或做适度的改写。例如：《体验汉语》（已出版英语、法语、德语、韩语等不同版本）、人民教育出版社2003年出版发行的《跟我学汉语》（已出版英语、泰语、德语等版本）、北京语言大学出版社2005年出版的《汉语乐园》（已出版英语、荷兰语、保加利亚语、捷克语、乌克兰语等不同版本，该教材计划出版45种语言版本）、河北教育出版社2008年出版的《精英汉语》（已出版葡语版本）。这些教材初步解决了我国孔子学院急需的教材问题，无论是在理论上还是实践上都是很好的尝试。但是，这些教材还没有剥离通用型教材的范围，从根本上说还是以汉语为本位的教材，对该语种的汉语学习者的需求考虑较少，根据已有的经验来看，其教学效果很难令人满意。比如《精英汉语》的葡语版是我国教育部赠送给巴西圣保罗孔子学院的专用教材，但是该教材的葡语注释是葡萄牙葡语，而不是巴西葡语。在实际教学中，巴西学员普遍存在抵触情绪，教学效果自然是事倍功半。

因此，加强中外合作是国别化教材的唯一出路。我们不应该闭门造车，决不能盲目自大，或者纯粹为了追求经济利益而一窝蜂似地出版大批看起来成果丰硕，而实际上效果甚微的教材。中外合作决不是简单的翻译和注解工作，在合作的广度和深度上都应该更进一步、更上层次。

以面向巴西葡语的初级教材为例，其项目组应该以在巴西的孔子学院为核心来组成，主编应该是一名中方教师和一名巴方教师，负责教材的调研、总体设计和教材的质量，并由他们分别联合各自国内的一线汉语教师组成编写组，负责编写具体的课文和相应的练习。同时要设立总主编，由孔子学院中方院长和巴方院长组成，负责总体的协调工作。教材一旦编写完成，应该尽量谋求在巴西出版，这样更能实现教材的友好性。

在正式开始编写工作之前，项目组应该完成以下基础理论的研究报告。首先，调查巴西第二语言教学大纲，并比照巴西的第二语言教学大纲，联合巴西教育部编写汉语的教学大纲，就教学时数、教学目标和教学学制制定宏观的指导方针。其次，收集、研究和讨论中巴文化和语言的差异，进行全方位的语言文化对比研究，尤其是汉语和巴西葡语相关的本体研究，确立教材的语法体系、功能体系和文化体系。再次，对巴西汉语学习者进行大规模的需求分析调查，了解其学习汉语的可能规模、学习目的、学习要求和学习策略，尤其是要掌握其在基础阶段学习汉语的动机和对教材的要求。最后，成立专门的研究小组，调查研究巴西的语言教学方法和体制、巴西葡语对第二语言学习的正负迁移规律，以及巴西人习得第二语言的规律。这些基础理论是编写教材的理论和实践基础。如果没有这些基础性的研究作铺垫，编出来的教材恐怕仍然会是在同一水平上的重复。

二、以任务型教学法为指导

如前文所述，任务型教学法是西方心理学家基于西方人心理特点和认知过程而建立的，它强调以学习者为中心、以任务组织教学，强调体验式互动任务的完成，是一种开放式、探究式的教学方法，可以充分发挥学习者的主观能动性，是一种值得推广的有效的外语教学方法。

任务型教学法越来越受到对外汉语学界的关注。如前所述，在2010年8月世界汉语教学学会与国家汉办联合举办的第十届国际汉语教学研讨会上，探讨任务型教学法在对外汉语教学中的运用的研究论文就有11篇。

我们认为任务型教学法应该是比较适合巴西人学习汉语的认知过程和认知规律的，面向巴西葡语的汉语初级教材应该以任务型教学法为指导，设计教材的内容呈现方式和编排体例，教材内容必须本土化，选取实用性强的语言，话题的选择应该在满足语法体系教学要求的前提下，充分尊重巴西汉语学习者的兴趣和要求。这样才可以充分发挥学习者的主观能动性，才可以在最大程度上满足汉语学习者的好奇心，激发他们学习汉语的兴趣和学习动机。同时任务的科学设计和完成也可以大大提高教材本身的课堂教学的可操作性，增强教材的趣味性和实用性。

三、以学生为中心

从教学效果看，以学生为中心的教学模式可以有效地调动学生的主动性和积极性，可以创造性地培养学生的自主学习能力。我们认为面向巴西葡语的汉语初级教材应该全面贯彻“以学生为中心”的理念，这是任务型教学法的必然要求，也能使教材创建的任务更加人性化，体现以人为本的精神，从而更充分地满足汉语学习者的需求。虽然以学生为中心的教学方法在国外得到了广泛的应用，但在我国对于它的研究目前还主要停留在理论探讨上，没有广泛地深入到外语实践教学中去。

以学生为中心，首先在内容的选取上，就应该以巴西的汉语学习者的需求分析为依据，选取他们最关心的话题作为课文编写的依据，课文内容应该以实用性为第一原则，选用生活交际场合中使用的活生生的语言材料。不能为了语法的系统讲解，而去牺牲语言的生动性和真实性，避免纯粹为了语法教学需要而编写的课文。其次，在内容安排上，我们认为应该以巴西孔子学院学生的反馈和调查结论为依据，参考有关话题安排的研究成果，按照学生认为的从易到难的顺序编排课文。同时，要以巴西葡语教材体系的特点为依据，设计教材课文编排体例和练习设计体例，我们应该归纳总结巴西国内初级葡语到高级葡语教材的整个体系的特点，包括教材是以何种教学法理论为指导原则，学生比较喜欢哪一种教学方法，练习设计形式上有何特点等。最后，我们应该考察巴西国内的语言教学大纲和第二语言教学大纲，如果有可能，应该先制定一个巴西的汉语教学大纲。尤其是汉语如果想进入巴西的中学课堂的话，汉语教材就更应该遵循巴西的汉语教学大纲。我们教材的课时数的设计、教学计划的设计、教学目标的设计、教材内容在字数和语法上的容量等都应该与巴西的汉语教学大纲相适应。

四、以“字本位”为基本原则

纵观我国汉语研究的传统，无论是音韵、方言还是训诂研究，都是以汉字作为基础和切入点的。汉语不同于西方拼音文字的最大特点就是汉字的独特性，汉字是音、形、义的统一体，没有西方拼音文字的曲折变化，汉语的语法体系归根结底还是围绕汉字的用法来构建的，完全不同于西方的主要通过词尾的曲折变化来构建语法体系的方式。我们跟在西方语言学界后面几十年了，是到回归汉语本来面目的时候了。

尽管汉语界和对外汉语学界对于“字本位”、“词本位”抑或“句本位”还有争论，但是应该重视汉语的本位问题，因为这是涉及汉语的基本结构的单位问题，涉及汉语的研究基础的问题。我们认为应该抛弃现在很多通行的对外汉语教材“和稀泥”的编写方式，即只注重形式上的大杂烩、方法上的大综合，完全不顾本位问题的基础性地位的舍本逐末的做法。

法国白乐桑编写的《汉语语言文字启蒙》在法国畅销 30 年了，它高举“字本位”的大旗，按照字→词→句→文的顺序安排各单元的教学顺序，突出体现字的书写、字的理据和字的扩展三个环节，强调汉字以字构词的特征。白乐桑认为，通过多年的实践，使用该教材教学的效果是事半功倍的。

我们知道，由于地理、人种和历史的原因，法语和葡语有很多天然的联系。巴西葡语是葡萄牙语的最大分支，我们完全可以借鉴白乐桑在法国的成功经验，抛开“字本位”还是“词本位”的争论，大胆采用“字本位”的编写原则，突出汉语不同于巴西葡语的根本特征，使得巴西的汉语学习者从一开始就从汉语的本来面目学起，而不是先走拼音学习的弯路，然后再绕回到汉字上。目前绝大部分教材先拼音、后汉字的编排方式，客观上是造成“汉语难学”、“汉字难学”的最大原因所在。因为，相对于西方普遍流行的拼音文字而言，先入为主的汉语拼音可能比完全陌生的汉字难掌握得多。因此，我们应该以“字本位”为指导编写面向巴西葡语的初级汉语教材，使得汉语学习者首先建立起汉字体系，以此为基础构建汉语语文学习进程，以避免批量制造现代汉语“文盲”的现象发生。

巴西人对于汉字的兴趣可能超乎所有人的想象。笔者在巴西访学的第二天，参加了在圣保罗举办的 2014 年国际双年书展，该书展是南美洲最大的书展。在工作的时候，笔者无意间拿起孔子学院展台上的毛笔和红纸，试着写了几个汉字，没想到一下子吸引了一大批的巴西人围观，他们对于用毛笔写形象化的汉字十分感兴趣，纷纷索要。一时兴起，我和其他几个汉语教师志愿者都拿起毛笔，给围观的巴西人按照他们名字的发音写他们的汉语名字，巴西人都显得特别高兴，纷纷拿起写有他们名字的红纸，争着问他们汉语名字发音，很多巴西人还学会了我们现场教的“谢谢!”。让我们更没有想到的是，写有他们汉语名字的红纸成了孔子学院展台再好不过的宣传单，原本冷冷清清的展台一下子聚集了大批的巴西人，争着索要他们的汉语名字。直至书展结束，我们几个中方工作人员就这样一直忙碌着写了两天毛笔字。从此以后，用毛笔写巴西人的汉语名字就成了历次孔院大型宣传和文化展的保留节目，每次都能吸引大批的巴西人，即使排很长的队，他们也愿意等，由此可见巴西人对于汉字的喜爱。对很多巴西人来说，方块汉字才是真正的汉语。

我们认为汉语不同于西方拼音文字的最大特点就是汉字的独特性。汉字是音、形、义的统一体，汉语的语法体系归根结底还是围绕汉字的用法来构建的。“汉字难学”的客观原因一方面是我们教材和教学过多重视拼音教学，忽略汉字教学，另一方面也有我们的课堂任务设计忽视识汉字、写汉字的原因。

我们可以按照基本的偏旁部首到独体字，再到合体形声字的顺序设计教材，发挥汉字的天然吸引力，激励更多的巴西人自发地、创造性地学习汉语。

五、以立体化教材为载体

在信息时代，我们应该充分发挥信息技术的优势，充分利用多媒体信息技术、网络多媒体技术和社交媒体技术，构建平面的书本教材、单机版的教材光盘和网络版的教材学习平台相结合的立体化教材格局。

任何教材的容量都是有限的，不可能满足所有学习者的学习需求。为了弥补平面的纸质教材的先天不足，我们应该充分利用现有的汉语国际推广资源库的资源，将教材的内容扩展到更加广阔的空间，使得随时随地学习汉语成为可能，使得汉语的终身学习成为可能。

单机版的教材光盘应该包含教材的全部学习内容，还应该包括教师用书上的部分内容，借助多媒体技术实现课文注释的可视化、学习难点的直观化，让学生可以借助光盘在计算机上自主完成教材内容的学习。光盘应该配有字、词、句、课文的读音，以字构词的可视化过程，语法体系的解释等内容。

网络版的教材学习平台是指基于教材内容而建立的学习平台，包括教材内容、各种资源库、学习讨论区、资源共享区、教学管理区、作业管理区等内容。平台应该整合教与学的整个过程，学生可以自主选择学习内容，制订自己的学习计划，确定学习目的，自主监督管理，还可以实现网络的合作学习。基于教材内容的网络学习平台是构建终身汉语学习模式的基础。

电视节目及其视频资料也可以作为很好的教材使用，中央电视台国际频道的《快乐汉语》是典型代表。《快乐汉语》是以演播室为主的大型语言教学类节目，打造了一个全新的、综合的电视课堂概念。节目以主持人、学员、专家和观众四方互动为特点，展现中外文化的碰撞与交流。节目内容从常用字切入，以语言教学为主、文化教学为辅，将教学寓于娱乐之中，探索出了一条对外汉语电视教学的新路子，创建了独特的汉语教学体系。另外，一些纪录片也可以作为视频教材使用，例如《舌尖上的中国》、《远方的家》等，可以非常形象地向国外的汉语学习者展示中国文化的魅力。

近年来，中国经济的持续高速发展使得中国综合国力和国际地位得到了极大的提升，世界上渴望了解中国的声音越来越强烈，再加上现实的贸易和利益的巨大需求，催生了世界上学习汉语的热潮，并且这种“汉语热”在规模和深度上还在不断扩大，我国的汉语国际推广事业也获得了快速的发展。

作为汉语国际推广事业的前沿阵地，我国的对外汉语教材已经出版1000多种，初步形成多层次、多类型、系列化、多媒体化的、可以基本满足多种需求的教材体系，我国的对外汉语教材建设也开始走在了世界的前列。但是，我国的对外汉语教材的编写和研究也存在着通用型教材所占比例较大、有针对性创新性教材所占比例较少、国别性教材较少、基础理论研究亟待突破、中外合作不够等几个突出的问题。

这些问题反映在面向巴西葡语的初级汉语教材时更加突出。一方面，作为南美第一大国的巴西，人口2.08亿，随着中巴贸易的增长和中资企业不断加大巴西投资，汉语学习在巴西有着巨大的需求，但是现有的教材都只有葡萄牙葡语的版本，没有针对巴西葡语的汉语教材。另一方面，现有的葡萄牙葡语版本的汉语教材只是一般通用性教材葡语注释本，从教材的设计、内容安排到教材的建构都基本上是随大流，鲜有创新之作。

正是在总结前人研究成果的基础上，我们认为面向巴西葡语的初级汉语教材的开发已成为当务之急。在巴西汉语学习的语言环境中，课时少，并且课外汉语学习时间少是绝大多数汉语学习者的典型特征，尤其是成人汉语学习者，课堂和教材是他们获取汉语知识的主要途径。只有在巴西汉语教学的相关基础理论研究方面取得成果，才可能编写出一本合格的、适合巴西汉语学习者的汉语教材。我们认为应该建立基于孔子学院的中巴合作机制，加强基础理论建设和需求分析研究，并以此为出发点，以“字本位”为指导方针，按照任务型教学法设计教材内容，体现以学生为中心的教学理念，构建平面的书本教材、单机版的教材光盘和网络版的教材学习平台相结合的立体化教材格局。

第四章　巴西汉语教学的教师队伍

第一节　现状与思路

一、汉语教师的现状

巴西的汉语教师从国别来看，主要分为中国的汉语教师志愿者、巴西华人汉语教师和巴西本土的汉语教师。

中国的汉语教师志愿者是汉语或英语等相关学科的本科毕业生、硕士在读的学生或硕士毕业生，由与各个巴西孔子学院合作的中方大学推荐，并由孔子学院总部选拔和培训，主要任职于巴西的 8 所孔子学院和 2 所孔子课堂，工作时间一般是 1~2 年，也有极个别的志愿者在巴西工作 3 年以上的。他们大多长期工作、生活在巴西大学的某一个校区，其主要工作职责包括汉语教学、HSK 考试、在巴西传播中国文化、中巴文化交流等，且实际上还担任所在校区汉语教学的主管工作，负责教学计划的撰写和日常汉语教学的组织实施。尽管来自中国的汉语教师志愿者人数不多，每年大约 30 人，但是他们全面负责巴西孔子学院和孔子课堂的汉语教学任务，是当前巴西汉语教学，尤其是巴西本土中学生和成年人汉语教学的主力军。

巴西华人汉语教师主要来自中国台湾，他们基本上已经入籍巴西，在巴西落地生根。这部分汉语教师只有极少数是汉语科班出身，由中国台湾派出，以在海外传播中国文化和中文为宗旨，如徐捷缘老师。近年来，随着巴西“汉语热”的兴起，也有少数来自中国大陆的留学生或商务人士陆续加入。总体来看，巴西华人汉语教师专业背景比较复杂，有的没有接受教学和教法的相关培训，仅凭借汉语是母语的优势从事汉语教学工作。由于中国人移民巴西的历史以及汉语在巴西的传播历史，他们大多任职于巴西华人开办的幼儿园或中文补习班，工作任期长短不一，一旦有更好的工作，他们就会跳槽，很少有人长期从事巴西汉语教学事业，更不用提从事汉语教学的相关研究工作了。在巴西圣保罗大学中文系也有少数巴西华人教师，他们大多有博士学位，从事针对巴西人的大学汉语本科教育工作，但是他们的博士学位大多与中文相关学科没有关联，有的甚至是化学博士。

巴西本土的汉语教师为数不多，主要供职于巴西唯一开办大学中文本科的圣保罗大学中文系。从巴西本土教师的科研成果和任教课程来看，他们主要从事中国文学和历史的研究，从事汉语与巴西葡语的对比研究和汉语教学问题研究的学者比较少。笔者通过随堂听课发现，他们的汉语口语水平并不是很高，日常汉语口语也难以称得上流利，这也直接影响他们从事汉语言研究和汉语教学的研究工作。

二、汉语教师的建设思路

前文我们已经讨论过，由于客观上巴西汉语教师队伍的非专业性和不稳定性，巴西汉语教师相关问题的研究相当缺乏。

一方面，在幼儿园和私立培训机构任职的汉语教师缺乏汉语知识和教学技能等方面的专业培训，从意识上基本没有从事巴西汉语教师研究的动机，在知识结构上也无能为力。因为汉语教师工作只是一种谋生的手段，工资较低，且不稳定，他们当中的大多数人都会在有更好的工作机会时跳槽。另一方面，有些在教会学校任职的教师完全是义务担任汉语教师，其目的仅仅是保住巴西华裔子弟的中华文化命脉，也不会从事巴西汉语教师的专门研究。

少数关于巴西华文教育的文章中对巴西汉语教师的问题稍有涉及。零页①（2006）在谈到巴西华文教育时，曾指出巴西的中文

① 零页：《巴西华文教育概况》，载《侨务工作研究》，2006年第2期，第29页。

学校的教师多为义务性质，除了特别热心之人士，基本上不太愿意任教，或不可能长期从教，这样既影响了教学的效果，也影响了学校的发展。陈雯雯①（2015）通过调查发现，巴西汉语教师队伍主要由来自中国台湾的老侨民和来自中国大陆的新移民构成，并正随着中国大陆移民的增加而逐渐专业化。但是，教师队伍不稳定，工资待遇低下，很多私立学校汉语教师无法在巴西政府部门登记入册，不能享受巴西政府规定的福利待遇等问题是巴西汉语教师队伍发展的巨大阻碍。

三、汉语教师志愿者的现状

据汉办官网介绍，自 2003 年国家汉办派遣首批志愿者以来，国家汉办已向亚洲、欧洲、美洲、非洲、大洋洲五大洲多个国家和地区派出 15000 余名专职院长、教师、志愿者②。从孔子学院的师资架构看，中方院长、公派汉语教师、汉语教师志愿者和核心教师是主要组成部分，有的孔子学院也会适当聘请本土汉语教师。

孔子学院的中方院长是孔子学院汉语教学组织和管理的主要责任人，负责孔子学院日常教学的总体规划和具体安排。公派汉语教师一般是由中方合作院校根据需要选派的合格汉语教师。孔子学院核心教师项目是孔子学院 2015 年启动的新项目，从所在国公民中，或从具有永久居留权或至少具有工作许可证明的中国汉语教师中选拔，旨在加强孔子学院师资队伍建设，提高孔子学院办学质量和水平，保障孔子学院可持续发展。

汉语教师志愿者是当前孔子学院师资的主力军。汉语教师志愿者项目是孔子学院总部为帮助世界各国解决汉语师资短缺问题而专门设立的志愿者服务项目，在对外汉语、汉语言文学、外语、教育学、历史、哲学等文科专业的在职教师、在读研究生、本科以上应

① 陈雯雯：《巴西华文教育现状探析》，载《华文教学与研究》，2015 年第 2 期，第 7 页。

② 刘军：《国际汉语教师资格考试的回顾与现状》，载《云南师范大学学报（对外汉语教学与研究版）》，2015 年第 5 期，第 87 页。

届毕业生中招募，由国家汉办选拔、培训和派出，任期一般为一年，符合条件的可以续任，但服务年限一般不超过三年。

2015 年起，为了逐步实现孔子学院汉语教师本土化，孔子学院总部实施了汉语教师海外志愿者项目，主要从中国留学生、海外华侨中招募志愿者就地上岗。海外志愿者只享受生活津贴，不享受其他待遇。本书讨论的“汉语教师志愿者”如果没有特殊说明，不包括汉语教师海外志愿者。

四、汉语教师志愿者的发展思路

关于汉语教师志愿者的研究历史比较短暂，大多集中在国别性汉语教师志愿者素质及培训、汉语教学、跨文化适应、跨文化交际能力、现状分析和管理机制等方面，研究方法多是问卷调查、访谈等。

我们搜索了中国知网和万方数据库发现，2012 年以前关于志愿者的研究成果较少，2012 年以后成果较多，并且硕士论文较多。以篇名为“汉语教师志愿者”搜索中国知网，2003 至 2016 年期间共有 115 条命中记录，其中 92 条记录的发表时间集中在 2012 至 2015 年。以题名或关键词为“汉语教师志愿者”搜索万方数据库的期刊和学位论文子库，2003 至 2016 年间共有 113 条命中记录（期刊论文 61 篇，学位论文 52 篇），2012 至 2016 年的记录有 98 条（期刊论文 50 篇，学位论文 48 篇）。可以看出，近 4 年来关于汉语教师志愿者的研究越来越受到学界的关注，更多的学者发现了汉语教师志愿者项目发展中的问题，展开研究，提出解决办法或者建议。

魏先鹏等（2012）① 研究发现，截至 2011 年年底，学界对汉语教师志愿者的研究成果主要表现为数量少、研究队伍人员少、有理论思考深度的文章少，研究方法杂乱无章，并且没有专业的学术杂志。

---

① 魏先鹏、安然：《我国外派汉语教师志愿者研究概略》，载《海外华文研究》，2012 年第 4 期，第 350 页。

2012年以来，已发表的关于汉语教师志愿者的学术成果无论从数量上，还是从研究人员层次和研究方法上，都有所提升。这主要表现在论文数量是2012年以前的5倍多，有的论文还被刊载在《华文教学与研究》、《学术研究》等CSSCI来源期刊上。学位论文的作者大多是对外汉语相关专业的研究生，在就读期间有汉语教师志愿者的海外任教经历，有意识地挖掘汉语教师志愿者的研究课题。

第二节　汉语教师志愿者状况调查

一、调查设计

我们通过搜索中国知网等中文期刊数据库发现，截至目前，还没有专门讨论巴西汉语教师的学术文章。由于公派汉语教师数量很少，一般巴西的孔子学院只会安排1～2名公派汉语教师，汉语教师志愿者是巴西汉语教师的主力军，所以本书拟将巴西汉语教师志愿者作为巴西汉语教师的研究对象，就他们的基本情况、任职动机、生活现状和困难、教学工作现状和困难等方面展开研究。

我们的研究目的是对巴西汉语教师志愿者的基本情况进行统计，了解他们的任职动机，调查他们的生活和工作方面的困难，尤其是汉语教学方面的成功经验和实际困难，以期为巴西汉语教师志愿者的研究抛砖引玉，为巴西汉语教师志愿者的选拔和培训工作提出建议。

我们的研究问题主要包括：

（1）巴西汉语教师志愿者年龄结构和学历机构是什么样的？

（2）巴西汉语教师志愿者的任职动机主要是什么？

（3）巴西汉语教师志愿者是否适应巴西的生活？

（4）巴西汉语教师志愿者对自身的教学满意吗？主要的教学困难是什么？

本研究采用自编的调查问卷。我们首先采访了4位曾经在巴西任教2年及以上、目前已经返回中国的志愿者，他们都十分喜欢巴西的汉语教学工作，愿意回到巴西继续任教。在总结访谈结果的基础上，我们设计了本问卷，并且请他们试做了问卷，调整了部分题目的措辞，删除了部分问题。问卷共包括四个部分，共 66 个问题。第一部分主要关注巴西汉语教师的基本信息，包含 11 个问题；第二部分的焦点是他们的任职动机，有 10 个问题，采用李克特（5 级）量表的方法测量；第三部分主要调查巴西汉语教师志愿者的生活和工作情况，包含 1 个排序题和 20 个采用李克特（5 级）量表的选择题；第四部分是调查他们的教学情况，包括 8 个教学相关问题的选择题和 15 个采用李克特（5 级）量表的教学调查。

本研究调查的方式是网络问卷调查。由于巴西教师志愿者任职的各孔子学院相距遥远，出于安全和经费等方面的考虑，我们购买了国际上专门从事网络问卷设计和统计的 SurveyMonkey 公司一年的问卷设计和统计使用权，通过汉语教师志愿者南美大区的管理教师发放给每位在巴西的汉语教师志愿者，并要求他们在规定的时间内完成。

据初步统计，2014 年 6 月至 2014 年 12 月在巴西各个孔子学院任教的汉语教师志愿者共有 31 人，我们通过 SurveyMonkey 向这些志愿者发放了调查问卷，回收了 29 份问卷，其中 3 份问卷为无效问卷（1 份问卷没有完成，1 份问卷是同一人在不同时间以不同的身份登录完成的，另外 1 份问卷答案都是“不确定”，视为无效），最后用于统计分析的有效问卷共有 26 份。我们使用的统计工具是 SPSS 19.0 版本的汉语版。

二、基本情况

26 位有效被调查者中男生有 2 人，女生有 24 人，这个比例符合所有在巴西任职的汉语教师志愿者的男女教师比例。他们的平均年龄是 24.15 岁，最小的一位志愿者刚刚大学本科毕业，才 21 岁，年纪最大的也只有 27 岁。他们中有 2 位教师是少数民族（1 位是土家族，另 1 位是朝鲜族），其余的教师都是汉族人，普通话都有二级甲等及以上证书，其中一级甲等 1 人，一级乙等 11 人。他们中除了一位祖籍福建的志愿者之外，其他人都来自于北方方言区。

（一）学历结构

首先，从巴西汉语教师志愿者的学历结构上看，他们主要由在读硕士研究生构成，占总人数的69.2%。（见表4-1）他们一般在研究生一年级修完本专业的必修学分，在研究生二年级时经过孔子学院合作的中方院校层层选拔后，被派往巴西孔子学院，任期1~2年。结束汉语教师志愿者任期后，他们继续回到派出的中方院校完成研究生剩余学业。尽管以这种方式完成学业比本专业其他同学的学习时间延长1~2年，每年还是有很多同学积极报名参加汉语志愿者教师的选拔和培训，积极投身于国家的汉语国际推广事业。

表4-1　　　　**最高学历**

		频率	百分比	有效百分比	累积百分比
有效	本科	5	19.2	19.2	19.2
	硕士研究生在读	18	69.2	69.2	88.5
	硕士研究生	3	11.5	11.5	100.0
	合计	26	100.0	100.0	

其次，从巴西汉语教师志愿者的最高学历专业上看，几乎所有的巴西汉语教师志愿者都是来自于文科专业，尤其是语言学相关专业，占总人数的80.8%；汉语国际教育和对外汉语专业的汉语教师志愿者接近一半，占46.1%，英语专业的汉语教师志愿者占23.1%，中文专业的汉语教师志愿者占11.5%。（见表4-2）由于派出的中方院校有长期的师范教育传统，所以这些专业的学生的汉语言理论知识储备比其他专业的学生更充分，在语言教学方面也有一定的实习经验，对英语的掌握也比较熟练，能够用英语应对日常的交流和教学需要。由此可以看出，中方合作院校在志愿者选拔和派出方面非常强调专业结构的合理性。这样的专业结构既考虑了日常汉语教学的需要，也考虑了文化交流的需要，可以尽量缩短巴西汉语教师志愿者在巴西教学汉语和在巴西生活的适应期，使得巴西的汉语教学更有效率。据了解，历史专业和体育教育专业的2位志

愿者的特长比较突出，比如中国传统乐器演奏、舞狮等，有利于中国文化的传播和中巴文化交流。

表 4-2　　　　　　　　　　最高学历专业

		频率	百分比	有效百分比	累积百分比
有效	汉语国际教育	7	26.9	26.9	26.9
	对外汉语	5	19.2	19.2	46.2
	国际文化交流	3	11.5	11.5	57.7
	英语	4	15.4	15.4	73.1
	语言学及应用语言学	2	7.7	7.7	80.8
	中文	3	11.5	11.5	92.3
	历史	1	3.8	3.8	96.2
	体育教育	1	3.8	3.8	100.0
	合计	26	100.0	100.0	

（二）外语水平

从巴西汉语教师志愿者的外语水平上看，英语水平普遍较高，葡萄牙语水平有待提高。73.1%的志愿者有大学英语六级证书，19.2%的志愿者有英语专业八级证书，他们基本上可以用英语与同样说英语的外国人进行日常交流，可以用英语解释课文内容和语法知识，解答外国学生在汉语学习上面的疑问。（见表 4-3）

需要特别说明的是，我们统计的葡萄牙语水平是志愿者自我评估的结果，并不是权威部门检测的结论。这主要是因为葡萄牙语在国内属于小语种，目前还没有一个全国统一的葡语考试，志愿者在出国之前没有经过权威的统一测试。他们有的选修了一个学期的葡萄牙语课程，有的参加过短期的葡萄牙语补习班，有的在去巴西前自学过葡萄牙语，但是绝大多数没有专门的葡语学习经历。

目前国际上认定的葡语考试有两种：其一是葡萄牙里斯本大学葡语考试中心专门为母语为非葡萄牙语的外国学生或人士举办的 CAPLE 测试，分为五个等级，分别是初级葡萄牙语文凭测试

(CIPLE)、基础葡萄牙语文凭测试（DEPLE)、中级葡萄牙语文凭测试（DIPLE)、高级葡萄牙语文凭测试（DAPLE）以及大学葡萄牙语文凭测试（DUPLE)；其二是巴西高等教育部与巴西外交事务部专门为测试在巴西的外国人和巴西以外学习巴西葡萄牙语人士的CELPE-BRAS测试，分为四个级别：中级、中高级、高级和高级高等。据笔者了解，有部分巴西汉语教师志愿者参加过巴西的CELPE-BRAS测试，有些志愿者获得了中级证书（视为表4-3中的葡语初级），但到目前为止，还没有志愿者获得过CELPE-BRAS中高级及以上的证书。

表4-3　　　　外语水平

	英语水平	频率	百分比	葡萄牙语水平	频率	百分比
有效	大学英语四级	2	7.7	葡语初级	20	76.9
	大学英语六级	19	73.1	葡语中级	4	15.4
	英语专业八级	5	19.2	葡语入门	2	7.7
	合计	26	100.0	合计	26	100.0

（三）兴趣爱好

巴西汉语教师志愿者的兴趣爱好广泛，多才多艺。这个问题我们采取的是多项选择题的方式，并设置了其他选项（昆曲、剪纸等手工、主持等是问卷上没有，由志愿者自愿填写的选项）。从问卷结果看，书法、唱歌、太极拳排在前三位，茶艺表演、中国传统乐器演奏、剪纸等手工紧随其后。（见表4-4）据了解，除了书法、唱歌和中国传统乐器演奏是从小培养的兴趣爱好之外，太极拳、茶艺表演和剪纸等手工都与国家汉办举办的志愿者任前培训密切相关。这些兴趣爱好可以积极辅助课堂教学，增强课堂教学效果和巴西学生学习中文的动力，还可以协助孔子学院在中国传统节日时举办各种中国文化展示活动，更好地向巴西人民展示中国文化的魅力。

总的来说，巴西汉语教师志愿者学历结构比较合理，汉语理论知识储备比较充分，英语能力比较突出，兴趣爱好广泛。但是他们

表 4-4　　**兴趣爱好 频率**

		响应		个案百分比
		N	百分比	
兴趣爱好[a]	唱歌	12	20.0%	46.2%
	跳舞	2	3.3%	7.7%
	中国传统乐器演奏	7	11.7%	26.9%
	书法	12	20.0%	46.2%
	太极拳	10	16.7%	38.5%
	中国功夫	2	3.3%	7.7%
	茶艺表演	8	13.3%	30.8%
	昆曲	1	1.7%	3.8%
	剪纸等手工	5	8.3%	19.2%
	主持	1	1.7%	3.8%
总计		60	100.0%	230.8%

a 值为 1 时制表的二分组。

大多是由在校在读学生构成，可能比较缺乏实际教学经验，同时葡萄牙语水平有待提高，这可能导致巴西汉语教学的磨合期较长，甚至有可能无法满足汉语在巴西传播事业发展的需要。

三、工作动机

动机是英语“motivation”的译语，是心理学方面的术语，一般是指通过激发和鼓励，使人们产生一种内在驱动力，使之朝着所期望的目标前进的过程。心理学历史上对动机的讨论源自于著名的人本主义心理学家马斯洛的需要层次金字塔，马斯洛把人类的基本需要分为 5 种：生理需要、安全需要、归属和爱的需要、自尊需要和自我实现的需要①。各个层次的需要是动机产生的基础。任何需要的满足所产生的最根本的后果是这个需要被平息，一个更高级的

① 马斯洛：《动机与人格》（第三版），北京：中国人民大学出版社，2014 年，第 15-29 页。

需要出现①。Pinder②（2008）将工作动机解释为一组既源于内部，又超越个人的存在力量，它发起与工作相关的行为，并确定其形式、方向、强度和持续时间。了解汉语教师志愿者的工作动机将有助于我们了解他们的基本需求，并采取相应措施激发他们工作的积极性。

通过前期与汉语教师志愿者的访谈，结合马斯洛的需求层次论，我们总结了10个巴西汉语教师志愿者的工作动机，采取5级李克特量表的问卷方式，作为问卷的第二部分。我们计算了各个动机的均值和标准差，结果如下（见表4-5）：

表4-5　**工作动机 频率**

	Q13	Q14	Q15	Q16	Q17	Q18	Q19	Q20	Q21	Q22	Total
	向世界推广汉语,传播中国文化是我的理想追求	我想提高葡语水平,了解巴西文化	我想锻炼自己应对不熟悉文化环境的能力	巴西吸引我,我希望开阔自己的眼界	在巴西担任志愿者,我可以有机会在巴西旅游	我想做关于巴西汉语教学的论文	巴西的工作经历对我的汉语教学和将来找工作有帮助	我希望能够通过赴巴西任教,锻炼自己的能力	赴巴西任教可以赚取工资收人	赴巴西任教可以教授巴西人汉语,传播中国文化,促进中巴文化交流	工作动机
均值	4.4231	4.6923	4.6154	4.4231	4.1923	3.8462	4.2308	4.6538	3.5769	4.5000	4.32
标准差	0.50383	0.47068	0.49614	0.50383	0.63367	0.96715	0.71036	0.48516	0.85665	0.50990	0.44

① 马斯洛：《动机与人格》（第三版），北京：中国人民大学出版社，2014年，第43页。

② Pinder：《组织行为中的工作动机（第二版）》，纽约：心理学出版社，2008年版，第3页。

（1）巴西汉语教师志愿者工作动机强，但是个体差别比较大（M=4.32，SD=0.44）。工作动机得分最高的是汉语国际教育专业的学生，均分达到了4.53分，工作动机特别强烈，这可能跟他们的专业培养目标相关。工作动机得分最低的是一位历史专业的学生，均分是3.7分，尽管如此，她也不能算是工作动机差，只能说是工作动机一般。

（2）巴西汉语教师志愿者们都认同在巴西教授汉语、传播中国文化、促进中巴文化交流的光荣使命（Q13：M＝4.42，SD＝0.50；Q22：M=4.5，SD=0.5），所有志愿者的选择都是同意或非常同意。应该说国家汉办的选拔和培训非常成功，志愿者们都怀揣在巴西传播中国文化的使命，积极投身于巴西汉语教学推广事业，即使是有语言不通、交通不便等生活困难，他们都积极乐观地向巴西学生展示汉语言和中国文化的魅力。

（3）巴西汉语教师志愿者非常期待通过在巴西任职的工作经历提升自身能力，他们对于Q14，Q15，Q16和Q20的回答都是肯定的，没有人选择不同意或不确定。他们非常珍惜在巴西工作的经历，即使遇到生活和工作上的困难，也是把困难当作锻炼自身能力的磨刀石。

（4）巴西汉语教师志愿者对于金钱或旅游等方面的需求相对较低。对于Q21（赴巴西任教可以赚取工资收人），有34.6%的调查者选择不确定或不同意。这样的结果与外界对于汉语教师志愿者的主观臆测是不一致的，旅游和赚钱并不是他们赴巴西工作的首要动机，可以说外界多少低估了巴西汉语教师志愿者的荣誉感和使命感。

（5）巴西汉语教师志愿者对于学术追求方面的工作动机相对较低（M=3.85，SD=0.97），有38.5%的巴西汉语教师志愿者没有做巴西汉语教学方面的研究的工作动机，这可能跟志愿者们的专业学习背景有关，他们中很多人并不是对外汉语或汉语国际教育等专业的学生，没有做巴西汉语教学方面的论文的专业知识和学术需求。这基本上印证了前文关于巴西汉语教学研究相对匮乏的论述，有经验的志愿者一旦离任，他们的教学经验一般也随之付诸东流，客观上造成了志愿者教学经验交流和传递的困难。

另外，我们采用独立样本 t 检验的方法探索男、女巴西汉语教师志愿者之间的差异。结果显示，尽管男志愿者平均得分（4.17）低于女志愿者（4.33），但巴西汉语教师志愿者男、女之间的工作动机没有显著差异（$t=-0.622$，$\mathrm{df}=24$，$p>0.05$）。我们采用单因素组间方差分析的方法探索了本科生、硕士研究生在读和硕士生之间在工作动机上的差异，结果显示不同学历的志愿者在赴巴西工作的动机上面没有显著差异（$F[2, 23]=0.063$，$p>0.05$）。我们采用单因素组间方差分析的方法探索了不同专业志愿者（汉语国际教育、对外汉语、国际文化交流、英语、语言学及应用语言学、中文、历史、体育教育）之间在工作动机上的差异，结果显示不同专业的志愿者在赴巴西工作的动机上面没有显著差异（$F[7, 18]=0.912$，$p>0.05$）。

从我们的调查结果来看，巴西汉语教师志愿者们一般都有强烈的工作动机，他们远赴巴西推广汉语主要是为了传播中国文化和汉语言，锻炼自身能力。他们希望在完成传播中国文化使命的同时，提升自己，为将来的工作学习打好基础。由于志愿者工作的性质，他们一般没有长期任职的打算，大多数志愿者也没有从事巴西汉语教学相关研究的学术动机，很少有志愿者将巴西汉语教学研究作为自己毕生的学术追求。因此，由于任教巴西是巴西汉语教师志愿者们人生的第一份工作，他们非常积极乐观，希望通过自身的努力，圆满完成任期内的工作任务，全面提高自己的综合素质。这些需要使得他们克服了语言不通的巨大交流障碍，基本上完成了相关的教学任务。有的志愿者刻苦学习葡萄牙语，居然在任期内考过了巴西 CELPE-BRAS 测试的中级，基本可以顺利地和巴西人交流，有的还获得了在巴西高校攻读硕士学位或博士学位的机会。对于经济上面的利益，他们并不是太关注，例如：

首先从经济上面来说，毕竟我们是学生，对经济的要求不多，然后我们更多的是看重一种个人的经历，所以我们也很乐于出去（志愿者 Y）。

如果说巴西汉语教师志愿者工作动机方面稍有缺陷的话，唯一的一点就是对巴西汉语教学的学术追求方面需求不高。客观上的原因是只有46.1%的志愿者是对外汉语或汉语国际教育专业毕业的学生，其他专业的志愿者没有从事巴西汉语教学专业知识和学术追求的动机。这方面的动机不足直接导致了巴西汉语教学的经验积累和总结、学术研究相对匮乏。

四、生活与工作状况

（一）访谈数据分析

通过访谈，我们发现巴西汉语教师志愿者们经过2年的磨砺，跨文化适应能力得到了极大的提高，对自身在巴西生活和工作的能力都十分自信。尽管也有各种各样的困难，也有志愿者在里约工作差点被抢的经历，但是对于巴西的自然环境、饮食和巴西人的热情，4位访谈者都赞不绝口，甚至十分怀念在巴西的生活和在巴西结交的朋友。令人印象深刻的是，有2位访谈者还表示刚回国时，有好几个晚上还因为思念巴西独自落泪过。

尽管巴西汉语教师志愿者们工作动机强，但是当他们踏上巴西土地时，生活和工作中的种种问题往往超出他们的想象。我们在访谈中发现，他们在任职初期都经历了跨文化交际中常常遇到的文化休克问题。

首先是语言不通的问题。几乎每位访谈者都提到刚到巴西时，遇到过因为语言不通造成的各种生活和工作上不适应的问题。例如：

> 所以像我这种情况，你一个人在国外生活，你是很需要朋友的，对吧？巴西人又喜欢聊天，交朋友可不得跟他们聊吗？语言不通就没有办法（志愿者H）。
>
> 因为我们去的时候就没怎么学语言，尤其对我来说，学的是别的专业。学过一点英语，刚去的时候就蛮吃亏，也不是吃亏吧，就是还有很多困难，这都是因为语言带来的（志愿者Y）。

> 我有个班是高级班，大部分都会说英语，有一个不会说，尽管有人会翻译，但是翻译的人会带有自己的主观性，所以那个人每次上课都是皱着眉头，就会影响你教学时的心情，看到他总是皱着眉头，总是觉得他没有听懂，自己特别想跟他交流，但是交流无望的时候，你很想去跟他解释，但是又解释不清楚，这时候就特别影响上课，所以我觉得语言是最重要的，你可以什么都不会，但你一定要会语言（志愿者Y）。
>
> 我记得我刚开始去的时候，也是这样的，因为我大学是学英语的，汉语教学就学了一年，完全没有任何经验，和学生沟通就不好（志愿者W）。

其次是人际交往问题。有的志愿者一到巴西，就被分配到一个需要自己全权负责的教学点，承担所有的教学任务，没有助手，只有一位巴方联络人，但是巴方联络人不一定都能够帮上忙。所以对于一个刚刚走入社会、没有工作经验的大学生来说，融入巴西当地文化、克服孤独感是一项巨大的挑战：

> 但是我刚开始去的时候，我就看到我的小伙伴们，有的人就是可怜得要死，就是在那里找房子，房子里面没有家具，又要找负责人买家具（志愿者H）。
>
> 但是要考虑到其他的志愿者是单独在外面，可能除了遇到的工作问题之外，其实自己心里还有很多的问题，但是对心里的那种孤单寂寞冷，孔院是没有照顾到这一点的，所以很多时候就存在一些那种，比如说心情很郁闷啊，郁闷十几天，然后慢慢变好，我觉得这一点还是蛮有问题的（志愿者Y）。
>
> 因为大家基本上都是一个人，最多两个人在一起，所以基本上你需要独自一个人面对所有的事情（志愿者W）。

再次是教学工作问题。志愿者们在大学课堂和课本上学到的教学方法不一定适合巴西学生，他们对巴西学生学习汉语的特点和汉语学习动机缺乏了解，也缺乏相应的应对办法和技巧。中巴学生学习习惯的巨大差异往往会使一位刚刚毕业、没有教学经验的“新手”无所适从，巴西学生上课迟到、不做作业一般都让人很头疼。如果一个新手第一次上课时，突然发现课堂开始一个小时后，学生才陆陆续续到齐，很难想象这位新手是怎么面对和处理的：

> 曾经有一次，因为我觉得他们的语调不够好、声调也不够好，然后我就带他们读课文，读到了第三遍的时候，就有个男生跟我说：“老师，我不想读了。”（志愿者 H）
>
> 都是高中生的时候，他们就很我行我素，就不听你教，你又怎么样？你会怎么样？（志愿者 Y）
>
> 接触到一些比较难的东西的时候，在这样的情况下，他们很多同学就非常容易气馁，他们内心比较脆弱（志愿者 W）。
>
> 我觉得三年的时间短了。是这样，如果你喜欢的话，三年的时间肯定是不够的，你不喜欢的话，肯定你就回去了，对吧？如果志愿者负责任去教学的话，在一个地方你起码要待到……这个东西不光是对学生好，对你自己也是，你成长的话，至少需要两年，一年是不够的。一年你可能刚刚把葡语的一些东西搞明白，学生刚刚跟你有一丢丢信任感，你就走了，然后又派一个志愿者来，而且学生也不太愿意适应新老师。你想，你好不容易把葡语搞清楚了，能够交流了，又来一个菜鸟级的，学生又得适应他吧？又得接受他吧？又是一个这样的磨合过程，你不是进步的过程，你永远在重复这个磨合过程。然后第二个的话呢，我觉得志愿者跟志愿者之间的教学交流很少，真的很少（志愿者 W）。
>
> 比如说这边的学生素质，相对来说跟中国的没法比，因为是公立高中，然后学校从基础设备，一直到管理的策略，都会有很多很多问题、很多很多漏洞。然后你就会开始失望，包括你上课的时候，由于跨文化交际和语言的问题，你会发现教学过程中会有很多很多的问题（志愿者 W）。

最后是未来职业发展的问题。访谈者们在谈到自己任期最后一年时，都谈到了未来出路的问题，普遍比较迷茫，不知道出路在哪里：

而且对我们自己来说，就是未来的路在哪里？（志愿者 H）

因为我回来之前的那半年，我特别焦躁，我就一直在想的是我的路在哪里，再加上我的专业又不对口……（志愿者 Y）

（二）问卷数据分析

结合访谈的内容，在问卷的第三部分，我们首先设计了一个排序题，要求巴西汉语教师志愿者对巴西生活中的 11 个问题进行排序。另外，我们采用李克特 5 级量表的形式，描述了 20 个生活和工作方面的情况，要求他们根据自身的实际选择作出判断。

1. 生活困难排序

我们先分析生活困难排序题的统计结果。按照 SPSS 排序题的计算方法，我们先依据 11 个次序的重要性（权重）对数据进行位次编码，次序 1~11 的重要性依次是 20，18……0，再对全部数据进行行列对换，求出各个选项的重要性排序，结果如表 4-6 所示：

表 4-6　**生活困难排序**

Case_LBL	SUM
语言不通	398
生活环境不安全	352
远离亲人和朋友	328
交通不便	306
购物不方便	250
教学工作压力大	238
与巴西同事交流困难	214
业余生活单调乏味	206
工资收入少	198

续表

Case_LBL	SUM
没有巴西当地的朋友	154
很难融入巴西文化	106

从表4-6中可以看出，巴西汉语教师志愿者们面临的主要生活困难是语言不通、生活环境不安全、远离亲人和朋友。

首先是语言不通的问题。这是最大的难题。巴西的官方语言是葡萄牙语，英语并不普及，没有受过高等教育的巴西人基本不会说英语，日常工作、购物、交通、银行存取款、旅行等生活中，极少的巴西人会使用英语跟外国人交流。而巴西汉语教师志愿者们只有1人在澳门接受过一年的葡萄牙语培训，还有几个志愿者在国内大学期间选修了一个学期的葡萄牙语，绝大多数志愿者只学习过英语这一门外语，根本没有学过葡萄牙语。当他们踏上巴西国土时，会发现大学学过的英语完全没有用武之地，几乎寸步难行，而且他们接手的都是上任志愿者（一般可以用葡萄牙语进行日常的交流）教过的班级，他们完全没有办法讲解课文的知识点，更不用提语法知识了。没有办法与巴西学生交流，师生关系比较紧张。在一些小城市，一个人工作的志愿者感受会更加明显，几乎所有问题都要自己去解决，因为孔子学院总部安排的巴方联系人有时候根本指望不上，志愿者H就有类似的经历：

> 负责人基本上就是你刚来的时候，跟你接待一下，再后来就消失了，可能再次见他就是你走的时候。

一般来说，巴西汉语教师志愿者至少需要半年的时间里，充分利用业余时间，自学葡萄牙语，才能基本应付巴西的生活和课堂教学的基本用语。同时，也只有学好葡萄牙语，才能结交巴西人，才能有巴西朋友。所以，将语言不通问题视为巴西生活中最大的难题就不难理解了。

其次是生活环境安全问题。虽然巴西是金砖五国之一，但是巴西社会治安差是巴西普通人的普遍感受，巴西大城市的治安问题始终是困扰巴西政府的难题。中国新闻网 2016 年 11 月 4 日报道：11 月 3 日公布的《巴西公共安全 2015 年鉴》披露，2015 年巴西每小时发生五起强奸案，每分钟有一辆车被偷。这表明巴西治安形势严峻，安全问题让人忧心。另外，2016 年 7 月，甚至有警察在里约国际机场打出“欢迎来地狱”的标语，为了让外国人能看懂，该标语还被翻译成了英语。有鉴于这样的新闻太多，刚到巴西的志愿者们都非常担心自己的人身和财产安全，再加上语言不通、人生地不熟，甚至有部分志愿者紧张到出门必须有人陪的地步。但是，巴西的生活安全问题也没有想象中那么可怕，笔者曾经在普通巴西人的 House 里（并不是保安相对完善的公寓，或者富人区）租住了半年，没有碰到过被抢的事件。只要你外出时多选择白天出行，或者结伴同行，不去贫民窟或旅游景点，一般还是很安全的。志愿者 Y 在访谈时，也谈到在接受相关安全培训，并特别注意后，生活在巴西没有必要特别紧张：

后来第二年，我在路上还边听歌边走，都已经变成老油条的样子了（志愿者 Y）。

我们认为，志愿者们将安全问题列为在巴西生活的第二大难题，主要还是因为那种一出门就时刻提心吊胆的感觉让人不太舒服，没有国内的那种安全感。

最后是远离亲人和朋友的孤独。这个难题与上面的两个问题是息息相关的，尤其是很多志愿者都是一个人到远离大城市的小城市工作，语言不通，无法跟当地人交流，更没有办法交朋友，对安全的担心又使得他们出门受到限制，所以孤独和寂寞是他们不得不面对的心理煎熬。如果没有传播中国文化的使命感，没有对汉语国际推广事业的热爱，没有年轻人的热情和激情，很难想象一个刚刚走出校门的大学生如何面对这样的生活压力，尤其是他们刚刚到巴西的前半年：

我们有一个同学，像 YXM 吧，她被派到 M 城市，一年都是一个人在那儿，她每次一放假都会到 SP 市来，就会到我们家来，跟我们玩。她就开玩笑说，今天说的话比我这一个月说的话还多，除了上课之外。因为就是上课跟学生讲一下话，然后回家就是一个人（志愿者 Z）。

令人感到吃惊的是“没有巴西当地的朋友”和“很难融入巴西文化”居然排在生活难题的最后两项。一般说来，当一个人独自生活在异国他乡，而且语言又不通的时候，是很难结交当地朋友的，更难以融入当地的社会和文化。我们认为巴西人的特质和巴西志愿者们的积极心态使得志愿者们普遍觉得很容易结交巴西朋友，很容易融入当地的文化生活。一方面，巴西人特别热情、开放，对外来人从不排斥，乐于接受来自中国的志愿者们。和志愿者接触最多的巴西人就是孔子学院的巴方工作人员、教学点的巴方负责人、巴西学生和学生的家长们。这些巴西人大多受过良好的教育，是巴西社会中产以上的阶层，他们都非常理解志愿者的工作和生活需求，都希望给志愿者们创造一个好的生活和工作环境。所以，每到节假日，总有巴西学生或学生家长邀请志愿者们去他们家做客。当你真正和巴西人接触后，你会感叹巴西人真的十分热情，这种热情常常令志愿者们感动。另一方面，巴西汉语教师志愿者们心态非常积极。一般来到巴西后，他们就在工作之余刻苦学习葡萄牙语，因为如果不学葡萄牙语，根本无法开展工作。当他们学会一点葡萄牙语后，就在课堂上尝试使用，他们会发现这样做特别能拉近他们和巴西学生之间的距离，上课效果会好很多。课堂上的积极反馈既促使他们更加努力地学习葡萄牙语，也激励他们更多地与巴西人接触，结交更多的巴西朋友。志愿者们是怀揣推广汉语的使命感去到巴西的，对经济收入并不看重（“工资收入少”排在生活困难的倒数第三，见表 4-6），他们更想体验异国的生活，提升自身工作能力。年轻的心使得他们更加愿意去探索巴西社会，而巴西社会的多元文化特征使得他们很容易找到融入当地社会的切入点。这种积极学习葡萄牙语和积极接触巴西人和巴西社会的心态让他们更适应在巴西的工作和生活。

2. 生活和工作相关问题分析

关于20个生活和工作方面的问题，我们用SPSS软件进行了相关分析。

首先，问卷中的Q24、Q37和Q43分别从巴西汉语教师志愿者们对在巴西生活、工作和收获的满意度做了调查。结果显示，他们对巴西的生活和工作总体上比较满意，均值达到了3.96，标准差是0.58，说明志愿者对巴西的经历总体评价差异不大。另外，我们采用独立样本T检验的方法探索男、女巴西汉语教师志愿者之间对于在巴西工作总体满意度的差异，结果显示，尽管男志愿者平均得分（3.89）稍低于女志愿者（3.97），但是巴西汉语教师志愿者男、女之间对于在巴西工作的总体满意度上面没有显著差异（$t=-0.228$，$df=24$，$p>0.05$），总体上看，无论是男志愿者还是女志愿者，他们对于在巴西的工作经历都非常满意。

接下来，我们探索了葡萄牙语对于他们生活和工作的影响（见表4-7）。从表4-7中，我们可以看出有65.4%的志愿者认为自己的葡语能够满足自己的日常生活所需，只有53.9%的志愿者认为自己的葡语能够满足自己的教学所需，而且他们的选择分布差异很大，标准差都在1以上。同时，我们发现将近有20%的志愿者无法使用葡语应付自己的日常生活，有38.4%的志愿者无法使用葡语完成日常的课堂教学。一方面，很难想象20%的志愿者们在基本不会葡语的情况下，怎样应对日常生活中购物、饮食和交友等生活所需。另一方面，我们也可以猜测无法使用葡语与学生交流的志愿者的课堂教学效果，完全汉语的教学环境可能对学习汉语兴趣浓厚，并且有一定汉语基础的巴西学生有很大帮助，但是很难照顾大部分基础班巴西汉语学生的学习需求。正是由于葡语取得进步的原因，很多巴西汉语教师志愿者发现自己第二年的生活更加有趣，教学也更有心得，更加游刃有余。

问卷中的Q27~Q32，Q34主要集中于巴西汉语教师志愿者的生活情况，这些问题聚焦于他们是否适应巴西的气候、饮食、人身安全、交通状况、生活节奏和银行等服务机构。

对于巴西的气候，绝大多数去巴西的志愿者都非常适应，有84.6%的志愿者认为自己完全能够适应，剩下的15.4%的志愿者不确定自己是否适应，但是没有志愿者选择不能适应。得益于巴西优美的自然风光，尤其是浪漫漂亮的沙滩和宜人的气候条件，志愿者们一般都会很快喜欢上巴西没有雾霾的蓝天白云，有时候还可以在城市的上空欣赏到中国城市里早已绝迹的彩虹。例如：

> 我觉得，对我来说，气候完全不是问题，很舒服，我觉得，我很喜欢巴西（志愿者H）。

表4-7　**葡语对生活和工作的影响**

		我觉得我的葡语能够满足我的日常生活所需		我觉得我的葡语能够满足我的日常教学所需	
		频率	百分比	频率	百分比
有效	完全不同意	1	3.8	1	3.8
	不同意	4	15.4	9	34.6
	不确定	4	15.4	2	7.7
	同意	13	50	10	38.5
	完全同意	4	15.4	4	15.4
	合计	26	100	26	100
均值		3.58		3.27	
标准差		1.07		1.22	

在巴西饮食方面，我们的志愿者基本上也能够很快适应，有57.7%的志愿者喜欢巴西食品，在饮食方面没有困难。有26.9%的志愿者选择不确定，只有15.4%的志愿者觉得自己不喜欢巴西的食品。尽管巴西人偏爱肉食和油炸的食品，但是大米也是巴西人的日常主食，超市里很容易买到大米和面条，集市上也可以买到黄瓜和包菜等常见的新鲜蔬菜，只要自己会做饭，解决吃饭问题，基本

上难度不大。而且巴西的水果品种异常丰富，十分新鲜便宜，新鲜牛奶也很便宜。如果是喜欢牛肉的人去巴西生活，就可以大快朵颐了。

对于巴西的交通状况、购物环境和银行等服务机构的工作模式，除了30%的志愿者不太满意外，其他志愿者都表示问题不大，能够满足出行和工作需要。这可能与志愿者服务的城市有关，如果是在小城市工作，购物和交通环境就不太理想。一般来说，如果在圣保罗等大城市工作，交通和购物环境还是非常好的，地铁四通八达，大型超市和购物中心也很多。但是如果在小城市工作，来往大城市就是一个比较大的问题，因为巴西公共交通工具中，铁路交通不发达，只有乘坐巴士或飞机往返的方式。有的志愿者从工作的城市到圣保罗，就有十几个小时的车程，而且票价也不便宜。另外，一般来说，大城市的银行网点还是比较多的，在 ATM 机上取钱也很方便。由于孔子学院给每位志愿者都购买了当地的医疗保险，再加上志愿者一般是患小病，基本上都是自己解决，并没有更多地接触医院的服务，所以很多志愿者选择了不确定（38.5%）。他们这样选择的另外一个原因是，巴西的银行和医院等政府公务部门的一般窗口的工作人员基本上不会外语，必须使用葡语，志愿者的葡语水平使他们很难与这些工作人员实现顺利交际。一般只要去银行、医院或移民局等政府部门，孔子学院都是召集志愿者集体去，并有孔子学院的巴方工作人员一路陪同。

对于巴西的生活节奏，志愿者之间的差异较大，标准差为1.11，喜欢和不喜欢的志愿者各占一半。整体上说，巴西人的生活节奏是比较慢的，巴西人上课迟到是志愿者首先要适应的习惯，有的时候他们会跟老师解释迟到的原因，大多时候就是打个招呼，坐下来听课。在大型超市排长队是经常见到的景象，很少有急不可耐排队的巴西人，更不会到处比较哪个队人少一些，收银员更是慢条斯理、有条不紊地工作，绝对不会因为排队的人多而加快节奏，而排队的人也散淡得很，不管队伍多长，慢慢排就是了。一般来说，刚刚去巴西的志愿者比较难以适应巴西的生活节奏，但是随着时间的推移，很多志愿者会喜欢上这种不紧不慢的生活节奏，所以对于巴西的生活节奏，志愿者们的感受差异较大。

生活问题当中，志愿者们最担心的还是人身安全问题。有30.8%的志愿者认为自己生活的城市安全状况差，经常没有安全感。孔子学院每年对新来的志愿者都要做安全知识培训，请当地警官就安全问题做专题培训，效果还是比较好的。由于平时非常注意，恶性抢劫案件基本上没有发生在志愿者身上。志愿者们的不安全感很大程度上可以归因于媒体的报道，尤其是当地华人报纸和华文网站的报道。电视台经常播放劫匪持枪抢劫的镜头，甚至是劫匪对受害人直接开火的画面，让人不寒而栗。尽管巴西的华人生活低调、不露富，但是华文网站上几乎总有华人商铺被抢、提醒华人保持警惕的报道。由于微信圈的原因，类似的消息很快在华人中传播，刚到巴西的志愿者们很容易被这样的报道所吓倒。如果他们不刻苦学习，不能很快掌握基本的葡萄牙语，不能融入巴西社会，这种不安全感会一直伴随他们，直至他们执教任期结束回国。

但是，我们看到也有50%的志愿者认为自己并没有经常感到不安全，而且总体来说，在巴西任教时间越长，不安全的感觉越弱。皮尔逊 r 相关分析结果显示，没有安全感和经常与周围的巴西朋友沟通之间存在显著的高度负相关关系（$r_{\text{不安全感—经常与巴西朋友沟通}} = -0.522, p<0.05$）。有一位志愿者T在巴西已经3年了，而且还打算继续在孔子学院任教。T能说流利的葡萄牙语，穿着打扮基本巴西化了，巴西人很难凭口音和外貌分辨出T是巴西人，还是中国人（因为巴西有大量的日本移民，他们已经入籍巴西，是地地道道的巴西人）。T在巴西的生活非常惬意，有很多巴西朋友，晚上去酒吧聊天，甚至出入贫民窟对他来说是经常的事。对T来说，巴西社会并没有想象中的那么不安全。所以只要志愿者学好葡萄牙语，慢慢学会融入巴西当地社会，不安全的感觉会慢慢消失，生活会轻松很多。

最后，我们用皮尔逊 r 相关分析探索了影响志愿者们对生活、对工作的满意度的相关因素。

皮尔逊 r 相关分析结果显示，志愿者对生活总体上的满意度与能用葡语教学、与巴西人交流没有困难和对工作满意之间存在显著的高度正相关关系（$r_{生活满意—能用葡语教学} = 0.606$，$p < 0.05$；$r_{生活满意—与巴西人交流没有困难} = 0.624$，$p<0.05$；$r_{生活满意—工作满意} = 0.539$，$p< 0.05$）。志愿者对生活总体上的满意度与能用葡语生活、城市交通便利和经常与巴西人结伴娱乐之间存在显著的正相关关系（$r_{生活满意—能用葡语生活} = 0.416$，$p<0.05$；$r_{生活满意—城市交通便利} = 0.406$，$p< 0.05$；$r_{生活满意—经常与巴西人结伴娱乐} = 0.495$，$p< 0.05$）。另外，志愿者对生活总体上的满意度与没有安全感之间存在显著的负相关关系（$r_{生活满意—不安全感} = -0.456$，$p<0.05$）。

同时，皮尔逊 r 相关分析结果显示，志愿者对工作的满意度与对生活满意、能用葡语生活、巴西气候、城市交通便利性、对工作满意和巴西总体上的收获之间存在显著的高度正相关关系（$r_{工作满意—生活满意} = 0.539$，$p < 0.05$；$r_{工作满意—能用葡语生活} = 0.596$，$p < 0.05$；$r_{工作满意—适应巴西气候} = 0.536$，$p<0.05$；$r_{工作满意—城市交通便利} = 0.523$，$p<0.05$；$r_{工作满意—巴西收获} = 0.597$，$p<0.05$;）。志愿者对生活总体上的满意度与用葡语教学、与巴西人交流没有困难、巴西联系人的关心和经常与巴西人结伴娱乐之间存在显著的正相关关系（$r_{工作满意—能用葡语生活} = 0.416$，$p<0.05$；$r_{工作满意—与巴西人交流没有困难} = 0.448$，$p<0.05$；$r_{工作满意—巴西联系人的关心} = 0.397$，$p< 0.05$）。

另外，志愿者对工作总体上的满意度与孤独感之间存在显著的负相关关系（$r_{工作满意—不安全感} = -0.505$，$p<0.05$）。这里需要特别注意的一点是，我们发现志愿者的孤独感与教学点的巴西联系人是否关心志愿者之间存在显著的高度负相关关系（$r_{孤独感—巴西联系人的关心} = -0.583$，$p< 0.05$）。

通过以上的分析，我们发现影响巴西汉语教师志愿者对生活和工作评价最大的因素主要集中在葡语水平、与巴西人沟通、交通状况、安全状况、教学点巴方联系人等。我们无法改变巴西的城市交通和巴西社会的治安问题，但是志愿者自己完全可以从提高葡语水平入手，尽可能快速地通过语言关，同时保持积极开放的心态多与巴西人沟通，与巴西人交朋友、结伴娱乐。只要志愿者的葡语水平能够基本满足生活和工作所需，巴西人的热情会慢慢消除志愿者的孤独感和不安全感，巴西人也会帮助志愿者们融入巴西社会，这样志愿者们的生活将会更加丰富多彩，工作上也会更加得心应手。而孔子学院需要做的应该是加强对志愿者的保护和加强巴方教学点联系人与志愿者们的联系，比如在租房时，多多考虑房间所在地区的安全状况、与教学点之间的交通便利性、与总部之间的交通便利性等因素。同时，教学点的巴方联系人应该多与志愿者们交流，帮助他们克服不安全感和孤独感，比如帮助他们学习葡萄牙语，邀请他们参加当地的节日庆祝、文化活动等。只有志愿者自己加强学习、提升自身葡语水平、积极融入巴西社会文化生活，同时孔子学院给予志愿者更多的关心和帮助，志愿者们才会更多地关注教学工作、提高教学效率、提升汉语在巴西的传播效率。

五、教学状况

结合前期志愿者的访谈和我们在巴西的考察，我们拟定了调查巴西汉语教师志愿者教学情况的问题，作为问卷的第四部分，包括两个方面：第一方面的问题是关于志愿者教学经历、教学量、教学任务等方面的选择题，第二方面的问题采用李克特 5 级量表的形式，描述了 14 个教学方面的情况，要求他们根据自身的实际选择作出判断。

（一）巴西汉语教师志愿者基本教学情况

1. 教学经历

我们先看看志愿者的教学经历和教学任务。只有 53.8%的志愿者在出国之前有教学工作经历，他们任教的学校从小学到高校都有，有高校任教经历的有 19.2%，有培训机构任教经历的也有 19.2%。这些有教学经历的志愿者大多是教育相关专业的毕业生，他们的教学经历大多是在大四实习期，教学任务并不都是针对外国人的汉语教学。值得注意的是，有 46.2%的志愿者根本没有任何的教学经历，这可能更加大了他们的工作难度。

2. 教学量

从教学任务量来看，志愿者们的教学任务还是相当重的。每周 16~20 个小时的教学工作量是普遍现象，占所有志愿者的 61.5%。甚至还有一位志愿者每周教学工作量在 26 小时以上，也有 15.4%的志愿者工作量每周在 10 小时以下。（见表 4-8）据我们了解，如果是在巴西各个孔子学院总部工作，由于在圣保罗、里约热内卢等大城市，学习汉语的巴西人比较多，教学工作任务就相对较重。如果是在小城市的教学点工作，教学任务就相对轻松。一般来讲，巴西孔子学院总部的教学设备较好，教学制度比较完善，课程设置从初级到高级都有分布。小城市的教学点主要开办的是初级班，教学任务不多，但是需要志愿者一个人独自完成从课程设置、课程计划到课程考核等方面的所有教学活动。同时，每逢中国传统的节日，总部和各教学点还要举办相关的中国文化活动，所有的志愿者还要肩负起中国文化推广的任务。

表 4-8　　　　**您这个学期一周的平均教学时间**

		频率	百分比	有效百分比	累积百分比
有效	10 小时以下	4	15.4	15.4	15.4
	10 到 15 小时	5	19.2	19.2	34.6
	16 到 20 小时	16	61.5	61.5	96.2
	26 小时以上	1	3.8	3.8	100.0
	合计	26	100.0	100.0	

3. 在巴西任教时间

从志愿者在巴西任教时间来看，大部分都是刚到巴西的志愿者，任教时间为 3~6 个月的志愿者占到 53.8%，有 1 年任教经历的志愿者占到 30.8%，任教 1 年半以上的志愿者不到 15%。（见表 4-9）据我们了解，这种情况是巴西孔子学院的常态，每年都有超过一半的志愿者结束 1 年或 2 年的任期回国，同时又有超过一半的新志愿者怀揣梦想和使命来到巴西教授汉语。

这种新旧志愿者的每年快速更替是由孔子学院志愿者选拔和任职的体制决定的，志愿者的任期一般是 1~2 年，任期结束后，他们不得不回国另找工作。这种选拔制度可能对一些以英语为官方语言的国家影响不大，因为国内的大学毕业生基本上可以做到用英语做基本的交流，志愿者一般可以使用好英语，满足自身的生活和教学需要。但是就巴西孔子学院而言，任期 1 年以上的志愿者是孔子

表 4-9　　　　**您在巴西任教多长时间**

		频率	百分比	有效百分比	累积百分比
有效	3 到 6 个月	14	53.8	53.8	53.8
	1 年	8	30.8	30.8	84.6
	1 年半	2	7.7	7.7	92.3
	2 年	1	3.8	3.9	96.2
	3 年	1	3.8	3.8	100.0
	合计	26	100.0	100.0	

学院宝贵的财富和火种，他们的离开是孔子学院汉语教学工作的巨大损失。最主要的原因是语言问题，新的志愿者基本没有学过葡萄牙语，尽管志愿者一到巴西就意识到学习葡萄牙语的重要性，并且花很多时间学习葡萄牙语，但是志愿者一般要用 1 年左右的时间才能基本上学会日常葡语，2 年任期结束后，大部分志愿者才能说较为流利的葡萄牙语。另外一个原因是，新的志愿者大多没有教学经历，他们需要自己慢慢摸索巴西人学习汉语的特点和适合巴西人的教学方法，这个过程也需要 1 年左右。也就是说，一名会葡萄牙语、熟悉巴西人汉语学习特点和能够熟练使用适合巴西人学习汉语特点的教学方法的志愿者的培养过程需要 1～2 年时间，但是这些志愿者都是在教学和生活最得心应手的时候，任期戛然而止，面对着不得不回国的命运。事实上，很多志愿者都愿意继续留在巴西任教，在回答任期结束后是否会继续申请留在巴西任教的选项时，有 42.3%的志愿者给出了肯定的选择，所以是孔子学院汉语教师志愿者的制度设计使得孔子学院的教师队伍陷入每年成熟的志愿者离开，新的志愿者新手加入的循环中。

4. 主要职责

当问及志愿者在孔子学院的主要职责时，我们发现志愿者除了从事汉语教学工作之外，还要从事很多孔子学院的具体工作，这对志愿者提出了更高的要求。从表 4-10 中我们可以看出，教授汉语、传播中国文化和参与组织和实施 HSK 考试是志愿者普遍认同的工作。此外，46.2%的志愿者参与了孔子学院的行政事务工作，30.8%的志愿者参与了汉语桥比赛的组织工作，26.9%的志愿者需要编写中文教学大纲。

表 4-10　　**$ Q52　您在孔子学院的主要职责 频率**

		响应		个案百分比
		N	百分比	
您在孔子学院的主要职责是[a]	教授汉语	26	24.1%	100.0%
	孔子学院行政事务工作	12	11.1%	46.2%
	教授汉语语言之外的课程	4	3.7%	15.4%
	参与中国文化传播活动	24	22.2%	92.3%
	编撰中文教材资料	5	4.6%	19.2%
	编写适合巴西的中文教学大纲	7	6.5%	26.9%
	HSK 考试工作	19	17.6%	73.1%
	汉语桥比赛组织工作	8	7.4%	30.8%
	孔院财政工作	1	0.9%	3.8%
	招生宣传	2	1.9%	7.7%
总计		108	100.0%	415.4%

a 值为 1 时制表的二分组。

（二）教学相关问题分析

1. 对教学的总体评价

总体上看，志愿者对自己的教学效果是相当满意的，有 80.8%的志愿者选择同意或者完全同意“我对我自己的教学效果很满意”的说法。我们采用独立样本 T 检验的方法探索男、女巴西汉语教师志愿者对于在巴西教学工作总体满意度的差异，结果显示巴西汉语教师志愿者男、女之间对于自己在巴西教学工作的总体满意度上面没有显著差异（$t=-1.588$，$df=24$，$p>0.05$）。但是独立样本 T 检验结果显示，在出国之前是否有教学经历的志愿者对自身教学工作的满意度评价有显著影响（$t=3.089$，$df=24$，$p<$

0. 05）：出国前有教学工作经历的志愿者对自身教学工作评价的满意度明显高于出国前没有教学工作经历的志愿者（MD = 0. 64）（见表 4-11）。这也告诉我们在选拔巴西汉语教师志愿者时，教学经历应该要作为一条重要的考察项，一定的教学经历对于志愿者适应巴西的教学环境、提升对自身教学能力的自信心十分有帮助。如果一名教师对自己的教学工作都不满意，很难保证学生对该教师的教学感到满意。

表 4-11　**出国前是否有教学经历的志愿者对巴西教学工作满意度的差异**

	出国之前有工作经验（n =14）		出国之前没有工作经验（n =12）		*MD*	r（24）
	M	*SD*	*M*	*SD*		
我对我自己的教学效果很满意	4. 1	0. 36	3. 5	0. 67	0. 64	3. 089*

$P^{*} < 0.05$

2. 对教学管理和课程设置的总体评价

我们来看看巴西汉语教师志愿者对孔子学院教学管理制度、课程设置和教学设备的总体评价。有 38. 5%的志愿者认为孔子学院教学管理制度完善，有 34. 6%的志愿者认为孔子学院课程设置完善，有 69. 2%的志愿者认为孔子学院的教学设备能够满足日常教学需要。因此，在大部分志愿者看来，孔子学院的教学基本设备还是比较完备的，至少在孔子学院总部是这样的，但是在一些小城市的汉语教学点工作的志愿者可能就没有总部那么好的教学条件。另一方面，大部分志愿者认为孔子学院的教学制度和课程设置有待进一步完善。据志愿者 W 介绍，孔子学院的课程设置是这样的：

过程是初级一、初级二、初级三、中级一、中级二、中级

三、高级一、高级二，只要你坚持学习，都可以上高级班。你学得好会很好，就是学得好你可以升到高级二，学得不好可以“混”到高级二，就是这种情况。这是孔子学院非常大的一个问题（志愿者W）。

在教学制度方面，不少志愿者都认为孔子学院在促进志愿者就教学方面的问题进行交流或研讨的机会很少：

我觉得志愿者跟志愿者之间的教学交流很少，真的很少（志愿者W）；我觉得在孔院的管理方面，有一点很重要，就是志愿者之间的交流。因为我在我的课堂上，面对我的那样子的学生，我的心得和体会是这样子的，别人面对他的学生，肯定有不一样的心得和体会，但是孔院没有这方面的平台。大家从来不会去交谈，或者交流经验（志愿者H）。

虽然孔子学院总部都组织巴西孔子学院的所有汉语教师每年进行为期2天的教材培训，但是志愿者们认为效率太低，时间太短，而且教学方面的交流太少：

我就觉得效率有点低，不是那种大家畅所欲言的氛围。就是一个人在讲，底下的人也不知道是否在听。但是有一点很好的，就是在这个教材培训的时候，里约的老师啊，南大河的老师就会来，来的还不是像我们这样的志愿者，甚至是院长，还有教学经验大概有十几年的老师，都会过来分享一些他们的想法，每次听到他们说一些事情，我都觉得受益匪浅。但是缺乏我们自己平时积累的点点滴滴的交流（志愿者H）。

由于大部分志愿者都是教学新手，对于课程设置和教学制度的设计了解不多，很难给出具体的建议。

3. 对巴西学生的总体评价

问卷的Q56、Q57、Q58主要聚焦于巴西汉语教师志愿者对巴西学生的评价。在访谈中，我们也重点调查了志愿者对巴西学生的认识。志愿者 Y 和 W 的看法比较有代表性：

> 巴西人的性格非常开放，非常开朗，非常乐观，很爱笑，什么都可以包容的一个性格，所以一旦你可以跟他们交流，你自己的性格只要不是说那种被动说话的那种人，你都可以很容易地融入他们里面去（志愿者 Y）；我觉得巴西学生并不是难教，而是难在坚持（志愿者 W）。

从表 4-12 中，我们可以看出志愿者们普遍认为巴西学生在课堂上表现非常好，92.3%的志愿者认为自己的课堂秩序良好，学生遵守课堂秩序，但是大部分志愿者认为巴西学生经常迟到（73%的志愿者同意），并且不能按时完成老师布置的作业（61.5%的志愿者同意）。这两个方面与巴西人的生活习惯和学习习惯是密切相关的。巴西人迟到是非常常见的事情，比约定时间晚到 15～20 分钟是巴西社会的普遍现象，大家基本是见怪不怪了：

表 4-12　　**志愿者对巴西学生的评价**

	我的课堂秩序良好，学生遵守课堂秩序		巴西学生迟到是经常的事		巴西学生经常不能按时完成我布置的作业	
	频率	百分比	频率	百分比	频率	百分比
不同意	0	0	2	7.7	5	19.2
不确定	2	7.7	5	19.2	5	19.2
同意	21	80.8	14	53.8	16	61.5
完全同意	3	11.5	5	19.2	0	0
合计	26	100.0	26	100.0	26	100.0

> 对他们来说，不迟到是不可能的。我记得我刚去第一个学期教课，那些高级班的学生经常迟到，我肯定是准时在那儿的，但是经常等半个小时来了一个学生，然后就跟那个学生交

流，十分钟之后又来一个，上完半节课以后，又来一批学生，所以他们就很懒散（志愿者Y）；关于上课迟到这件事情，从高中生，到大学，到研究生、博士，你会发现这是巴西人的特性，就是会迟到。上课的时候，大概迟到20分钟很正常，我迟到10分钟你不要大惊小怪……（志愿者W）。

在完成老师布置作业方面，尽管大部分巴西学生不能按时完成作业，有的志愿者们还是坚持布置和检查学生的作业：

他（巴西人）没有练习的过程，而且巴西人没有做作业的习惯……因为他回去是不可能练的，你不可能指望他回去练习（志愿者W）。

但是他们的自觉性我觉得真是蛮差的，上课迟到啊，上课讲话啊，然后布置的作业来检查没做啊，这种情况太多了（志愿者Z）。

我自己就尝试着开始布置作业，我就发现其实学生会做的……因为我的教学对象是成年人，你就算要收他的作业，他就会说，老师，我出了一个星期的差，好不容易才赶回来，他们经常跟你说这个，所以我不经常强力地收作业，但是我绝对会布置作业，因为我知道有一些学生会做的（志愿者Y）。

他们课外都不学的，课外都不做作业的。但是我也会布置的，听话的学生会写作业（志愿者H）。

另外，在课时安排和巴西学生学习汉语的主动性方面，我们发现大部分志愿者认为孔子学院课时并不多，巴西学生学习汉语的主动性有待提高。只有7.6%的志愿者同意课时过多，负担过重。有38.5%的志愿者认为巴西学生的主动性不够，教学效果不显著。另外，只有26.9%的志愿者同意教学效果不显著的原因是课时不够：

……他们确确实实很聪明，非常聪明，可能是跟他们各种文化融合在一起有关系，学习一门语言对他们来讲并不难，难是难在当他们接触到一些比较难的东西的时候，比如语法，他们很多同学就非常容易气馁，他们内心比较脆弱；……然后如果他们觉得这个东西没有意思了，没有任何规定你必须去的呢，他们就可以不来了（志愿者W）。

面对积极乐观的巴西学生，研究适合巴西学生的汉语教学方法，科学高效地利用好课堂教学时间，提高教学效果以便留住和拓展宝贵的生源是我们亟待研究的课题。

4. 对自身教学方法的评价

我们调查了志愿者对自己教学方法的评价。有84.6%的志愿者认为自己的教学方法适合巴西学生的特点，但是比较有意思的是有73%的志愿者认为自己的教学方法需要改进以便满足巴西学生的需求。我们采用独立样本T检验的方法探索出国之前是否有教学经历的志愿者对于自己教学方法总体满意度的差异，结果显示是否有过教学经历对于志愿者们对自己的教学方法的总体满意度上面没有显著差异（$t=1.738$，$df=24$，$p>0.05$）。但是独立样本T检验结果显示，男、女志愿者对自身教学方法的满意度评价有显著影响（$t=-20605$，$df=24$，$p<0.05$）：女志愿者对自身教学方法的满意度明显高于男志愿者（MD=-0.91）。我们在访谈中，重点调查了志愿者们对于适合巴西人教学方法的实践经验的探索。总体上讲，我们发现刚到巴西的志愿者对巴西文化、巴西学生的特点和巴西葡语都是非常陌生的，一般在第一个学期的6个月内，都在忙于应付生活中的各种问题，忙于学习维持独自生存的巴西葡语，由于志愿者之间缺乏教学方法交流的机制，加上出国之前大多没有教学经验，他们基本上是摸着石头过河，很难说有成功的教学方法，基本上是照本宣科，按照课本内容和课后练习上课，完成既定的教学任务。

5. 对教材的评价

我们调查了志愿者对所使用的教材的评价。只有23.1%的志愿者认为自己使用的教材编写合理，适合巴西学生使用。这进一步印证了我们在上一章的论述，我们亟待开发适合巴西汉语学习者的汉语教材。我们采用独立样本 T 检验的方法探索出国之前是否有教学经历的志愿者对于教材总体评价的差异，结果显示是否有过教学经历对于志愿者们对教材总体评价上面没有显著差异（$t=0.854$，$df=24$，$p>0.05$），而且男、女志愿者之间对于教材总体评价上面也没有显著差异（$t=-1.455$，$df=24$，$p>0.05$）。

6. 对职业发展的评价

Q66 要求志愿者评价自己在巴西的执教经历对自己未来职业发展的影响。皮尔逊 r 相关分析结果显示，志愿者对自己在巴西的执教经历、对未来职业发展的评价与对自我的教学效果满意度之间存在显著的高度正相关关系（$r_{\text{巴西执教对职业发展很有帮助—教学很满意}}=0.554$，$p<0.05$）。令人感到意外的是，有 92.3%的志愿者觉得巴西的执教经历对自己未来的职业发展很有帮助。这个数据之所以令人感到意外，一方面主要是因为只有 46.2%在巴西任教的志愿者是对外汉语或汉语国际教育专业的学生，其他的志愿者回国后通常会选择与自己专业相关的工作，而不会继续教授巴西人汉语，况且就算是对外汉语和汉语国际教育专业的学生，回国后也只有很少的志愿者会有机会教巴西人汉语。另一方面，志愿者们普遍认为巴西社会缺乏安全感、语言不通、工资也不高，这样的工作环境不会令人感到非常满意。由此可见，志愿者们都十分看重巴西工作的经历和历练，他们对于人生的第一份工作都十分珍惜，对生活十分乐观向上，把工作中和语言上的困难看作锻炼自己能力的机会。这种开放的心态对于志愿者在巴西开展教学工作和中国文化传播工作都是十分重要的。下面两位志愿者的感受就很有代表性：

> 我觉得从中国学生的角度来看吧，这（汉语教师志愿者）也是给中国的大学生提供了走出去的一个机会，还是一个很不错的项目！因为虽然说是志愿者，但是出去是给你发工资的，连机票都不需要你付的，你出去教了汉语，其实有些老师也做得特别好，你自己还体验了当地的生活，可能丰富了自己的人生经历。有的志愿者还想着去巴西那边，然后读个硕士，虽然国内已经读了（研究生），还想在巴西读个其他专业的硕士。

有的甚至考虑读博（志愿者 Z）；但是现在就觉得，巴西我都待过了，我在哪里还活不下去啊。就是这两年自己的独立性啊，生存能力越发地强了。而且我觉得现在就是我可以特别轻松地跟陌生人交朋友（志愿者 H）。

通过以上的分析，我们发现：第一，大部分巴西汉语教师志愿者对自己的教学比较满意，认为自己的教学方法适合巴西学生的特点，巴西执教经历对自己的职业发展很有帮助。第二，志愿者们认为巴西孔子学院的教学制度、课程设置、课时安排需要进一步优化。第三，志愿者们普遍认为巴西学生积极性不够，而且很难坚持，上课迟到、不做作业是普遍现象。第四，巴西现行的汉语教材存在很多问题，亟待开发适合巴西文化和巴西人学习特点的汉语教材。第五，志愿者们总结出任务教学法是比较适合巴西人特点的首选教学方法，志愿者教师应该设计好有趣的课堂任务，充分利用好课堂时间，组织和协调学生完成学习任务，以激发巴西学生学习汉语的兴趣和学习动机。接下来，我们将在巴西汉语教师培训方面展开论述。

第三节　教师队伍建设

在任务型教学中，教师首先应该是中介者，他通过任务的选择、组织和实施激发学生对学习的兴趣，引导和鼓励学生不断进步，其次，教师还是任务的设计者，他需要根据实际情况设计好活动前、活动中和活动后的各项任务，并在具体操作中与学生协商完成。任务型教学中的教师应该着重培养与学生互动的交际能力和设计有效且有趣的教学任务的能力。

我们认为基于任务教学法的巴西汉语教师培养应该围绕下面的一些要点展开：

一、强化语言训练　提高葡语表达能力

所有的志愿者在谈到巴西汉语教学最大的困难的时候，无一例

外都将语言问题放在第一位。例如：

> 首当其冲的就是语言，因为我们都有一个深刻感受，我如果在学（教）汉语的话，我可以是一个更有魅力的老师。但是由于我的语言限制，我可能有很多幽默表达不出来，或者说我有很多想法，我想告诉的事情，我表达不出来，这是一个极大的问题（志愿者H）；我觉得最主要的是语言培训。因为我们去的时候在语言上面完全没有学，尤其对我来说，是一个别的专业的，只学过英语，刚去的时候就蛮吃亏，也不是吃亏吧，就是还是有很多困难，就是因为语言带来的（志愿者Y）。

应该说经过国内严格的选拔和强化培训，志愿者们的汉语知识储备是基本能够满足巴西日常汉语教学的需要的。我们的外语教学基本上等同于英语教学，志愿者们的英语水平基本上在大学英语六级以上，基本的听说能力是没有问题的。但是，绝大多数志愿者出国之前基本没有学过巴西的官方语言——葡萄牙语，没有葡萄牙语的基本交际能力，只会说英语，不会葡萄牙语的志愿者在巴西生活和工作只能靠手势来完成基本的沟通，等于半个哑巴。因为巴西外语教学并不发达，只有少数受过高等教育的人会使用英语，生活中很少碰到会说英语的巴西人。孔子学院的学生大部分是公立高中的学生，或者是有工作的成年人，课堂上能够听懂英语的学生也不多，如果老师上课用英语解释生词或语法，大部分学员都会皱着眉头听课，严重的时候会找孔子学院院长投诉。

在访谈中我们发现巴西的汉语教师志愿者在学习葡萄牙语方面都非常努力，特别是那些一个人负责教学点全部工作的志愿者的葡语水平在任期内进步非常大，有的志愿者还通过了专门面向巴西的外国人和巴西以外学习巴西葡萄牙语人士的CELPE-BRAS测试中级，有的志愿者在任期结束后还留在巴西攻读硕士学位，有的还获得了攻读博士学位的机会。志愿者们也只有在通过语言关后，才在生活上、工作上渐入佳境，才能够更加自如地融入巴西社会和文化，才能够有更多的收获。

另外，巴西人对中国文化是非常感兴趣的，如果志愿者能够用葡语把中国文化的要素或典故给巴西人讲清楚，就可以大大增强他们学习汉语的动力，课堂也会更加有趣。但是用葡语解释中国文化是一个非常难的过程，你既需要精通葡语，还需要做大量的准备工作。例如：

> 我记得第一次给他们上课的时候，我拿了三种茶：绿茶，乌龙茶，红茶，讲这三种茶有什么区别，大家一听就完了，这用什么样的葡语能够解释……其实不需要你解释得非常深，但是你一定要把它解释清楚，你解释清楚的话，葡语是一个非常重要的东西，在这边教学的话，我们用的辅助语，就是那个葡语，从教学的角度讲应该是最重要的东西（志愿者W）。

因此，我们应该从汉语在巴西传播的角度重新认识巴西汉语教师志愿者的葡萄牙语培训问题，葡萄牙语培训是每个去巴西任教的汉语教师志愿者必须接受的培训。一个刚刚走出校门或者还没有走出校门的大学生，在一个完全陌生的国度从事推广汉语的任务，如果语言不通的话，如何要求他们完成汉语传播的任务？中方院校在向巴西派出志愿者之前，要为他们安排至少半年的葡萄牙语培训课程，以培养他们上课和生活中最基本的葡语口语交际能力，这是一项最基本的生存能力的培训。如果没有一定的葡语水平作为保证，首先，志愿者生活将十分艰难，无法应付生活中的难题和孤独感；其次，志愿者将无法有效地开展日常的课堂教学，无法与学生沟通，建立起良好的师生关系；最后，志愿者在教学上面的应付最终损害巴西学生学习汉语的兴趣和动机，损害的是课堂教学效果，不利于汉语在巴西的传播工作。

二、强化汉语基础 提高中葡语对比能力

对于汉语语音、词汇和语法知识，志愿者们是非常自信的，原因主要有两个，一是大家是以汉语为母语的中国人，汉语知识本来

就比较丰富，只要用心认真备课，即使汉语知识稍微薄弱一点，应付日常的课堂教学还是绰绰有余的。二是巴西的汉语学习者水平大多是初级班的，汉语水平相当有限，有的高级班的学生也说不了几句汉语，志愿者的汉语知识足够回答他们的提问。

但是，我们发现有的志愿者在大学时所读的专业并不与汉语相关，他们并没有系统学习过汉语语音、词汇和语法知识，仅仅是讲解教材上的汉语知识，当他们发现不备课也可以应付课堂教学时，可能在教学上就会越来越倦怠。例如：

> 但是我们也看到了，就是在孔院吧，感觉并不是所有的老师，大部分老师都好像挺不认真的……因为可能第一学期大家都去备课，到了第二学期时，很多人就不去备课了。包括出试卷啊，什么的，态度好像都不是很好吧（志愿者Z）。

另外，中巴语言的对比在对外汉语界还是一个新的课题。中文和巴西葡语之间的对比研究将会促进我们对两种语言本质差异的认识，其研究成果也将反哺于课堂教学，使得巴西人能够更好地理解和掌握汉语，对巴西成年人而言尤其如此。巴西成人的学习习惯是基于理解的学习，他们最不习惯的就是朗读这种重复性操练的学习方法，他们会觉得重复朗读是一件非常枯燥的事情，例如：

> 曾经有一次，因为我觉得他们的语调不够好，声调也不够好，然后我就带他们读课文，读到了第三遍的时候，就有个男生跟我说："老师，我不想读了。"（志愿者H）

尤其是针对巴西大学生的汉语教学，志愿者必须穿插一些语法知识的讲解，因为他们想知道这个字为什么这样写，有些什么样的逻辑，属于什么样的构字法，这个句子为什么这样说等。要回答这些问题，就需要志愿者系统学习汉语语音、词汇和语法知识，尤其是要研究中文和巴西葡语之间的异同，做中巴对比研究。

巴西的葡萄牙语源自于葡萄牙的葡萄牙语，经过500多年的发展，说巴西葡语的人成了葡语世界人口最多的族群，尽管语法差异不大（巴西葡语语法有简化的趋势），但是在语音和词汇上面差异较大，有的巴西人甚至觉得他们的葡语才应该是标准的葡语。我们志愿者在学习葡语时，应该学习巴西葡语的语音和词汇，以免上课时闹笑话。我们学者在编写面向巴西葡语的教材，或者编写各种面向巴西汉语学习者的汉语教材的葡语版本时，更应该考虑巴西人的语言特点，使用巴西葡语做注释、录制影像资料。可惜的是，国家汉办出版的所有权威教材的葡语版都是使用葡萄牙葡语注释的，录音也是用葡萄牙语葡语录音，这样的注释和录音经常被巴西学生嘲笑，有时候上课时学生还会哄堂大笑。如果我们在讲课时使用巴西葡语，编写的教材也使用巴西葡语，巴西汉语学习者必将更容易接受，从而拉近中巴文化之间的距离，增加他们的学习兴趣和学习动力。

三、强化教学培训　提高教学适应能力

根据我们的观察，我们发现在巴西孔子学院的老志愿者和新志愿者之间没有一个合理的交接和沟通的机制。孔子学院总部情况会好一些，因为每年有志愿者留任，新志愿者与老志愿者之间会有交集。但是在其他一些小城市的教学点，情况并不乐观。一般而言，老志愿者离任之前会就自己所在校区的教学情况写一份报告交给孔子学院，既是工作的总结，也是继任志愿者的重要参考资料。但是这样的正式报告不一定能够反映真实的生活和教学工作的实际。首先，志愿者们在国内很少能够看到巴西汉语学习者特点、外语学习特点、汉语学习特点等方面的学术论文，基本上是靠自己摸索，慢慢感悟，慢慢形成自己认为适合巴西人特点的教学手段、教学方法。由于他们对自己的教学方法也没有百分之百的把握，缺乏权威的自信，他们一般不会详细描述自己的教学方法和巴西人的汉语学习特点。其次，类似的工作总结报告一般也不会涉及对教材详细的评价和使用技巧上的描述，因为教材使用上的心得体会并不是工作总结的重点。再次，在一些小城市的教学点，老志愿者与继任志愿者之间一般没有一对一在巴西移交工作的机会，老志愿者回国一段

时间后，新志愿者才会上任。所以老志愿者摸索的成功经验一般会随着他们的离任而消失，新的志愿者又得沿着老志愿者的路重新摸索来过，每年重复着同样的故事，例如：

> 因为国内没有系统地学过教学方法，所以这方面我说的就特别业余，因为我教学就是凭自己的感觉，我觉得他们喜欢什么，我就朝那个方向努力（志愿者Y）。

新志愿者出发之前，中方派出院校有时候也会组织新老志愿者之间的见面会，但是这样的见面会一般多聚焦于生活难题、安全问题或者旅行知识的问题，基本没有时间交流教学方法。

孔子学院每年会用一个周末的时间做培训，交流教学经验，介绍新教材。但是这个会议可能也有问题，比如：

> 我记得我只参加过两次，每次都是5月份左右。我记得真正落到交流经验的都是星期天的下午，但是第二天有课的人，星期天的下午就必须走掉了（因为要坐十几个小时的汽车赶星期一的课），所以那一天教师交流经验的形式就是把20多个志愿者分成四拨，每一拨推出一个人来，做一个PPT，讲她的教学。我就觉得效率有点低，不是那种大家畅所欲言的氛围。就是一个人在讲，底下的人也不知道是否在听……但是缺乏我们自己平时积累的点点滴滴的交流（志愿者H）。

在教学工作中，以老带新是已经被实践证明过的培养新手的成功经验。我们认为新老志愿者之间最好有一段在巴西共同工作的时间，哪怕一个月也是好的。这样，新志愿者可以听课，可以试讲，可以少走弯路，学习到老志愿者成功的教学经验。

由此可见，加强志愿者之间就教学方法进行的研讨和交流是必须的，适合巴西人学习特点的好的教学方法是可以移植到不同的课堂的，好的教学方法也会增强课堂的吸引力和教学效果，最终留住动机强烈的巴西汉语学习者，推动汉语在巴西的传播。

在访谈中，有的志愿者分享了他们认为比较适合巴西人学习汉语特点的教学方法：

首先就是游戏教学法。我觉得在上课的时候设计游戏是一个非常有用的方法，不能让他们一节课都是在听，你必须每节课有大的小的、或多或少的一些游戏，让他们从游戏中学习知识，所以每个知识点，包括一些什么颜色啊，问路啊，这些知识点你都必须要设置一些游戏，让他们自己乐在其中，然后再来学习。因为你让他们课后去学是不可能的，你只能上课的时候用特殊的方法，让他们自己记住，游戏教学法我觉得在巴西特别适用（志愿者 Y）。

然后我就去听那个老师的课，当时她已经是第二年了，是非常优秀的那种，有长期教学经验的一个人，我就发现她上课时用的游戏教学法，一节课下来四个游戏玩完，学生也很开心，学也学到了。我发现这个对高中课堂很有用，所以我觉得如果条件允许的话，可以互相听听课（志愿者 W）。

我觉得最好的教学方法就是任务教学法，因为他们作为高中生，汉语是一个选修课程，所以其实要求也并不是很高，然后他们也有他们的学业，是吧？所以给他们的一些所谓的任务教学就没有那么地有难度，就可能是小小的呀，甚至是说，在你平时正儿八经的上课的过程当中，夹杂一些，中和一些小的任务，调节一下气氛，我觉得这是一个很好的选择……我再教（他们买卖东西的那个单元的时候）我就用的是布置任务……我就直接跟他们描述，就这样说，好，现在你们想象，这个教室是一个餐厅，这里是门，然后我是老板娘，你们这几个是我的服务生，那几个是今天来的客人。就是即便我没有去布置这个教室，我就用口述的，他们就已经很有画面感了，就听得很开心，教学效果就出乎我的意料……他们是很有创造力的，他们甚至会自己创造出我没有想到他们会说出来的句子。所以（任务教学法）是一个非常非常有效的教学方法（志愿者 H）。

然后童谣，像什么《两只老虎》呀，因为他们也有《两只老虎》，我们学着学着，他们就可以自己唱起来。还有那个什么《小星星》啊，他们也是自己可以唱起来，我就觉得童谣是更好的选择，特别是那种国际性的……像“一只青蛙一张嘴，两只眼睛四条腿”。这个东西我们可以玩，对不对？但是对他们来说太难了，因为他们本来汉语也不怎么样，数学也不好（笑），这个对他们来说太难了。但是他们居然可以把它，就是绕口令，就是我要求说得很快的绕口令变成RAP。他们自己超有创造力，自己说，老师，我们来把它编成RAP，自己也没有念得很好，但是气氛很好。他们喜欢这样的教学，节奏快的东西他们都是蛮高兴的（志愿者H）。

我当时刚刚过来的时候，在圣保罗住了3天就下去了，下去第一个礼拜就去招生……你得到每一个学校每个班上一个5分钟的迷你课，吸引学生到你的课堂来。我的那个还是葡语不够，我就做一个小课堂，就是教数字1到5，我一直觉得这个游戏非常好，就是1到5这几个数字，这个第一很好教，这个不需要太多的葡语沟通，因为那时候葡语估计还不够，写上去，告诉他，这个比较好学，学生也觉得相对比较简单，他们学会了1到5的发音以后，就开始玩一个游戏，让大家都起立，在教室里面转圈圈，我在中间，我说2，就是2个人抱在一起，我说3，就3个人、3个人抱在一起。这个第一很好操作，第二，学生还比较喜欢这样的游戏，他们比较疯，他们就会发现短短的几分钟，我就会汉语的1到5了，他们就会发现学汉语没有想象的那么难。他们就会蛮有兴趣，觉得蛮好玩的。招生的话，这个游戏是蛮好的（志愿者W）。

总之，虽然没有完美的教学方法，只有完美的教师，但是一个好的教学方法将大大增强课堂教学效果，激发学生潜在的学习兴趣，形成良好的师生互动和师生关系。适合巴西人特点的教学方法需要大量的实践，需要学者们的探索，更需要成功经验的交流学习。由于汉语教师志愿者的任期一般是1~2年，最多3年，他们回国后也没有机会再从事面向巴西人的汉语教学工作，他们好的教学经验应该有一个更好的平台和机制得以传承，新志愿者更是十分需要教学方法的指导和教学经验的交流，毕竟目前还没有一本权威的面向巴西汉语学习者教学方法的专著，毕竟教学方法和教学技巧更多地来源于对实践经验的总结。

四、强化对象认知　提高教学针对能力

毫无疑问，合适的教学方法的一个必不可少的前提条件是对教学对象的全面了解，志愿者教师必须了解巴西人学习汉语的目的、汉语学习特点和学习策略，进而改进自己的教学方法。

孔子学院的学员年龄结构比较复杂，各种年龄段的都有，有时候一个班有十几岁的，有五十几岁的，有六十几岁的。他们的学习动机差别很大，大部分十几岁的孩子都来自于公立学校，他们来学习汉语是免费的，他们来学习汉语纯粹是兴趣使然，如果发现学习汉语很难，或者没有兴趣了，他们就干脆不来了，因为汉语只是选修课，对他们考大学没有任何影响。也有部分来自私立学校的十几岁的孩子，他们是父母送过来学习汉语的，这些学生的家庭条件较好，到孔子学院学习汉语需要交费，他们的家长意识到学习汉语可能会增加孩子的就业机会，希望孩子能够学好汉语，这些孩子一般学习汉语比较认真。另外，孔子学院还在一些大学开设有教学点，大学生可以选修汉语课程，这些选修汉语的大学生的学习动机比较明确，学得好的学生进步会非常快。另外，孔子学院开设有很多专门针对巴西成年人的汉语学习班，一般在晚上或周末开课，学员们都有固定的工作，他们学习汉语的目的比较明确，就是为了在中资公司工作或者跟中国公司做生意。

就巴西人的学习特点而言，访谈的几位志愿者都给出了他们的看法：

> 总体来说，（中小学生）还是喜欢形式多样一点、课堂活动比较多一点的那种，因为他们本来就是那种比较活跃的。他们喜欢活跃一些的，喜欢做游戏……有时候就回不来了，经常上课时，他们会问到一些有趣的话题，你就给他们讲，讲一点

之后他们又继续问，继续问，恨不得一节课都讲这个跟学汉语没有关的东西……虽然说他们的面子观念要弱一点，但是讲汉语，还是有些人比较胆小，比较害羞，这种人稍微少一点。就是你如果上课的话，你让他们去说，他们都愿意去说。但是如果你课后跟他讲汉语，他就会说，哎呀，老师，我不会（志愿者Z）。

我的教学对象是高中生，我研究过他们的教学目的（应该是学习目的），虽然各个都美其名曰，大部分都美其名曰要找一个好工作，但是实际情况我觉得依然是兴趣驱使。我觉得不像亚洲学生，可能学习更有耐心、更勤奋一些。他们就是耐心不是很大，也没有那么勤奋。所以他们的学习习惯就是这样子的：来到课堂上，他们就期待着是一堂有趣的、有意思的课，对他们来说有意思，就是能够在快乐中学到东西的，甚至有时候他们觉得快乐比学到东西更重要……其实我发现，就是你让他们读课文，读课文，读课文，是对他们的口语有提高，熟能生巧什么的，书读百遍，其义自见什么的，但是在他们看来，这是一项非常非常boring的事情（志愿者H）。

一旦他们觉得这个东西没有意思了，没有任何规定你必须去的呢，他们就可以不来了。他们不交学费，又没有任何规定说，我必须在这里坐着，那你的人数很可能从一开始30个人，到后来就几个人。这个在孔院我们觉得是不能够发生的事情，因为生源是很重要的。所以你上课的时候，你要一切都以学生为中心，而且当你发现他有意见的时候，你要跟他们谈，你要了解：你为什么，你最近的学习状态不是很好，你有什么困难吗？或者是你有什么跟我交流，要了解他们在想什么。说实话，我们这个教学不像在国内，他们没有什么动力，你所有的一切可能就是让他喜欢你，所以做一个让学生喜欢的老师是很重要的……你真正地让他们接受你，能够继续对这个汉语有兴趣，就一直学下去，这个非常重要，让他们对你有一种信任感，尤其是在教学过程中是非常非常重要的，可以说比任何其他的东西都重要，让他们认可你身上带有的一些中国文化的符号。就是我们一直在说你教学的过程中，让学生认可你……每个老师有每个老师的风格，但是我就喜欢跟学生做朋友的，我喜欢大家在一起有一种信任的感觉。学生一旦信任你，教学绝对不难（志愿者 W）。

我一直跟学校合作办一个活动，我在我的校区每个学期办了一场活动，就是很大的活动，全校的学生，当地的高中生，都聚在一起，聚在我那个学校，把他们的父母姐妹都带过来，第一也是做一个招生宣传，第二呢，你要让他们觉得，我学了汉语，我跟别人有所不一样。我借一些唐装啊，借一些汉服啊，然后去朗诵啊，教他们表演茶艺啊，打太极拳啊，其他的学生都羡慕他们，他们会想，哎哟，这样的我们一辈子都学不到的东西，你会，他就会有这种优越感，其实他们一旦有了这种自信，他们肯定就会继续。这个东西我觉得很重要，你要办一些活动，让他们展示自己，这个很重要。就是你教完以后，他们有一个汇报，让他们的父母也能看到，哎呀，我的孩子在这里还是学了很多东西的。让他们用中文唱首歌，表演茶道，这个很简单，也不用教得很复杂，还可以写书法，剪一个“囍”字，让他们看到还是那么回事。所以办活动本身对上课非常重要（志愿者 W）。

成年人和孩子是一样的，他们学得开心就会来，他们学得不开心，他们觉得难，他们就不来了。这就是他们的一个态度，所以我觉得游戏是很重要的。其次就是课后一定要跟他们有联系，就是比如说我们会有一些，现在有什么 Facebook，中国的微信啊，我们都会给他们介绍微信啊、QQ 啊这些东西，还有百度啊，全部告诉他们，让他们加我们，然后跟他们聊天……我觉得在巴西，每个班要组成那种小群体，再融合起来是非常重要的（志愿者 Y）。

只有充分了解巴西人的学习动机和学习特点，多跟巴西学生交流，探寻巴西人喜欢的教学方法，才能最大限度的发挥课堂教学的作用，激发他们的学习兴趣，促使他们保持学习汉语的动力，提高教学质量，留住汉语在巴西传播宝贵的生源。

五、强化社会认知　提高跨文化交际能力

志愿者去巴西任教，一方面是教授汉语，推动汉语在巴西的传播。另一方面是传播中国文化，促进中巴人民友好往来、中巴关系协调发展。有时候一座城市、一个教学点就一位中国人——志愿者，这时候在当地巴西人眼中，志愿者就代表中国人的形象，志愿者身上的文化符号就是中国文化。让巴西人接受中国文化的最好办法就是积极融入巴西社会，因为巴西社会天然是一个多民族、多种族融合的社会，种族歧视并不突出，加上巴西人天性是非常热情、非常开放的，对同样是来自于金砖国家的中国的志愿者十分有好感，所以志愿者想融入巴西社会，其实并不困难。

首先，志愿者需要花大力气学习巴西葡语，力争早日通过语言关。这个过程可能需要半年到一年的时间。志愿者有一个很好的学习葡语的平台——课堂，只要你愿意，每天都可以练习葡语，不管是在课上还是在课后，或者是课外，巴西学生都十分愿意当你的葡语老师，有时候志愿者还可以跟巴西学生比赛，志愿者学习葡语，巴西学生学习汉语，学生十分乐意参加。这样做的话，志愿者既激发了学生的学习兴趣，又锻炼了自己的葡语，是一举两得的事。一旦志愿者掌握了基本的生活葡语和课堂教学葡语，他们的课堂教学效果一定会非常好，在巴西的生活更加丰富多彩，人生的收获也会更多。

其次，志愿者需要保持开放的心态，多与巴西人接触，提升跨文化交际能力，建立与学生、与巴西人之间的信任感。中巴之间远隔重洋，地理环境迥异，种族和民族分布复杂，巴西文化和中国文化的差异十分巨大。同时巴西社会和其他国家一样，也有自己的社会问题，例如社会治安问题、贫富差距问题等。刚到巴西的志愿者可能会被各种抢劫的新闻、大街上随处可见的流浪汉所吓倒，更谈不上与巴西人接触，融入巴西社会。但是只要志愿者有一颗开放的心，发扬中国人勤奋的工作精神和热情好客的待人之道，时间越久，志愿者就会越发喜欢巴西社会和巴西人，慢慢融入巴西社会，

志愿者的工作将会更加容易。例如：

> 你去那边越久，你的教学效果越好的原因就是因为你对巴西越了解，包括你对巴西人的性格、巴西文化，因为巴西人很随意，你怎么说都无关紧要的，所以你没有禁忌，可以在哪里随意跟他们聊，你跟他们聊之后，你跟学生，其实巴西人就是你跟学生关系越好，他就越愿意来……我自己的汉语教得好，可能还不一定很好，最主要的是你要用很多那种小的技巧，去跟他沟通，跟他交流，他就会越愿意上你的课，就跟我们这里在学校的高中生是一样的，老师越关注的学生一般成绩越好(志愿者 Y)。

最后，充分利用互联网新媒体技术，创建各种网络社团，建立跟学生的常态联系，解答学生的疑问。在自媒体时代，我们每个人既是网络资源的消费者，也是网络资源的制造者。在使用手机的网民中，几乎每个巴西人都把 Facebook 作为日常交流工具。另外，巴西近年来有一个叫 what's up 的社交软件特别流行，类似于中国的微信（没有微信那么强大的功能），也可以建群，发布相关信息。志愿者要学会使用这些软件，建立班级群，发动积极的学生管理群，这样志愿者就可以建立与学生的课内外联系和线上线下的联系，与巴西学生分享好的汉语学习的网络资源、孔子学院相关文化活动信息、孔子学院总部奖学金相关消息，还可以解答学生学习问题，与巴西人神侃。这样做的目的是创建良好的班级融合氛围，以利于课堂教学的展开，建立与巴西学生之间的信任感。一旦有了良好的班级氛围，并且信任老师，巴西学生就会更愿意继续学汉语，课堂教学效果也会更好。有时候学生还会为志愿者秘密组织生日派对，给志愿者大大的惊喜。

六、强化制度管理　提高教学竞争力

前面我们提到过，由于在巴西的汉语教学工作是志愿者人生的第一份工作，有的志愿者还是没有毕业的学生，他们对于这种出国

工作的经历是十分重视的，对金钱的期望值并不高。但是实际情况是，巴西的大城市，尤其是圣保罗和里约热内卢，生活费用还是相当高的。例如在圣保罗，国家汉办发给志愿者的工资加上孔子学院的伙食补贴，一个月志愿者可以拿到大概3000~3500雷亚尔（根据美元兑巴西雷亚尔汇率的不同而不同）。如果志愿者每天在外面吃饭的话，伙食费每天至少需要50雷亚尔（因为孔子学院没有食堂，只能到外面的餐馆或自助餐馆吃饭），剩下的钱就需要负担电话费、生活费等日常开支，可以说是刚刚够的（因为不用付房租，房租由孔子学院支付）。如果志愿者想省钱，就得自己做饭，一些大型超市可以买到做饭用的所有材料，买菜一般去便宜的集市上买（巴西人叫“feira”，一种路边的集市）。考虑到巴西大城市高昂的生活费，我们应该提高巴西志愿者的待遇，以便他们把更多的精力投入到汉语教学工作当中。

志愿者管理制度最大的问题是其任职连续性问题。每位志愿者的任期是1到2年，2年后志愿者要么回国另寻工作，要么继续留在巴西申请孔子学院核心教师（汉办给每个孔子学院1个名额，专职负责孔子学院的教学管理和组织工作）。事实上，尽管42.3%志愿者表示愿意继续留在巴西当志愿者，绝大部分志愿者都在任期结束后，不得不选择回国完成学业，或者另寻工作。我们认为，在巴西这样的小语种为官方语言的国家，任职2年的志愿者是孔子学院十分宝贵的资源。他们经过了严格的选拔和培训，在孔子学院的精心培育下，慢慢适应了巴西的生活和工作，尤其是靠自己努力学会了巴西葡语，他们却在自己刚刚在教学方面有了一些心得，可以与巴西学生打成一片的时候，不得不选择离开。这对他们的努力付出是不太公平的，同时对孔子学院的师资来说，也是巨大的损失。

从志愿者管理来看，孔子学院每年都要重复性地培养志愿者，送走比较成熟的志愿者。从巴西学生来看，他们每年可能要面对一位不懂葡语的新的志愿者老师。这种新老志愿者的教学效果差异可能是巴西孔子学院教学水平一直上不去、初级班学员每年大量流失、高级班人数稀少的根本原因所在。

综上所述，巴西汉语教师志愿者是一群特别有活力、热情开放、热爱汉语国际传播事业的年轻人，他们对于人生的第一份工作特别重视，渴望依靠孔子学院的平台和自己的努力，认真学习巴西葡语，锻炼自己的工作能力，提升自己的教学方法，做好汉语在巴西的传播工作。由于巴西葡语是我国传统意义上的小语种以及志愿者管理制度的原因，巴西汉语教师志愿者始终面临着成熟的巴西汉语教师紧缺、新手教师占比过高的结构性问题。国家汉办应该改革小语种国家汉语教师志愿者管理制度，从根本上解决巴西汉语教师志愿者的职业发展问题，吸引更多的优秀巴西汉语教师志愿者留在巴西，从事汉语在巴西的传播工作，以便提高课堂教学效果，促进汉语在巴西传播事业的发展。

第五章　巴西汉语教学的教法

由于从事巴西汉语教学研究的学者较少，巴西汉语教师志愿者离开巴西后没有继续从事面向巴西人的汉语教学工作，巴西汉语教学的教法研究也相对比较滞后。志愿者回国后，硕士毕业论文的选题大多选择巴西汉语教材、巴西学生汉语语音和词汇习得偏误研究等方面，没有专门研究巴西汉语教法方面的文章，关于教学方法的讨论散见于这些硕士论文或期刊论文中。

教法研究离不开对学习者的基础性研究，我们将从巴西汉语学习者学习汉语的动机和学习汉语的策略调查入手，分析巴西汉语学习者的汉语学习需求和汉语学习策略，试图从任务型教学法的视角探寻适合巴西人汉语学习特点的教学方法。

第一节　汉语学习者学习动机调研

一、背景状况

动机是促使人实施某种行为活动的心理过程或主观因素，是人实施某种行为活动的内在源动力（贺阳①，2008）。学习动机是促使学生克服困难、努力完成学习任务以达到学习目的的内在动力，是推动和激励学生进行学习活动的内在原因。无论是内在的学习动机还是外在的刺激都可以诱导学生进行持续的学习，对学生的学习结果施加积极的影响。

---

① 贺阳：《汉语学习动机的激发与汉语国际传播》，载《语言文字应用》，2008 年第 2 期，第 25 页。

外语或第二语言的习得与母语习得的最大区别是母语能力的获得是无意识的、自然而然的过程，而外语能力则需要某种动机驱动，经历一个有意识的过程，需要外语学习者付出大量的时间和努力。了解外国学生的汉语学习动机可以更好地掌握他们的需求，选择合适的教学方法，有助于教学效果的最大化和教学管理的科学化，有助于国别性汉语教材开发和相关的汉语课程设置。

国内有很多学者对不同国别、不同性质学生的汉语学习动机进行过研究。冯小钉①（2003）根据短期来华留学的非学历教育的特点，认为短期留学生大多出自于工具性动机，即以得到某种回报为目的的动机。许秋寒等②（2008）将调查对象按所在国家、地域分为五类，通过大样本的调查分析，认为亚洲和非洲学生、年龄较大学生、学历较高学生工具型动机较强。郭茜③（2010）通过比较指出中国及汉语地位的重要性、运用汉语作为旅行或与中国人交流思想的工具以及中国文化本身的魅力是引发和驱使留学生学习汉语的最主要的三个动机因素。陈天序④（2012）认为应该充分利用海外汉语课是学分课的特点，通过汉语文化魅力的展示，激发学生的内在需求。刘运红等⑤（2012）研究表明，来华留学生学习动机总体来说是很强的，他们不仅喜欢汉语和中国文化，希望能尽快融入中国社会，而且也非常渴望汉语能对他们将来的工作和发展有所帮助，同时还对中亚留学生的招生和教学管理提出了相应的

① 冯小钉：《短期留学生学习动机的调查分析》，载《云南师范大学学报》，2003 年第 2 期，第 14 页。

② 许秋寒等：《来华留学生汉语学习动机调查》，载《北京高校来华留学生教育研究》，北京市高等教育学会，2008 年，第 60-61 页。

③ 郭茜：《不同类型汉语学习者的学习动机比较研究——美国大、中学生及联合国雇员动机调查报告》，载《第九届国际汉语教学研讨会文选》，北京：高等教育出版社，2010 年，第 656 页。

④ 陈天序：《非目的语环境下泰国与美国学生汉语学习动机研究》，载《语言教学与研究》，2012 年第 4 期，第 36 页。

⑤ 刘运红等：《中亚来华留学生汉语学习动机调查分析》，载《云南师范大学学报（对外汉语教学与研究版）》，2012 年第 4 期，第 87 页。

策略。

国内学者对留学生的动机研究将动机分为融入性动机和工具性动机的理论，通过问卷调查或访谈的方法，针对不同性质、不同国别的学生开展。我们将采用 Pintrich①（1991）设计的测试学生动机和价值信仰的调查问卷，调查与分析巴西汉语学习者的学习动机，试图为面向巴西汉语学习者的教学方法选择提供基础性研究支持。

二、调查对象与方法

本次调查的工具是 Pintrich（1991）设计的 MSLQ（Motivated Strategies for Learning Questionnaire）学习动机问卷，包括两部分，第一部分是开放性问题，意在了解学生的基本学习情况和选择课程的原因。第二部分采用 7 等级的李克特量表，共 31 道题。该问卷主要是评估学生对课程学习的目的和价值信仰、对课程学习成功的技能评价和对课程考试的焦虑度三方面。与其他问卷不同，该问卷的焦点是评估学生课程学习的动机。

为了分析不同的巴西汉语学习者的学习动机，我们在问卷的第一部分加入了对巴西汉语学习者的相关背景资料的题项，包括性别、年龄、汉语水平、周学时等信息。

考虑到巴西留学生的英语水平和汉语水平差异比较大，为了便于巴西留学生答题，本问卷被译为他们的母语——巴西葡萄牙语。问卷翻译完成后，我们邀请了 5 位巴西学生进行了预测试，请巴西老师帮忙消除了不合理的措辞和语法错误，并且去掉了巴西学生觉得不合适的选项。在下文的数据分析部分，我们采用汉语版本来分析，以利于操作和分析。

由于经济性和便利性的考虑，我们使用 SurveyMonkey 网络问卷的形式，委托巴西所有孔子学院志愿者教师发放给他们的巴西学

① Pintrich，Paul R and others：《学习动机问卷使用手册》，华盛顿：教育研究与改革办公室，1991 年，第 2 页。

生，解释问卷的意义，邀请他们在一周时间内积极参与。巴西学生可以使用手机、iPad 或电脑上网完成问卷。经过一周时间的鼓励，有 79 位巴西学生递交了问卷，经过初步统计，总共回收到有效问卷 74 份。

初步分析，参加本次问卷调查的男学员有 25 人，女学员有 49 人。从年龄结构看，参加问卷调查的巴西学员分布较广，基本代表了巴西孔子学院学员的年龄结构，他们中 20～30 岁的学员最多，占 37.8%，41～50 岁的学员最少，只占 2.7%，也有 6.8%的 60 岁以上的学员参加了本次问卷调查。从周学时看，63.5%的学员每周学习中文的课堂时间在 3 小时及以下，也就是每周上一次课。周学时 4 小时的占到 28.4%，他们一周上两次课。从学习汉语时间和汉语水平（按照巴西学员的班级来统计的，因为巴西孔子学院的学生只要坚持学习汉语课程，每年都可以自动升级到高级别的班）来看，参加问卷调查的巴西学员分布还是比较均匀的，基本符合孔子学院巴西学员初级班学员基数大、中级班学员数量减少、高级班学员凤毛麟角的扁平的金字塔型学员构成。(见表 5-1)

根据表 5-1 的统计，有一项似乎超出了我们的预期。在第四章中，志愿者教师一致反映巴西学生课后一般是不做作业，没有时间学习汉语的。但是从我们统计的巴西学生每周课外学习汉语的时间来看，似乎与志愿者的认知有些出入。比如，63.5%的受访学员认为自己每周课外学习汉语的时间在 2 小时以上，甚至有 8.1%的学员课外学习汉语的时间在 6 小时以上。这种情况可能是因为参加本次网络问卷调查的巴西学员是自愿参加的，他们本身学习汉语的积极性比较高，愿意在免费的前提下参与本次调查。尽管如此，我们觉得每周 2 小时的课外学习汉语的时间对于学好汉语还是远远不够，因为汉语和葡语的差异实在太大，仅仅靠每周一次的课堂时间和每周 2 小时左右的课外时间是很难学好汉语的。摆在志愿者教师面前的难题是，探寻适合巴西人学习特点的教学方法，怎样充分利用好课堂时间，布置巴西人喜欢的课后作业，让他们在使用汉语的过程中学习汉语，引导他们花更多的时间学好汉语。

表 5-1 参加学习动机问卷调查的巴西学生的基本情况

年龄			周课时			学习汉语时间			每周课外学习汉语时间			汉语水平		
	频率	百分比		频率	百分比		频率	百分比		频率	百分比		频率	百分比
20 岁以下	14	18.9	3 小时以下	10	13.5	半年以下	16	21.6	1 小时以下	13	17.6	初级 1	24	32.4
20~30 岁	28	37.8	3 小时	37	50.0	半年~1 年	23	31.1	1 小时	14	18.9	初级 2	22	29.7
31~40 岁	19	25.7	4 小时	21	28.4	1 年~1 年半	6	8.1	2 小时	17	23.0	初级 3	5	6.8
41~50 岁	2	2.7	5 小时	2	2.7	1 年半~2 年	10	13.5	3 小时	12	16.2	中级 1	10	13.5
51~60 岁	6	8.1	6 小时	2	2.7	2 年~2 年半	9	12.2	4 小时	7	9.5	中级 2	7	9.5
60 岁以上	5	6.8	6 小时以上	2	2.7	2 年半~3 年	6	8.1	5 小时	5	6.8	中级 3	1	1.4
						3 年以上	4	5.4	6 小时	2	2.7	高级 1	2	2.7
									6 小时以上	4	5.4	高级 2	1	1.4
												高级 3	1	1.4
												商务汉语	1	1.4
合计	74	100.0	合计	74	100.0	合计	74	100.0	合计	74	100.0	合计	74	100.0

另外，皮尔逊 r 相关分析结果显示，巴西学员的汉语水平与他们学习汉语的时间之间存在显著的高度正相关关系（$r_{汉语水平—学习汉语的时间}=0.834$，$p<0.01$）。巴西学员每周课外学习汉语的时间与他们的年龄之间存在显著的正相关关系（$r_{每周课外学习汉语的时间—年龄}=0.235$，$p<0.05$），年龄越大，课外学习汉语的时间越多。究其原因，我们认为这可能与巴西学员学习汉语的动机有关系，年龄小的学员都是公立学校的高中生，他们来孔子学院学习汉语是免费的，而且是选修课，学习汉语大多是出于兴趣，他们面临升学的压力，学得好就继续学，学得不好就放弃学习汉语，对他们没有任何损失，所以课外他们一般不会花太多时间学习汉语。而成年人学习汉语是需要缴费的（尽管很低，每学期约600雷亚尔），而且很多巴西成年人学习汉语是为了得到一份在中资公司工作的机会，所以他们学习汉语的动机更强烈，学好汉语的愿望更迫切，愿意在课外花更多的时间学习汉语。

三、数据分析与讨论

（一）选择汉语课程的原因

问卷的第一部分我们询问了受访者选择学习汉语课程的原因。这些原因是在访谈10名巴西学生，并结合志愿者教师的意见给出的，在问卷完成首次试测后，我们删除了其中的两项。所有的题项只给出“是”和“不是”两个选择。（见表5-2）

表5-2　**巴西学生选择中文课程的原因**

	是		不是	
	频率	百分比	频率	百分比
我对中国文化感兴趣	72	97.3	2	2.7
中文课程内容很有趣	71	95.9	3	4.1
中文课程有助于提升我的职业前景	64	86.5	10	13.5

续表

	是		不是	
	频率	百分比	频率	百分比
中文课程在我的学习计划之列	54	73.0	20	27.0
中文课程有助于我的其他课程	48	64.9	26	35.1
我想到中国攻读硕士/博士学位	35	47.3	39	52.7
中文课程有助于我的研究	34	45.9	40	54.1
中文课程是通过朋友推荐给我的	28	37.8	46	62.2
中文课程是我的研究领域的要求	19	25.7	55	74.3

从表5-2中，我们可以看出趣味性是巴西人学习中文课程的首要动力，97.3%的受访者对中国文化感兴趣，95.9%的受访者认同中文课程内容很有趣，他们选择中文课程基本上是兴趣使然，是因为汉语本身的趣味性而选择学习汉语的，这是我们必须充分利用的内在动机。这也告诉我们，面向巴西人的汉语课堂设计必须注重趣味性，采用充满趣味性的教学方法，只有这样，我们才能满足巴西学员的趣味性追求，留住巴西学员。这印证了第四章志愿者们大多认为游戏教学法是比较好的教学方法的说法。另外，希望通过学习汉语课程提升自己的职业前景也是大多数巴西学员（86.5%）选择汉语的原因。随着中国国力和经济地位的提升以及中巴贸易额的逐年增长，在巴西国内将会有更多的、与中国相关的就业机会，通过学习汉语实现就业在巴西已经成为可能。相对而言，大多数受访者对于研究汉语似乎缺乏兴趣，认为中文课程与自己研究相关的只有25.7%。

在实际访谈中，有志愿者总结了巴西人选择学习汉语的原因：

第一就是刚才那种，家长送你过来，让你消磨时间的，你

> 学不学我是无所谓的。第二种就是可能真的是来学的，但是这一部分人很少，就是自愿来学的。还有一部分是爸爸妈妈让他来学的，这一部分爸爸妈妈比较负责，因为他爸妈看到越来越多的公司在那边，所以他爸妈就说你去这儿学，你以后找工作简单一些，所以让他们来学的。所以这其中真正自己想来学习汉语的，只占非常小的一部分……其实真正喜欢中国文化的小学生、中学生不多，大部分都是成年人，他们喜欢中国文化。（志愿者 Y）

值得注意的一点是，有 47.3%受访者选择学习中文课程的原因是计划来中国攻读硕士或博士学位。国家汉办的孔子学院奖学金项目对许多巴西人是非常有吸引力的，只要他们通过了 HSK3 级，就可以申请孔子学院奖学金项目，有机会获得全额资助，来中国免费学习中文课程。国家汉办的孔子新汉学计划还开启了中外联合培养汉学博士的新篇章。但是，现在的问题是，每年只有少数的巴西学员参加 HSK 考试，通过 HSK3 级的巴西人相对于巴西汉语学习者的总数而言更是少之又少。从教师的角度考虑，如果我们的教学方法更贴近巴西人的学习策略，提升课堂教学效果，至少这 47.3%的巴西学员会在汉语学习的道路上走得更远。

巴西圣保罗州立大学孔子学院巴方院长保利诺教授曾多次指出，目前越来越多巴西民众对汉语、中国文化和中国发展等方面感兴趣，很多中资公司想要投资巴西，也有不少巴西公司想去中国探索新路，巴西的“汉语热”还在持续。中巴文化和经贸的交流首先要解决的问题就是语言交流的障碍，我们应该充分利用巴西学生学习汉语的兴趣动机和就职动机，研究适合巴西人特点的教学方法，推动汉语在巴西的传播。

（二）内在目的动机

Pintrich①（1991）将内在的目的动机界定为学生本身因为挑

① Pintrich，Paul R and others：《学习动机问卷使用手册》，华盛顿：教育研究与改革办公室，1991 年，第 8 页。

战、好奇和掌握等原因参与学习任务的程度。内在目的动机强的学生认为参与学习本身就是最终目的，而不是达到目的的手段。从表5-3可以看出，巴西留学生学习汉语的内在动机是比较强烈的，他们的内在目的动机的平均分达到了5.64分，而且差异很小（其标准差只有1.13）。因此，我们认为巴西学生学习汉语的内在动机是学习汉语本身对他们是非常有吸引力的，他们喜欢学习汉语的挑战，渴望掌握汉语。

表5-3　　　　**内在目的动机　描述统计量**

题项	N	均值	标准差
我更喜欢对我有实际挑战从而使我能够学到新东西的汉语课程内容	74	5.4865	1.51922
我更喜欢那些让我感到好奇的汉语课程内容，即使这些内容很难学	74	5.7568	1.35294
最让我满意的是我能够尽可能透彻地理解汉语课程内容	74	5.6486	1.27604
当我有机会时，我会选择我能学有所得的汉语课程作业，即使这些内容无法保证好的学习成绩	74	5.6757	1.55368
内在动机（总计）	74	5.6419	1.13331

内在学习动机强的学生一般愿意面对学习上面的困难，更愿意为达到学习目的而付出努力，而且学习的持续时间比较长。对巴西学生而言，对汉语的好奇心、对中国文化的兴趣是发自他们内心的，例如：

教学方面，因为我的教学对象是高中生，我研究过他们的学习目的，虽然大部分都美其名曰要找一个好工作，但是实际情况我觉得依然是兴趣驱使……所以他们的学习习惯就是这样子的：来到了课堂，他们就期待着是一堂有趣的、有意思的课程，对他们来说是有意思的，就是能够在欢乐中学到东西的，甚至有时候他们觉得欢乐比学到东西更重要（志愿者 H）。

志愿者教师在教学中应该努力呵护，并且大力培养巴西学生对汉语的兴趣，激发他们去挑战汉语语音、文字和语法等方面的学习难题。

（三）外在目的动机

Pintrich①（1991）指出外在目的动机是指学生因为成绩、奖励、表现、竞争和他人的评价而参与学习的程度，它与内在目的动机是互补的。当学生的外在目的动机很强时，参与学习本身仅仅是达到目的的手段。表 5-4 告诉我们巴西学生的外在目的动机处于中等水平（平均分是 4.44 分），对巴西学生而言，取得好的学习成绩的目的在所有的外在汉语学习动机中表现得相对更加突出，均值为 4.83，稍高于其他的外在学习动机。但是我们也必须看到，相对于较高的内在动机的得分（平均分为 5.64 分），巴西学生并不是特别看重成绩。

表 5-4　**外在目的动机　描述统计量**

题项	N	均值	标准差
取得好成绩是我现在最满意的事情	74	4.8378	1.91624
现在最重要的事情是提高我的成绩，所以我最关注的是得到一个好成绩	74	4.0946	2.03510
如果可能，我想得到比其他学生更好的成绩	74	4.5135	2.10181
我想做得更好，因为这样可以向我的家人、朋友和老板显示我的能力	74	4.2973	2.02538
外在动机（总计）	74	4.4358	1.68345

① Pintrich, Paul R and others:《学习动机问卷使用手册》，华盛顿：教育研究与改革办公室，1991 年，第 10 页。

我们采用独立样本 T 检验的方法探索男、女巴西学生的外在的汉语学习动机的差异，结果显示男、女性别差异对巴西学生外在的汉语学习动机有显著影响（$t=-2.193$，$df=72$，$p<0.05$）：女巴西学生的外在汉语学习动机明显高于男巴西学生的外在汉语学习动机（MD=-0.88）。（见表 5-5）

表 5-5　　男、女巴西学生外在汉语学习动机的差异

	男巴西学生（$n=25$）		女巴西学生（$n=49$）		*MD*	t（72）
	M	*SD*	*M*	*SD*		
外在汉语学习动机	3.85	1.53	4.73	1.69	-0.88	-2.193*

$P^{*}<0.05$

这似乎可以解释在孔子学院的学生中，女学生的比例较高，而且学习成绩较好的原因，她们更喜欢以汉语学习的成绩来评价自己、表现自己。成绩方面的提高可以更好地激发她们努力学习，以取得更好的成绩。

（四）任务价值动机

任务价值与目的动机不同，前者是指学生对学习任务的趣味性、重要性和实用性的评估，而后者更多地指向学生参与学习任务的原因。在任务价值方面得分高的学生更愿意在学习中投入更多的时间和精力（Pintrich，1991①）。总体上看，巴西学生对汉语课程学习内容的趣味性、重要性和实用性的评价还是非常高的，平均分达到了 6.1 分，标准差仅为 0.84，可见几乎所有的学生在这个项目上评价是一致的。（见表 5-6）

① Pintrich，Paul R and others：《学习动机问卷使用手册》，华盛顿：教育研究与改革办公室，1991 年，第 11 页。

表 5-6　　　　　**任务价值动机　描述统计量**

题项	N	均值	标准差
我觉得我会在其他课程上用到汉语课程里所学的内容	74	5.0270	1.93010
学习汉语课程对我很重要	74	6.4595	1.00940
对汉语课程的内容我很有兴趣	74	6.2162	1.18519
我认为汉语课程材料对我学习很有用	74	6.0270	1.12229
我喜欢汉语课程的主题内容	74	6.4324	0.95201
理解汉语课程的主题内容对我很重要	74	6.4459	1.02224
任务价值（总计）	74	6.1014	0.84481

我们采用独立样本 T 检验的方法探索男、女巴西学生对汉语课程学习任务价值动机差异，结果显示男、女性别差异对巴西学生对汉语课程学习任务价值动机有显著影响（$t=-2.09$，df=72，$p<0.05$）：女巴西学生的任务价值动机明显高于男巴西学生的任务价值动机（MD=−0.42）。（见表 5-7）

表 5-7　　　　　**男、女巴西学生任务价值动机的差异**

	男巴西学生（$n=25$）		女巴西学生（$n=49$）		*MD*	t（72）
	M	*SD*	*M*	*SD*		
任务价值	5.82	0.99	6.24	0.72	−0.42	−2.09*

$P^{*}<0.05$

单因素组间方差分析结果显示，不同年龄段的巴西学生的任务价值动机有显著差异（F（5，68）= 3.635，$p<0.05$）：51~60 岁组（E 组）巴西学生的任务价值动机显著高于 20~30 岁组（B 组）

和31~40岁组（C组）巴西学生的任务价值动机，分别为MD=1.25和MD=1.35。其他年龄组巴西学生之间的任务价值动机没有差异。(见表5-8)

表5-8　　不同年龄段巴西学生任务价值动机的差异

	A：20岁以下		B：20~30岁		C：31~40岁		D：41~50岁		E：51~60岁		F：60岁以上		F (5,68)	Post Hoc (Bonferroni)
	(n =14)		(n =28)		(n =19)		(n =2)		(n =6)		(n =5)			
	M	SD	M	SD	M	SD	M	SD	M	SD	M	SD		
任务价值	5.94	1.28	6.3	0.56	6.4	0.54	5.67	1.18	5.06	0.76	5.7	0.66	3.635*	E组>B组 E组>C组

$P^{*} < 0.05$

总的来说，我们发现巴西汉语学员中女学生比男学生、50岁年龄组的巴西学生比20岁年龄组和30岁年龄组的巴西学生更加重视汉语学习任务，更加重视汉语学习任务的趣味性和实用性。

（五）学习控制动机

Pintrich（1991）①将对学习的控制解释为学生对努力学习会产出积极成果的信念，即学习成果与自己个人的努力相一致，而不是依靠老师等外在因素作用的信念。如果学生相信个人努力会在学习上带来不同，他们会更有可能更加有效地、更加有策略地学习。巴西学生在对学习信念的控制上得分也是比较高的，达到了5.68分，说明他们还是比较自信的，觉得在汉语学习中自己的努力得到了相应的回报。(见表5-9)

我们用独立样本T检验探索了男、女巴西学生对学习控制的动机的差异，结果显示男、女巴西学生的学习控制动机并无差异（t=−0.756，df=72，p>0.05）。另外，我们用单因素方差分析检验不同年龄段巴西学生对学习控制的动机的差异，结果发现他们之

① Pintrich，Paul R and others：《学习动机问卷使用手册》，华盛顿：教育研究与改革办公室，1991年，第12页。

间并无差异（$F(5, 68) = 0.781$，$p>0.05$）。总的来看，巴西学生对学习信念的控制比较积极，相信自己的汉语学习可以依靠个人的努力取得好的成绩。也说明巴西学生不是仅仅依赖课堂、依赖教师来学习汉语，更倾向于个人努力学习完成学业，取得好成绩。

表 5-9　　　　**学习控制动机　描述统计量**

题项	N	均值	标准差
如果学习方法合适，我将能够学到汉语课程中的内容	74	6.2162	1.19669
如果我没有学到汉语课程中的内容，那将是我的错误	74	5.3784	1.59368
如果我足够努力，我会理解汉语课程内容	74	6.0135	1.18776
如果我没有理解汉语课程的内容，那是因为我没有足够努力	74	5.1351	1.88958
学习控制（总计）	74	5.6858	1.10033

（六）期望动机

期望动机由两部分组成：期望成功和自我效能。期望成功是指对成绩的期望值，与任务表现明确相关。自我效能是指对个人完成任务的能力的自我评估。自我效能包括对个人完成任务的能力的判断和个人执行任务所需技能的自信（Pintrich，1991①）。在期望动机上，巴西学生的得分是中等偏上，平均分只有 4.92 分。他们基本相信自己能够学好汉语课程中的基本概念（平均分为 6.05），是期望动机的题项中得分最高的，而且评价大致相同，标准差是 1.15。另外，总体上巴西学生对自己的作业和考试不是很自信（平均分只有 3.92 分），但是评价差异较大，标准差是所有期望动机的题项中最高的。（见表 5-10）

① Pintrich，Paul R and others：《学习动机问卷使用手册》，华盛顿：教育研究与改革办公室，1991 年，第 13 页。

我们用独立样本T检验探索了男、女巴西学生的期望动机的差异，结果显示男、女巴西学生的期望动机并无差异（$t=-0.856$, $df=72$, $p>0.05$）。另外，我们用单因素方差分析检验不同年龄段巴西学生的期望的差异，结果发现他们之间并无差异（$F(5, 68)=2.0245$, $p>0.05$）。

从上面的分析中，我们发现巴西学生对自己成功汉语学习的期望值并不高，而且对于自己完成汉语学习任务的能力和个人执行汉语学习任务所需技能的自信的评价也不高。教师需要在实际教学中，采取各种教学方法激发他们的期望值，提高他们的自我效能感。

表 5-10　　自我效能　描述统计量

题　项	N	均值	标准差
我相信我会取得优秀的成绩	74	4.9865	1.47577
我自信能够学好汉语课程中的基本概念	74	6.0541	1.15737
我自信能够理解汉语课程中最复杂的内容	74	5.0000	1.48969
我自信我的作业和考试都能够做到优秀	74	3.9189	1.87088
我期望在汉语课堂上表现很好	74	5.2973	1.37223
我确信我掌握了汉语课堂上所教的技能	74	5.2432	1.32221
考虑到汉语课程的困难、老师和我的技能，我会做得很好	74	5.7162	1.26621
自我效能（总计）	74	4.9228	1.02858

（七）考试焦虑

考试是外语学习的一个重要部分，因为外语能力需要通过考试来评价。而考试焦虑已被证明是与期望值和学术表现呈负相关的。考试焦虑分为认知部分和情绪部分，认知部分是指学生消极的思维对考试表现的干扰，而情绪部分是指在情感上和心理上唤醒了焦虑的某些因素（Pintrich，1991①）。总体上看，巴西学生的焦虑程度处于中等水平，平均分为 4.44 分，这可能与孔子学院的课程设置有关。因为只要巴西学员坚持学习，一般来讲他们会自动升到高一个级别的班级，极少有学生愿意继续留在原来级别继续学习汉语，所以考试并不重要。而且对于高中生来说，汉语课程是选修课，与他们升学没有关系，所以如果学不下去，他们就会直接放弃，对他们来说考试更不重要。（见表 5-11）

表 5-11　　**考试焦虑　描述统计量**

题项	N	均值	标准差
在考试时，我觉得自己与其他学生相比做得很差	74	3.1081	2.05118
在考试时，我想着卷子上我不能回答的部分	74	4.9324	1.83072
在考试时，我想着考试失败的结果	74	3.8919	2.24870
在考试时，我感觉心神不安、难过	74	6.2162	1.11368
在考试时，我感觉心跳加速	74	4.0676	1.80813
考试焦虑（总计）	74	4.4432	1.21194

考试焦虑将极大地影响学生的表现，汉语教师应当鼓励他们运用适当的学习策略或应试技巧来帮助他们进一步降低焦虑程度。

四、学习动机分析

从上述分析中，我们可以看到巴西学生的学习动机有四个典型的特征。

首先，总体上看，巴西汉语学员的汉语学习动机相对较高，均值为 5.24，其中任务价值动机>学习控制动机>内在目的动机>期望

① Pintrich，Paul R and others：《学习动机问卷使用手册》，华盛顿：教育研究与改革办公室，1991 年，第 15 页。

动机>考试焦虑>外在目的动机。

其次，巴西学生普遍认为汉语学习充满趣味性，而且实用性较强，对学好汉语还是很有信心的。他们大多相信通过自己的努力是可以学好汉语的。我们应该在教学方法的趣味性和实用性上多下工夫，提高他们对汉语学习的期望值，这将大大提高他们学习汉语的动力。

再次，他们选择学习汉语很大程度上是因为汉语和汉文化本身的魅力，基于此，他们对汉语充满好奇，愿意接受挑战。正是这种强烈的内在动机使得他们愿意利用课余时间或业余时间来学习汉语。我们应该充分发挥汉语和汉文化内在的魅力，吸引更多的巴西学生学习汉语，促进汉语在巴西的传播。

最后，考试焦虑和外在目的动机将是影响巴西学生继续学习汉语的消极因素。巴西学生普遍不怎么关心自己的成绩，但对考试也有很多的焦虑。考试成绩对促进他们学习汉语的积极性似乎作用不大。我们可以采取大力推广 HSK 考试，将奖学金与 HSK 考试成绩挂钩的方法来推动他们学习汉语。

我们必须增加教学方法和教材的趣味性，进一步发掘巴西学生对于汉语和汉文化的兴趣点，引导他们挑战汉语学习中的难题，使得他们内心愿意学习汉语。同时我们要充分引导 20~40 岁巴西学员的任务价值动机，因为这部分学员占比较大，应该引进现代的教育技术和互联网技术来提高他们完成任务的兴趣，例如在教学中加入翻转课堂、慕课、微课等教学方法，迎合互联网时代的学习大潮。

第二节 汉语学习者学习策略调研

一、背景状况

学习策略的研究 20 世纪 90 年代在外语教育和第二语言习得领域取得了大量的研究成果，但是进入 21 世纪后，由于学习策略定义的模糊和研究工具的科学性，学习策略的研究广受质疑。但是，学习策略的研究和培训有助于外语学习者提升自主学习能力、有助于教师的因材施教等方面的作用却得到了学界的认可。

由于学界对学习策略的定义存在不同看法，很难有确定的解释。我们采用美国应用语言学家 Oxford 提出的学习策略分类系统和外语语言学习策略量表。Oxford 首先将学习策略分为两大类：直接策略和间接策略①。直接策略又分为记忆策略、补偿策略和认知策略。间接策略分为情感策略、社交策略和元认知策略。直接策略和间接策略之间是相互联系、相互协调和相互支持的。

国内有很多学者对不同国别、不同性质学生的汉语学习策略进行过研究，大多数研究都是以 Oxford 学习策略理论为基础。

杨翼②（1998）以问卷调查的形式研究了高级汉语学习者使用学习策略的情况，考察了高级汉语学习者的常用学习策略与学习效果之间的关系。他指出形式操练策略中背诵课文、记句型有利于提高学习效果，但是母语策略的使用频率与学习者的学习效果成反比，同时，自我管理策略有利于提高学习效果。这项研究是国内汉语作为第二语言学习策略的第一项定量研究，具有一定的价值，但调查对象太少，只有 18 人，而且没有利用相关社会统计学软件对结果进行相关分析和显著性检验。

张靖③（2011）以 Oxford 的语言学习策略量表为测量工具，对美国迈阿密达德学院孔子学院以及美国哥伦比亚大学在华学习汉语的 62 名美国学生进行了一次美国汉语学习者汉语学习策略使用情况的调查。结果显示，美国学生在学习汉语的过程中最常用的策略是元认知策略和社交策略，其次是认知策略和记忆策略，补偿策略和情感策略使用较少，美国学生在汉语学习策略的使用上没有显

① Oxford，R L：《语言学习策略：教师必读》，北京：北京世界图书出版公司，2008 年，第 37 页。

② 杨翼：《高级汉语学习者的学习策略与学习效果的关系》，载《世界汉语教学》，1998 年第 1 期，第 88 页。

③ 张靖：《美国汉语学习者汉语学习策略初探》，载《开封大学学报》，2011 年第 3 期，第 64 页。

著的性别差异。

曹晓玉①（2010）实地调查了上海交通大学 38 名留学生学习汉语的策略，以了解留学生使用汉语学习策略的整体趋势，以及留学生在遇到理解障碍、遇到表达障碍、利用目的语资源这三种情景下使用策略的具体情况。结果表明，调查对象经常使用的策略是自我管理策略、元认知策略和补偿策略，其次是记忆策略、认知策略，最不常用的是应用策略和情感交际策略。

刘凤芹②（2012）对日本国内大学生汉语学习策略的使用情况进行问卷调查与统计分析，探讨学习动机、年级、语种顺序与学习策略的关系。其研究发现，日本学生最常用的策略是母语策略，其次是记忆策略，再次是自我管理策略和情感策略，最不常用的策略是功能策略；学习动机与学习策略的使用呈正相关。

林可等③（2005）用 Oxford 的语言学习策略量表（SILL）对越南留学生进行问卷调查，以了解他们学习汉语时使用学习策略的情况。结果显示，越南留学生使用最多的是元认知策略和社交策略，其次是补偿策略和认知策略，使用比较少的是情感策略和记忆策略。

李春燕④（2010）对前人的相关研究成果做了综述性探讨，提出目前的留学生汉语学习策略研究中关于学习策略的定性的个案研究少；类似学习策略与教学相结合的介入性研究少；研究方法单一，大多采用问卷调查；数据信息大多来自学生，从学生和老师两方收集信息的研究极少。

---

① 曹晓玉：《留学生汉语学习策略的调查与分析》，载《外语教育教学》，2010 年第 6 期，第 134 页。

② 刘凤芹：《日本国内大学生汉语学习策略调查分析》，载《汉语学习》，2012 年第 4 期，第 97 页。

③ 林可等：《越南留学生汉语学习策略分析》，载《暨南大学华文学院学报》，2005 年第 4 期，第 19 页。

④ 李春燕：《国内留学生汉语学习策略研究综述》，载《内蒙古财经学院学报（综合版）》，2010 年第 4 期，第 115 页。

截至目前，我们还没有找到有关巴西汉语学员汉语学习策略方面的研究，更没有这方面的大规模的实证研究。学习策略的实证研究将有助于巴西汉语教师因材施教，结合巴西学生的汉语学习特点，采用恰当的汉语教学方法。

二、调查对象与方法

本次调查的工具是 Oxford①（1990）设计的 SILL（Strategy Inventory for Language Learning）问卷，该问卷被广泛运用于世界上各种语言的外语学习策略研究，已经被证明是效度上和信度上可靠的外语学习策略的测量工具。考虑到巴西学生的英语水平和汉语水平差异比较大，为了便于巴西学生答题，我们采用的是 SILL 的葡语版本，并且将这份问卷改为专门针对巴西人学习汉语的学习策略调查问卷。

本问卷包括两部分，第一部分是开放性问题，意在了解学生的基本信息、汉语学习的基本情况和父母受教育程度等，共 10 个问题。第二部分采用 5 等级的李克特量表，共 50 道题。

为了分析不同的巴西汉语学习者的学习策略，我们在问卷的第一部分加入了对巴西汉语学习者的相关背景资料的题项，包括性别、年龄、汉语水平、周学时、受教育程度、父母受教育程度和种族等信息。为了便于受访者答题，本部分被翻译为巴西葡语。问卷翻译完成后，我们邀请了 8 位巴西学生进行了预测试，请巴西老师帮忙修改了不合理的措辞和语法错误。在下文的数据分析部分，我们采用汉语版本来分析，以利于操作和分析。

我们委托巴西孔子学院志愿者教师在课间发给他们的巴西学生，解释问卷的科研意义，请学生在教室内或带回家完成。我们共分发了 170 份纸质问卷，最后回收了 126 份问卷，剔除一些没有全部完成的问卷，我们判定为有效的问卷共 120 份。本次问卷调查的

① Oxford，R L：《语言学习策略：教师必读》，北京：北京世界图书出版公司，2008 年，第 293-299 页。

问卷回收率不是很高，主要是因为有些巴西学员参加问卷调查的意愿不高，有的还比较抗拒。由于受到研究经费短缺的困扰，我们无法给予受调查者相应的报酬，只能强调本次调查的教学意义，学员们参与的积极性也不高。这 120 份问卷是在孔子学院汉语教师的大力帮助和推动下才回收的，十分不容易。

我们使用的统计工具是 SPSS 19.0 版本的汉语版。初步统计，这些有效问卷的受访者中，男、女学员各 60 人，来自初级班的学员占比是 75%，中级班占比是 23.3%，高级班占比是 1.7%。他们年龄跨度比较大，年龄最大学员有 62 岁，年龄最小的学员为 12 岁，平均年龄约为 28 岁。这些学员中白人占 67.5%，黑人占 5%，黄种人占 15.8%，混血人种（主要是指黑白混血）占 10.8%，印第安人有 1 人，占 0.8%。

他们平均学习汉语时间为 1.2 年，平均周课时约为 1.5 课时，平均每周课外学习汉语的时间约为 2 小时，课外学习汉语时间为 1~2 小时的有 73 人，占总人数的 60.8%。学员每周课外最多花 10 小时学习汉语，也有 9 位学员课外根本不花时间学习汉语，占到了总人数的 7.5%，

表 5-12 是接受问卷调查的巴西学员及其父母的教育背景情况统计表。为了后期统计方便，我们将最高受教育程度重新进行了定义：没有上过学为一类；小学 1~4 年级、小学 5~8 年级和小学毕业为小学一类；中学在读和中学毕业为一类；大学在读和大学毕业为一类；硕士或博士为一类。我们发现巴西汉语学员的教育背景分布很广泛，教育背景为大学的学员占大多数，达到了 66.7%，硕士或博士占 7.5%。这些学员的父母的教育背景分布也比较广泛，除了有 4 位学员的母亲没有上过学外，其他学员的父母都接受过不同程度的教育，其中接受过大学及以上教育的父亲和母亲分别占比是 43.3%和 45.0%。皮尔逊 r 相关分析结果显示，巴西学员的教育背景与他们的父亲和母亲的教育背景并没有显著的正相关或负相关关系（$r_{\text{学员教育背景—父亲教育背景}} = 0.084$，$p>0.01$；$r_{\text{学员教育背景—母亲教育背景}} = 0.021$，$p>0.01$）。

从以上总体分析来看，我们认为本次问卷的受调查者基本代表了巴西孔子学院汉语学员的年龄结构、汉语水平、种族结构和最高受教育程度结构，可以依据本次调查的样本总体进行进一步的分析和讨论。

表 5-12　**巴西学员及父亲、母亲的教育背景　频率统计量**

	教育背景		父亲教育背景		母亲教育背景	
	频率	百分比	频率	百分比	频率	百分比
没有上过学	1	0.8	0	0.0	4	3.3
小学	4	3.3	41	34.2	33	27.5
中学	26	21.7	27	22.5	29	24.2
大学	80	66.7	43	35.8	47	39.2
硕士或博士	9	7.5	9	7.5	7	5.8
合计	120	100.0	120	100.0	120	100.0

三、数据分析与讨论

（一）学习策略总体分析

从表 5-13 中我们可以看出，巴西汉语学员在学习汉语时使用策略的平均数由高到低排列，依次为：元认知策略>社交策略>记忆策略>认知策略>情感策略>补偿策略。从平均数值看，巴西汉语学员使用最多的是元认知策略和社交策略，平均分在 3.3 以上，其次是记忆策略和认知策略，平均分只有 2.8，情感策略和补偿策略平均使用率最低，平均分在 2.7 以下。从使用频度看，后四种学习策略仅处于中频度使用区域的下端，说明巴西汉语学员对后四种学习策略使用频率较低。所有巴西汉语学员使用的学习策略的平均分为 2.98，标准差为 0.59，仅处于中频度使用区域，说明总体上巴西汉语学员并不太关注汉语学习策略的使用。

表 5-13　　**全体参测巴西学生汉语学习策略　描述统计量**

	N	极小值	极大值	均值	标准差
元认知策略	120	2.00	5.00	3.6250	0.77772
社交策略	120	1.00	5.00	3.3750	0.93865
记忆策略	120	1.22	5.00	2.8426	0.67802
认知策略	120	1.14	4.57	2.8351	0.69276
情感策略	120	1.33	4.50	2.6806	0.74020
补偿策略	120	1.00	4.33	2.5431	0.80773
All strategies used	120	1.66	4.62	2.9898	0.58832

我们用独立样本 T 检验探索了男、女巴西学员的汉语学习策略总体使用上的差异，结果显示男、女巴西学生的策略使用总体上没有显著差异（$t=1.103$，$df=118$，$p>0.05$）。另外，我们用独立样本 T 检验探索了男、女巴西学员的汉语学习在各个单项学习策略使用上的差异，结果显示 p 值均大于 0.05，说明男、女巴西汉语学员的学习策略在上表中的 6 个分量上面也没有显著差异。

单因素组间方差分析结果显示，不同级别的巴西学员的学习策略使用上有显著差异（$F(2, 117)=4.302$，$p<0.05$）：汉语中级班学员汉语学习策略平均分总体上显著高于汉语初级班的巴西学员，MD=0.36。其他级别巴西学员之间的学习策略没有差异。教师应该加大初级班汉语学习策略的培训，发挥学习策略的调控作用，促进课堂教学。（见表 5-14）

表 5-14　　**不同级别巴西学员学习策略的差异**

	初级班（$n=90$）		中级班（$n=28$）		高级班（$n=2$）		F（2，117）	Post Hoc（Turkey）
	M	SD	M	SD	M	SD		
学习策略	2.90	0.56	3.26	0.62	3.11	0.59	4.302	中级班>初级班

$P^{*}<0.05$

由于印第安人只有一人，不符合单因素组间方差分析的条件，我们在先过滤掉印第安学生后，再分析其他种族的巴西汉语学员的学习策略差异，结果显示其他种族的巴西汉语学员之间汉语学习策略有显著差异（$F(3, 115)=2.152$，$p>0.05$）。

由于小学毕业以下的巴西学员很少（1人或者0人），不满足单因素组间方差分析的条件，我们在先过滤掉小学没有毕业的学生后，再分析其他学历的巴西汉语学员的学习策略差异，结果显示其他学历的巴西汉语学员之间汉语学习策略没有显著差异（$F(5, 112)=0.878$，$p>0.05$）。另外，父亲的最高受教育程度不同的巴西汉语学员的汉语学习策略没有显著差异（$F(7, 112)=0.824$，$p>0.05$），母亲的最高受教育程度不同的巴西汉语学员的汉语学习策略也没有显著差异（$F(8, 111)=0.411$，$p>0.05$）。

另外，皮尔逊 r 相关分析结果显示，巴西汉语学员的学习策略与他们学习汉语的时间和他们每周课外学习汉语的时间存在显著的高度正相关的关系（$r_{\text{学习策略—学习汉语时间}}=0.244$，$p<0.01$；$r_{\text{学习策略—每周课外学习汉语时间}}=0.341$，$p<0.01$）。学习汉语的时间越长，使用的学习策略越多；每周课外学习汉语的时间越长，使用的汉语学习策略越多。

以上统计结果说明，从总体上看，不同汉语水平的巴西汉语学员最常用的汉语学习策略是元认知策略和社交策略，记忆策略和认知策略次之，最不常用的汉语学习策略是情感策略和补偿策略。巴西学员的性别、种族、受教育程度和他们父母的教育背景对于他们的汉语学习策略影响不大。

（二）元认知策略

元认知策略是学习者对自己学习活动的自我意识、自我评价和自我监控的过程。元认知策略是巴西汉语学员在学习汉语时使用最多的学习策略，均值为3.625，排名第一，这与张靖（2011）① 对美国孔子学院的汉语学生的学习策略研究结论是一致的，非汉语文

① 张靖：《美国汉语学习者汉语学习策略初探》，载《开封大学学报》，2011年第3期，第64页。

化圈的汉语学习者在学习汉语时最常使用的策略一般就是元认知策略。另外，独立样本 T 检验和方差分析结果显示，巴西汉语学员在元认知策略使用上没有年龄、性别、种族、教育背景和汉语水平方面的显著差异。

皮尔逊 r 相关分析结果显示，巴西汉语学员的元认知策略与社交策略、记忆策略、认知策略和情感策略之间存在显著的高度正相关的关系（$r_{\text{元认知策略—社交策略}} = 0.713$，$p < 0.01$；$r_{\text{元认知策略—记忆策略}} = 0.61$，$p<0.01$；$r_{\text{元认知策略—认知策略}} = 0.716$，$p<0.01$；$r_{\text{元认知策略—情感策略}} = 0.529$，$p<0.01$）。巴西汉语学员的元认知策略与补偿策略之间存在显著的低度正相关的关系（$r_{\text{元认知策略—补偿策略}} = 0.25$，$p<0.01$）。总体上讲，巴西汉语学员元认知策略使用越多，就越趋向于积极使用其他的学习策略。

在教学中，汉语教师应该充分发挥元认知策略可以帮助巴西汉语学习者计划、监控和调节他们的学习活动的功能，帮助巴西学生设计他们的汉语学习规划，设立明确的阶段性目标，在课堂上强化他们对汉语知识和汉语文化的体验，同时激发他们自主去学习汉语。

（三）社交策略

社交策略是学习者为维护交际、提高交际效果以及争取更多的交际机会所采用的各种策略。社交策略是巴西汉语学员使用量第二多的策略，均值为 3.375，仅次于元认知策略。社交策略方面得分高的学生善于创造机会使用汉语，愿意与同学积极合作，在遇到困难时借助手势和表情等手段提高交际效果。另外，独立样本 T 检验和方差分析结果显示，巴西汉语学员在社交策略使用上没有年龄、性别、教育背景和汉语水平方面的显著差异。

单因素组间方差分析结果显示，不同种族的巴西汉语学员在社交策略使用上有显著差异（$F(3, 115) = 3.712$，$p<0.05$）：巴西白人汉语学员的社交策略平均分总体上显著高于巴西黑白混血学员，MD=0.59。其他种族的巴西汉语学员之间在社交策略方面没有差异。（见表 5-15）

表 5-15　　不同种族巴西学员社交策略的差异

	白人（n =81）		黑人（n =6）		黄种人（n =19）		混血（n =13）		F（3，115）	Post Hoc（Tamhane）
	M	SD	M	SD	M	SD	M	SD		
社交策略	3.57	0.89	2.81	1.27	3.04	0.98	2.97	0.64	3.712	白人>混血

$P^{*} < 0.05$

教师应该充分利用巴西汉语学员在学习汉语时社交策略使用较多的优势，设计更多的课堂活动，促使学生在交互学习中加强对汉语的理解。同时要尽量避免他们过多地依赖手势和表情等交际策略，促进他们在语言习得方面的学习。

（四）记忆策略

记忆策略是学习者使用联想的方法，利用图像、声音和动作等帮助自己记忆的各种策略。记忆策略是外语学习中经常使用的策略，尤其是在汉语生字和生词的记忆中，形象化的汉字词特别适合使用联想的方法记忆。在所有学习策略中，记忆策略排名第三，均分为 2.842。另外，独立样本 T 检验和方差分析结果显示，巴西汉语学员在记忆策略使用上没有年龄、性别、种族和教育背景方面的显著差异。

单因素组间方差分析结果显示，不同级别的巴西学员在记忆策略使用上有显著差异（F（2，117）= 4.185，p<0.05）：汉语中级班学员汉语记忆策略平均分总体上显著高于汉语初级班的巴西学员，MD=0.41。其他级别巴西学员之间的记忆策略没有差异。（见表 5-16）

教师应该充分发挥汉语言文字形象化的特征，帮助初级班的巴西汉语学员提高记忆策略，在课堂上利用汉字偏旁部首形象化记忆汉字，创设情境使用汉字，从而提高他们的学习兴趣，提升教学效果。

表 5-16　　不同级别巴西学员记忆策略的差异

	初级班		中级班		高级班		F	Post Hoc
	(n =90)		(n =28)		(n =2)		(2，117)	(Turkey)
	M	SD	M	SD	M	SD		
记忆策略	2.74	0.64	3.16	0.73	2.78	0.68	4.185	中级班>初级班

$P^* < 0.05$

(五) 认知策略

认知策略是学习者加工信息的方法和技术，主要包括对信息的有效加工和整理以及对信息进行有效的储存。总体上看，巴西汉语学员的认知策略使用并不高，均分只有 2.835，说明他们并不经常使用复述、精加工和组织等常用的认知策略。另外，独立样本 T 检验和方差分析结果显示，巴西汉语学员在认知策略使用上没有年龄、性别、种族和教育背景方面的显著差异。

单因素组间方差分析结果显示，不同级别的巴西学员在认知策略使用上有显著差异（$F(2, 117) = 7.02$，$p<0.05$）：汉语中级班学员汉语认知策略平均分总体上显著高于汉语初级班的巴西学员，MD=0.53。其他级别巴西学员之间的认知策略没有差异。（见表 5-17）

表 5-17　　不同级别巴西学员认知策略的差异

	初级班		中级班		高级班		F	Post Hoc
	(n =90)		(n =28)		(n =2)		(2,117)	(Turkey)
	M	SD	M	SD	M	SD		
认知策略	2.74	0.64	3.16	0.73	2.78	0.68	4.185	中级班>初级班

$P^* < 0.05$

我们认为，认知策略应该是外语学习策略中非常重要的一环。巴西孔子学院的汉语学习者由于缺乏语言练习环境，他们必须在复述的基础上记住外语的语音、词汇和基本语法知识，并且加强理解基础上的记忆，从而构建知识的内在联系。认知策略的缺乏可能与巴西学生普遍不喜欢复述，没有时间课外学习汉语的习惯有关，认知策略使用上的不足可能导致初级班的巴西汉语学习者的学习效果在低层次上止步不前，教师应该在初级班中加强对巴西汉语学员的认知策略培养，在课堂上有意识地使用复述等认知策略，帮助巴西汉语学员系统地归纳组织学过的汉语言和汉文化知识，以提高教学效果。

（六）情感策略

情感策略是学习者控制情感、减低焦虑和自我鼓励等方面的策略。统计显示，巴西汉语学员并不经常使用自我鼓励等方式降低汉语学习的焦虑，均分只有 2.68。另外，独立样本 T 检验和方差分析结果显示，巴西汉语学员在情感策略使用上没有年龄、性别、种族、教育背景和汉语水平方面的显著差异。

巴西汉语学员的情感策略得分较低可能与他们不太重视汉语学习有关，孔子学院的汉语课程对他们来说是一门选修课，与他们的学业和升学无关，他们学习汉语大多是出于对汉语和汉文化的兴趣，所以他们并没有太多的考试或学习成绩方面的焦虑，所以，自我鼓励的情感策略自然很少用到。

（七）补偿策略

补偿策略是学习者克服说写中语言知识的不足而使用猜测等方法的策略，能够使学习者在新语言知识有限的情况下运用新语言，例如，在遇到生词时使用上下文猜测意义。在所有学习策略中，巴西汉语学员的补偿策略得分最低，只有 2.543，是巴西学生最不常用的汉语学习策略。另外，独立样本 T 检验和方差分析结果显示，巴西汉语学员在补偿策略使用上没有性别、种族、教育背景和汉语水平方面的显著差异。

皮尔逊 r 相关分析结果显示，巴西汉语学员的年龄与补偿策略之间存在显著的高度负相关的关系（$r_{\text{年龄—补偿策略}} = -0.276$，$p <$

0.01)。年龄越小的巴西汉语学员越多地使用猜测等补偿策略，年龄越大的巴西汉语学员使用补偿策略的频率越低。

教师在课堂上应该鼓励年龄大的巴西学生大胆使用补偿策略，鼓励他们在听力和阅读活动中运用上下文猜测等手段理解课文，在实际交际中利用表情和身体语言辅助交际活动的顺利进行。

四、学习策略分析

本次问卷调查是面向巴西汉语学习者的汉语学习策略的首次大规模调查，我们发现巴西汉语学习者在学习汉语时使用的学习策略有如下特征：

• 从策略使用频率上看，学习策略的使用率并不高，均值只有2.99，其中元认知策略>社交策略>记忆策略>认知策略>情感策略>补偿策略。

• 汉语中级班学员汉语学习策略使用较多，总体上显著高于汉语初级班的巴西学员。

• 巴西汉语学员的学习策略与他们学习汉语的时间和他们每周课外学习汉语的时间存在显著的高度正相关的关系。

• 性别、年龄、教育背景和种族与巴西汉语学员的学习策略没有显著关系。

• 巴西汉语学员元认知策略使用越多，就越趋向于积极使用其他的学习策略。

• 巴西白人汉语学员的社交策略平均分总体上显著高于巴西黑白混血学员。

• 汉语中级水平学员汉语记忆策略和认知策略平均分总体上显著高于汉语初级水平的巴西学员。

• 年龄越小的巴西汉语学员越多地使用猜测等补偿策略，年龄越大的巴西汉语学员使用补偿策略的频率越低。

我们认为，只有充分了解巴西汉语学员的学习特点，才能设计出有效的面向巴西汉语学员的教学方法。在教学中，老师应该引导和加强汉语学习策略的培训，鼓励巴西学生更多地使用各种学习策略，尤其是在初级班巴西汉语学员中，要鼓励他们积极使用多种学习策略，以增强教学效果，使他们学有所得、学有所成。

第三节　巴西汉语教学的“四以”教学法

在实际的教学中，我们发现巴西汉语教师大多是刚毕业或硕士在读的新教师，没有多少教学经历，再加上葡语水平有限，难以和巴西学生有效沟通，同时学生大多是初级水平，他们的课堂使用最多的是传统3P模式，即老师讲解课文中的汉语拼音、生字词、语法知识和中国文化（Presentation）；学生做相应的语言知识的练习（Practice）；学生运用学得的语言知识进行语言输出（Production）。由于师生交流沟通的问题，很多新的巴西汉语教师会选择省略第三步，进行课后练习的讲解，句型操练和反复朗读在巴西汉语课堂上也非常常见，因为这是大多数巴西汉语教师学习外语或学习汉语时接受到的教学方法，他们会自觉不自觉地将这些教学方法移植到巴西的汉语课堂中。

应该说，世界上没有万能的教学方法，只有实用的教学方法。一个好的老师会根据学生的特点和教学内容选择合适的教学方法。我们认为任务型教学方法比较适合巴西课堂教学。

首先，巴西人天性热情好动，对中国文字和文化充满好奇，汉字和汉文化的趣味性是他们学习汉语的最大动力，使他们愿意接受挑战。而且他们普遍自信心很强，大多认为可以通过自己的努力学好汉语。良好的互动任务设计可以更好地激发他们的学习兴趣和动机，让他们在“做中学”，在沉浸式的体验当中学习，学习效果比单纯地听讲、记笔记、背诵、考试等方法好得多。

其次，绝大多数学习汉语的巴西人都只有初级汉语水平，他们学习汉语的应试目的不明显，考试成绩对他们不重要，他们最看重的是汉语学习的实用性。他们更多地是希望通过学习中文，学会几项简单的技能，例如：会用中文做自我介绍、会用汉字写自己的名字、会用中文应付工作中的简单交流、会用汉语了解现在的中国，以便向同学和亲朋好友展示。这些可能远比系统的汉语语言知识、文化知识和考试成绩重要得多，毕竟大多数巴西人学习汉语的目的并不是成为汉语言专家，或者是中国通。任务型教学的真实性原则和课内、课外相依性原则，可以最大限度地平衡语言形式和语言功能，以交际为核心，提高巴西学生的汉语沟通能力。

最后，任务型教学设计是新手老师比较容易学到，而且行之有效的方法。在我们的访谈中，有四位在巴西任教两年的汉语教师志愿者表示，她们的教学都有过从最初的困惑，到后来慢慢发现“游戏教学法”非常适合巴西汉语课堂的相似经历。她们描述的所谓“游戏”，其实就是将语言形式和语言功能结合得比较好的任务。在一个语言不通和学生完全不喜欢机械性语言操练的课堂中，很难想象教师怎样向学生讲解汉语言知识和汉语文化，使学生学有所得。教师通过目的明确的任务设计，并掌握简单的课堂教学用葡语，配合 PPT 的图片展示，完全可以做到学生全员参与，让他们分别扮演不同的角色，在沟通中学习，让他们有完成任务的喜悦感。

当然，任务型教学法也不是万能的，我们的汉语教师特别需要尽快提高自己的葡语水平，需要尽快转变自己的课堂角色，从课堂的主讲者转变为良好任务的设计者。我们认为任务型教学在巴西汉语课堂上的应用还必须充分考虑巴西的语言和文化环境、巴西学生的学习动机和学习策略，特别应该注意以下几点：

一、学生特点与教学设计

巴西汉语学员的来源十分复杂，有时候一个班从小学生到博士生都有，还有从来没有上过学的，年龄跨度也很大，有 12 岁的小学生，有 62 岁的老人，族裔分布广泛，涵盖了巴西社会的各个种族，他们父母的教育背景同样也很广泛。

从巴西汉语学员的汉语学习动机上看，任务价值动机>学习控制动机>内在目的动机>期望动机>考试焦虑>外在目的动机。他们普遍认为汉语学习任务充满趣味性，实用性较强，大多相信可以通过自己的努力学好汉语，但是他们对学好汉语的期望值不高，巴西学生普遍不怎么关心自己的成绩，不是为了应付考试而参加汉语学习，更不是为了取得好成绩获得奖励，或者参与竞争而学习汉语。

所以巴西人选择学习汉语很大程度上是因为汉语和汉文化本身的魅力，对汉语充满好奇，他们愿意接受挑战，正是这种来自汉语本身的强烈的吸引力使得他们愿意利用课余时间或业余时间来学习汉语。

从巴西汉语学员的汉语学习策略上看，学习策略的使用率并不高，均值只有 2.99，其中元认知策略>社交策略>记忆策略>认知策略>情感策略>补偿策略。巴西汉语学员的性别、年龄、教育背景和种族与他们的学习策略没有显著关系，汉语中级班学员汉语学习策略使用较多，总体上显著高于汉语初级班的巴西学员，而且巴西汉语学员的学习策略与他们学习汉语的时间和他们每周课外学习汉语的时间存在显著的高度正相关的关系。另外，巴西汉语学员元认知策略使用越多，就越趋向于积极使用其他的学习策略。在教学中，老师应该引导和加强汉语学习策略的培训，鼓励巴西学生更多地使用各种学习策略，尤其是在初级班巴西汉语学员中，要鼓励他们积极使用多种学习策略，以提高教学效果。

二、以学生为中心

以学生为中心是任务型教学的根本要求和出发点。这也是由巴西汉语学员的天性决定的，他们不喜欢满堂灌，不喜欢机械性的句型操练，不喜欢或者没有时间做作业，但是，他们热情开放、喜欢聊天、愿意尝试新事物、具有冒险精神，同时非常自信。以学生为中心的任务设计可以更好地满足他们的好奇心和挑战欲，可以让他们参与到具体的任务中，可以让他们体会到任务完成的成就感和自豪感。

同时，以学生为中心也是巴西汉语学员的学习特点决定的。元认知策略是巴西汉语学员在学习汉语时使用最多的学习策略，也就是说，他们非常重视对自己学习活动的自我意识、自我评价和自我监控。社交策略的使用仅次于元认知策略，排名第二，即他们喜欢使用维护交际、提高交际效果以及争取更多的交际机会的各种学习策略。他们更喜欢以自我为中心，评价自己的学习，喜欢互动等交际行为。

以学生为中心就需要教师从各个方面去了解巴西学生，理解并融入巴西的文化。例如巴西人更喜欢桑巴之类的快节奏的音乐，可能不太喜欢慢节奏的悲哀氛围的歌曲，比如《世上只有妈妈好》，志愿者H在教学中就发现教材中选取的这首歌非常不适合巴西中学生：

> 比方说那个《世上只有妈妈好》，我印象太深刻了，首先，它是非常慢的一个版本，其次，它是儿童的那种美声，你知道吗？就是那种声音超尖的，然后我把那个教材附带的CD一放出来，学生们都以一种很讶异的表情，就是，怎么这样唱歌啊？难道中国小孩都是这样唱歌的吗？因为他们的幼儿园，我听到他们幼儿园放的歌都像流行歌曲那样的节奏，但是那个教材附的那个版本就是很老很老的那样子。然后再一个，那首歌是一首很伤感的歌，又是以一个很慢的节奏唱出来。我遇到的一个真实的情况，我一个华裔的学生，特别小，才12岁，才刚刚过来这边上课，然后她听这个歌的时候就哭了，真的是哭了，眼泪都流下来了。因为其实很多华人在国外，也很辛苦，她妈妈就把她交给一个保姆，还是什么的，自己在外面工作，一年到头也回不了几次的那种，然后她就说，她很想她妈妈，然后就直接哭了，然后我就觉得怎么会这样。

后来志愿者H才慢慢发现，巴西高中生在中国音乐方面更喜欢比较摇滚、比较快乐的歌曲，例如：《伤心的人别听慢歌》、《爱上你》和《爸爸去哪儿》等，在中国电影方面比较喜欢成龙主演的电影，这样的素材用于课堂教学，效果会更好。

三、以趣味性为出发点

课堂学习任务必须有趣是由巴西汉语学员的首要学习动机决定的。我们的研究表明巴西学生选修汉语课程的最大动机是任务价值动机，所谓的任务价值就是指学生对学习任务的趣味性、重要性和实用性等方面的评估。他们选择学习汉语最大的原因还是汉语言文字本身的魅力和吸引力，因为巴西人十分热情开放，而且巴西社会文化结构十分多元化，他们对于来自东方的古老文字和文化充满好奇。课前任务设计和课堂活动设计必须有趣，才能抓住他们的兴趣，才能吸引他们参与活动当中，在快乐中学习。

志愿者 H 也有类似的看法：

> 教学方面，因为我的教学对象是高中生，我研究过他们的学习目的，虽然大部分都美其名曰要找一个好工作，但是实际情况我觉得依然是兴趣驱使……所以他们的学习习惯就是这样子的：来到了课堂，他们就期待着是一堂有趣的、有意思的课程，对他们来说是有意思的，就是能够在欢乐中学到东西的，甚至有时候他们觉得欢乐比学到东西更重要。

志愿者 W 的一个教学经历可能对巴西汉语课堂任务的趣味性设计有帮助。巴西孔子学院教学点工作的汉语教师志愿者每年都有一项重要任务，需要到当地教育局负责的高中去招生，她们需要到每个班去上 5 分钟的课，以便吸引更多的高中生的学习汉语的兴趣，到孔子学院的课堂上课，成为孔子学院的注册学员。她设计的课堂就是一个很简单的任务：

> 我的葡语那个时候还是不够，我就做一个小课堂，就是教数字 1 到 5，我一直觉得这个游戏非常好，就是 1 到 5 这几个数字，这个第一很好教，这个不需要太多的葡语沟通，因为那时候葡语估计还不够，写上去，告诉他，这个比较好学，学生也觉得相对比较简单，他们学会了 1 到 5 的发音以后，就开始玩一个游戏，让大家都起立，在教室里面转圈圈，我在中间，我说 2，就是 2 个人抱在一起，我说 3，就 3 个人、3 个人抱在一起。这个第一很好操作，第二，学生还比较喜欢这样的游戏，他们比较疯，他们就会发现短短的几分钟，我就会汉语的 1 到 5 了，他们就会发现学汉语没有想象的那么难。他们就会蛮有兴趣，觉得蛮好玩的。招生的话，这个游戏是蛮好的。

类似的趣味性任务对于初级班的中学生是十分有效的，巴西学生会乐在其中，会更愿意坚持学习汉语。

四、以真实性为基本原则

真实性原则是任务型教学法的内在要求，在任务型教学的任务前、任务中和任务后三个阶段，教师都必须注意语言输入材料的真实性，让巴西汉语学员接触尽量真实的语言材料，创设尽量真实的生活场景，尽量将语言任务与他们的工作实际和生活实际相结合。

真实性课堂任务设计也是巴西汉语学员学习动机的内在要求。大多数业余时间自费（每学期600雷亚尔）来孔子学院学习汉语的巴西中年人要么在中资公司工作，要么希望在中资公司求职。他们学习汉语的目的不是取得好的考试成绩，更不是去中国求学深造，他们迫切需要解决实际工作中与中国人的交际问题。而年纪比较大的巴西人则纯粹是对汉语言和汉文化感兴趣才自费来学习汉语的，他们也希望能够通过学习汉语更多地了解中国和中国文化。

志愿者H曾经在教买卖东西的课文时尝试过两种方法：传统的3P教学方法和任务教学法，她发现真实的场景模拟会带来意想不到的教学效果：

> 关于任务教学，比方说，我带三个级别的班，教第一个级别的时候，我是个新手，在教他们买卖东西的那个单元的时候，就可能没有那么多任务，没有想到任务教学这件事情，我就觉得大家就是学了就学了，也是好好背单词这样子，但是效果就不如第二次。我在下面那个班的时候，我再教我就用的是布置任务，我就跟他们说……像有的老师，任务教学就是比较有条件的，就会去一个中国餐厅，但是我们那里没有这个条件，我就直接跟他们描述，就这样说，好，现在你们想象，这个教室是一个餐厅，这里是门，然后我是老板娘，你们这几个是我的服务生，那几个是今天来的客人。就是即便我没有去布置这个教室，我就用口述的，他们就已经很有画面感了，就听

得很开心，教学效果就出乎我的意料……他们是很有创造力的，他们甚至会自己创造出我没有想到他们会说出来的句子。

总之，任务型教学在巴西课堂应该尽量遵循真实性原则，以教会巴西汉语学员实用性的听、说、读、写技能为根本目的。

五、以形成良好的“双动”为目的

良好的“双动”是指良好的师生互动和生生互动，这是巴西汉语课堂成功的钥匙，是任务型教学的三个阶段设计必须注意的重点和难点。无论是任务前语言形式和内容的输入，还是任务的开展，还是最后任务的评估，互动环节的设计都必不可少。

在课前，教师可以利用社交媒体布置小组任务，给予小组或小组成员资源和信息上面的支持，解答他们的疑问。在巴西，Facebook 和 what's up 是最为流行的社交软件，几乎人人都用，功能类似于中国的微信和 QQ。教师可以在这些 APP 上面和学生聊天互动，组建班级小群体，解答学生的疑问。更多的时候，这样的群会大大促进师生互动和生生互动，大大促进师生之间的感情。巴西人有一个特点，就是什么都可以聊，而且特别喜欢和朋友，甚至是陌生人聊天。一旦教师和学生形成良好的互动，教师会发现巴西学生更加愿意与教师亲近，巴西学生更加愿意配合教师完成任务，而且课堂任务的完成会超出预期。另外，这种亲近感会大大缓解汉语教师志愿者的孤独感，丰富他们的业余生活，因为巴西学员会经常邀请志愿者去参加他们的节日庆典、家庭聚会和郊游等活动，而且班级成员还会自发地通过群，给老师举办生日 Party，给志愿者们惊喜。

在任务中，课堂任务设计更应该突出生生互动，突出真实场景模拟下的简单易行的交际训练。一般来说，巴西学生特别喜欢这种“在做中学”的学习方式。有一点需要特别注意，课堂上的任务不能太难，必须是巴西学生觉得可以完成的任务，否则他们很容易产生畏难情绪。如果他们觉得任务太难，他们可能就不会参加，甚至干脆退出，不再学习汉语。因此，对巴西中学生而言，适当地采用游戏的方式是非常可取的手段。而对于巴西成年人，实际生活场景的模拟交际训练更能激发他们的学习热情，促进学习效果。

在任务后阶段，教师及时反馈特别重要，如果可能，尽量在任务设计中加入书面的成果比较好。决不能任务完成就完事，不给巴西学生任何的反馈，这会大大伤害巴西学生参与活动的积极性。

由于巴西汉语学员的汉语学习目的不是应试，所以任务型教学特别适合他们，系统的语言知识讲解反而显得不是特别重要，特别是初级班的学生。良好的师生互动和生生互动可以留住这些难得的巴西汉语传播的火种，促使初级班的巴西汉语学员学习更进一步。志愿者 Y 的经验可见一斑：

> 我自己的汉语教得好，可能还不一定很好，最主要的是你要用很多那种小的技巧，去跟他沟通，跟他交流，他就会越愿意上你的课，就跟我们这里在学校的高中生是一样的，老师越关注的学生一般成绩都很好。

需要特别说明的是，任务型教学法并不是万能的，它也受到很多方面的制约。如果没有经过精心设计和任务前的充分准备，效果有可能适得其反，反而会打击学生的自信心。巴西学生大多比较散漫、比较疯，任务中很可能会让教师觉得失去对课堂的控制。另外，针对不同的班级需要设计不同类型的任务，例如初级班可以多设计游戏类的任务，成人班则要避免太多的游戏，任务前需要他们充分理解和吸收相应的语言知识，任务设计以实际交际或工作场景为最佳选择。

总之，巴西汉语教师需要充分了解巴西学生的特点，拉近与巴西学生的距离，选择主动融入他们的学习和生活，以及巴西文化，然后选择恰当的教学方法。教学方法各有所长，传统的 3P 教学方法对于知识性的学习内容也是很好的选择，语法翻译法对于巴西成年人可能更容易接受，对于课文的讲解也十分必要。句型替换练习对于固定句型的语法掌握也很有帮助。任务型教学法只有和其他教学方法互相借鉴和吸收、互相取长补短才能最大限度发挥作用。

结　　语

面对中巴经贸关系日益加强、中巴文化交流日益深化、巴西“汉语热”持续升温的大好局面，巴西汉语教学从业者们更应该大力开展巴西汉语教学“三教”问题的研究。我们认为“三教”研究是汉语在巴西传播的基础研究，有助于解决实际教学问题，有助于有效开展课堂教学，有助于提高教学效果。我们应该着力调查巴西汉语教学中的实际问题，并从这些实际问题出发，结合当今外语教学法理论研究的新成果，探寻巴西汉语教学的有效方法，从而提高巴西汉语教学效果，推动巴西孔子学院的可持续发展，推动汉语在巴西的传播。

在巴西汉语教材研究方面，我们从总体上分析了我国对外汉语教材的发展、成就和问题，分析了中葡汉语教材的现状和问题，尤其是国家汉办的中葡汉语教材的注释和录音都是葡萄牙葡语，没有专门针对巴西葡语的教材的问题。我们认为应该采取中巴合作的形式，组建专家组展开汉语和巴西葡语的对比研究，开发以任务教学法为指导、以学生为中心、以“字本位”为基本原则、专门针对巴西学生和巴西葡语的立体化教材，特别是面向巴西汉语初级班的汉语教材。

在巴西汉语教师研究方面，我们首先分析了巴西汉语教师的构成和相关研究现状，并聚焦于孔子学院的汉语教师志愿者的研究上面。我们采用问卷调查和访谈的形式，分析了巴西汉语教师志愿者的年龄、性别、外语水平和学历构成等基本情况，分析了他们的工作动机、生活困难和工作困难，调查了他们的教学情况。我们认为巴西汉语教师应该着重从以下几个方面提升自己：第一，强化语言训练，提高巴西葡语水平；第二，加强汉语言知识的系统学习和中葡语言对比研究；第三，加强教师之间的交流，积极参加教学方法的培训，提升教学水平；第四，充分理解巴西学生的汉语学习特点和学习策略，改善教学方法；第五，积极融入巴西社会，提升跨文化交际能力；第六，国家汉办应该进一步提高小语种国家汉语教师志愿者的待遇，进一步健全小语种国家汉语教师志愿者管理制度，给予小语种国家优秀汉语教师志愿者职业发展机会。

在巴西汉语教学的教学方法研究上面，我们以问卷调查的形式调查了巴西汉语学员的汉语学习动机和汉语学习策略，并在此基础上提出了教学方法上面的建议。我们发现，巴西汉语学员的学习动机相对较高，均值为5.24，任务价值动机>学习控制动机>内在目的动机>期望动机>考试焦虑>外在目的动机。他们普遍认为汉语学习充满趣味性，而且实用性较强，对汉语充满好奇，愿意接受挑战，对学好汉语很有信心，大多相信通过自己的努力可以学好汉语。巴西学生普遍不怎么关心自己的成绩，考试成绩对促进他们学习汉语的积极性似乎作用不大。

我们发现巴西汉语学习者在学习汉语时使用的学习策略有如下特征：从策略使用频率上看，学习策略的使用率并不高，均值只有2.98，其中元认知策略>社交策略>记忆策略>认知策略>情感策略>补偿策略；汉语中级班学员汉语学习策略使用较多，总体上显著高于汉语初级班的巴西学员；巴西汉语学员的学习策略与他们学习汉语的时间和他们每周课外学习汉语的时间存在显著的高度正相关的关系；性别、年龄、教育背景和种族与巴西汉语学员的学习策略没有显著关系；巴西汉语学员元认知策略使用越多，就越趋向于积极使用其他的学习策略；巴西白人汉语学员的社交策略平均分总体上显著高于巴西黑白混血学员；汉语中级水平学员汉语记忆策略和认知策略平均分总体上显著高于汉语初级水平的巴西学员；年龄越小的巴西汉语学员越多地使用猜测等补偿策略，年龄越大的巴西汉语学员使用补偿策略的频率越低。

我们认为，任务型教学法比较适合巴西汉语教学，教师在任务设计的三个阶段应该注意以下几点：以学生为中心；以趣味性为出发点；以真实性为基本原则；以形成良好的师生互动和生生互动为手段。

由于研究者葡语水平和知识水平的限制，本书的研究也存在很多不足，以下几点需要今后进一步完善：

第一，面向巴西葡语的中葡汉语教材开发还必须以汉语和巴西葡语、汉文化和巴西文化的对比研究成果为基础，不能简单套用我国现行的对外汉语系列教材。笔者的葡语水平有限，无法从事这方面的研究。学界急需集中力量就中葡语言和中巴文化对比开展研究，只有这样，才能真正找到巴西汉语学员学习汉语的疼点，才能事半功倍。

第二，在巴西从事汉语传播事业的从业人员中，还有相当一部分华裔汉语教师，他们有的在圣保罗大学中文系任教，有的在私立汉语培训机构任职，有的在中文教会学校任职，还有一部分来自中国台湾的汉语教师。由于缺乏相应的资源，我们无法与这部分教师建立深入的联系。我们的研究只能聚焦于孔子学院的汉语教师志愿者，这是我们研究方面的一大遗憾。

第三，我们从巴西汉语学员的学习动机和学习策略入手，讨论了任务型教学法在巴西汉语课堂上应用的原则和策略，但是，这些教学方法还没有得到实证。下一步，我们应该通过实证的办法，探寻适合巴西汉语学员学习特点的有效教学方法。

综上所述，巴西汉语教学的“三教”问题是汉语在巴西传播事业的突破口，“三教”问题的研究必将有助于课堂教学效果的提高，有助于汉语在巴西的传播事业的发展，从而助推中巴经贸关系的进一步深化和发展，推动中巴人民之间的友谊不断向前迈进。

附录1　巴西汉语教师志愿者调查问卷

巴西汉语教师志愿者问卷调查

1. 第一部分：基本信息

亲爱的巴西汉语教师志愿者们，您们好！大家不远万里来到巴西这个陌生而神奇的国度，志愿从事汉语教学工作，为国家的汉语国际推广战略奉献青春，非常值得敬佩。目前，受汉办委托，我们（此处隐去了作者姓名）发起了这个调查。请大家根据自己的实际情况填写本问卷，问卷的结果将直接向汉办汇报。谢谢大家的支持！

本问卷的所有个人信息只用于研究，我们保证所有研究报告将不会涉及个人信息。

*1. 您的性别？ ○男　○女

*2. 您的年龄？

[　　　　▼]

*3. 您的民族？

[　　　　▼]

*4. 您的籍贯？

[　　　　▼]

*5. 您的最高学历是？

○专科　○本科在读　○本科　○硕士研究生在读

○硕士研究生　○博士研究生　○其他（请注明）

*6. 您最高学历所学专业是?

○中文　○汉语国际教育　○对外汉语　○英语

○葡萄牙语　○其他（请注明）

*7. 您的本科专业是?

○中文　○对外汉语　○英语　○葡萄牙语

○其他（请注明）

*8. 您的普通话水平是?

○一级甲等　○一级乙等　○二级甲等　○二级乙等

○其他（请注明）

*9. 您的英语水平是?

○大学英语四级　○大学英语六级　○英语专业四级

○英语专业八级　○其他（请注明，如雅思成绩）

*10. 您的葡语水平是?

○葡语初级　○葡语中级　○葡语高级　○其他（请注明）

*11. 您的特长是?（可多选）

□书法　□唱歌　□中国传统乐器演奏

□中国功夫　□跳舞　□太极拳　□中国茶艺表演

□其他（请注明）

12. 您的邮件?

Email Address:

2. 第二部分：从事巴西汉语教学的目的

第二部分的问题请根据是否符合自己的实际情况，是否同意以下说法做出选择，谢谢！

○非常不同意　○不同意　○不确定　○同意　○非常同意

*13. 向世界推广汉语，传播中国文化是我的理想和追求。

*14. 我想提高葡语水平，了解巴西文化。

*15. 我想锻炼自己应对不熟悉文化环境的能力。

*16. 巴西吸引我，我希望开阔自己的眼界。

*17. 在巴西担任志愿者，我可以有机会在巴西旅游。

*18. 我想做关于巴西汉语教学的论文。

*19. 巴西的工作经历对我的汉语教学和将来找工作有帮助。

*20. 我希望能够通过赴巴西任教，锻炼自己的能力。

*21. 赴巴西任教可以赚取工资收入。

*22. 赴巴西任教可以教授巴西人汉语，传播中国文化，促进中巴文化交流。

3. 第三部分：生活情况

第三部分主要请大家反映在巴西生活的实际困难。请大家根据是否符合自己的实际情况，是否同意以下说法做出选择，谢谢！

*23. 您觉得在巴西生活的主要困难有哪些？(请排序)

语言不通

交通不便

购物不方便

生活环境不安全

教学工作压力大

与巴西同事交流困难

没有巴西当地的朋友

业余生活单调乏味

远离亲人和朋友

工资收入少

很难融入巴西文化

○非常不同意　○不同意　○不确定　○同意　○非常同意

*24. 我对在巴西的生活总体上很满意。

*25. 我觉得我的葡语能够满足我的日常生活所需。

*26. 我觉得我的葡语能够满足我的日常教学所需。

*27. 我完全能够适应巴西当地的气候。

*28. 我喜欢巴西的食品，在饮食方面没有困难。

*29. 我生活的城市安全状况差，我经常没有安全感。

*30. 我非常喜欢巴西的生活节奏。

*31. 我生活的城市交通很便利，出行没有困难。

*32. 我生活的城市购物很方便，能够满足自己的生活和工作需要。

*33. 我与巴西人交流很容易，没有困难。

*34. 我完全能够适应巴西当地的服务机构（银行、医院等）及其基本模式。

*35. 我能够与周围的巴西领导和同事们很好相处。

*36. 我经常与周围的巴西朋友沟通，结伴娱乐。

*37. 我对自己在巴西的工作很满意。

*38. 我觉得我所在的孔子学院对自愿者非常关心。

*39. 我觉得我所在教学点联系人对我非常关心。

*40. 中巴文化上的不同经常让我产生不舒服的感觉。

*41. 我经常觉得很孤独、郁闷。

*42. 我经常晚上睡不好觉。

*43. 我觉得自己在巴西很有收获。

4. 第四部分：教学情况

第四部分主要请大家反映教学中的困难。请大家根据是否符合自己的实际情况，是否同意以下说法做出选择，谢谢！

*44. 您出国之前是否有教学经历？

○有　　　○没有

45. 如果您在出国之前有教学经历，您所任教的学校是？

幼儿园　小学　初中　高中　大专院校

培训学校　Other（please specify）

*46. 您现在所任教的孔子学院是?

*47. 您现在所任教的学校是?

*48. 您现在所任教的城市是?

*49. 您这个学期一周的平均教学时间为:

10 小时以下　10~15 小时　16~20 小时　21~25 小时　26 小时以上

*50. 您在巴西任教多长时间了?

3 至 6 个月　1 年　1 年半　2 年　2 年半　3 年　3 年以上

*51. 任期结束后，您会继续申请留在巴西任教吗?

会　　不会

*52. 您在该校的主要职责是:(可多选)

教授汉语　孔子学院行政事务工作　教授汉语语言之外的课程

参与中国文化传播活动　编撰中文教材资料　编写适合巴西的中文教学大纲

HSK 考试工作　汉语桥比赛组织工作　Other (please specify)

○非常不同意　○不同意　○不确定　○同意

○非常同意

*53. 我对我自己的教学效果很满意。

*54. 我所在学校目前教学管理制度很完善。

*55. 我所在学校目前的课程设置很完善。

*56. 我的课堂秩序良好，学生遵守课堂秩序。

*57. 巴西学生迟到是经常的事。

*58. 巴西学生经常不能按时完成我布置的作业。

*59. 我觉得课时不够，教学效果不显著。

*60. 我觉得课时过多，常常感觉负担过重。

*61. 我所在学校目前的教学设备能够满足日常教学需要。

*62. 我觉得巴西学生的学习主动性不够，教学效果不显著。

*63. 我的教学方法能够适应巴西学生的学习特点。

*64. 我觉得我的教学方法需要改进以便满足巴西学生的需求。

*65. 我使用的教材编写合理，适合巴西学生学习汉语。

*66. 我觉得自己在巴西的执教经历对我未来的职业发展很有帮助。

本问卷的网址为：

https://www.surveymonkey.com/r/Preview/?sm=22hL_2F5DAIQROpORozQ5VMxMqqusAA6DPSc_2FPm73TNeCpW9WT8DL5_2BRIaUz3IVbqU

附录 2　巴西汉语教师志愿者访谈提纲

非常感谢您接受我的采访！我们今天主要是想了解您在巴西的生活和工作，以便我们对巴西汉语教学的教材、教师和教法展开研究，为汉语在巴西的传播服务。

1. 您来巴西多长时间了？能介绍您所在的校区的汉语教学基本情况吗？

2. 您觉得您在巴西生活中的主要困难是什么？

3. 您觉得您在巴西工作中的主要困难是什么？

4. 您在巴西教学中使用的教材有哪些？

5. 您对《新实用汉语》（或者《跟我学汉语》、《精英汉语》、《当代中文》）这本教材怎么评价？这本教材的主要问题是什么？

6. 您觉得这本教材是否能够满足巴西汉语教学的实际需要？为什么？

7. 如果让您来编写一本面向巴西汉语学生的汉语教材，您会重点注意哪些方面？

8. 您觉得来巴西当汉语教师志愿者最大的收获是什么？

9. 您觉得汉语教师志愿者管理最大的问题是什么？您未来的职业规划是什么？

10. 如果您是孔子学院院长，您会对巴西汉语教师志愿者们做些什么工作？

11. 您了解的巴西学生有些什么特点？

12. 您觉得巴西学生为什么到孔子学院学习汉语？

13. 您觉得巴西学生最喜欢什么样的教学方法？

14. 您觉得您在巴西的教学方法适合巴西学生吗？有什么特别

推荐的教学方法？

15. 如果请您对即将来巴西的汉语教师志愿者做培训，您的侧重点会是什么？为什么？

附录 3　巴西汉语学员学习动机调查问卷（巴西葡语版）

Questionário 1

1. INFORMAÇÃO DEMOGRÁFICA

Existem algumas perguntas gerais sobre você e suas experiências de aprender chinês. Todos os dados coletados serão mantidos em estritamente confidenciais e utilizados apenas para acadêmica.

* 1. Eu sou

○ Masculino　　○ Feminino

* 2. Quantos anos você tem?

○ <20　○ 20-30　○ 31-40　○ 41-50　○ 51-60　○ >60

* 3. Há quantos anos está estudando chinêscomo língua estrangeira?

○ <meio ano　○ meio ano—um ano　○ um ano—um ano e meio

○ um ano e meio—dois anos　○ dois anos—dois anos e meio

○ dois anos e meio—três anos　○ >três anos

* 4. Quantas aulas de chinês você tem por semana neste semestre?

○ <três horas　○ três horas　○ quatro horas　○ cinco horas

○ seis horas　○ >seis horas

* 5. Quantas horas por semana você estuda chinês depois das aulas?

* 6. Nível de proficiência em chinês?

* 7. Razões para fazer curso de chinês (circule sim ou não para cada ítem).

	Sim	Não
o conteúdo parece-me interessante	○	○
vai me ser útil em outros cursos	○	○
vai ajudar-me a melhorar minha pesquisa	○	○
é uma exigência de minha área	○	○
foi-me recomendado por amigo (a)	○	○
vai melhorar minhas perspectivas de carreira	○	○
cabe na minha agenda	○	○
a cultura chinêsa é interessante para mim	○	○
eu quero estudar mestrado/doutorado na china	○	○

* 8. informações de contato (Este é apenas para o estudo de seguimento.)

Endereço de email:

2. Aprender Curso de Chinês

As perguntas seguintes são a respeito da sua motivação e das suas atitudes frente ao curso de chinês. Lembre-se de que não existem respostas certas ou erradas, basta responder com a maior precisão possível. Use a escala abaixo para responder as perguntas. Se você acha que a afirmação é muito verdadeira sobre você, circule o 7; se a afirmação não é nada verdadeira sobre você, circule o 1. Se a declaração é mais ou menos verdadeira sobre você, procure o número entre 1 e 7 que melhor lhe descreva.

Suas respostas nos ajudarão a melhorar o nosso projeto de ensino no Instituto Confúcio. Muito obrigado.

Nada verdadeira sobre mim　　　　totalmente verdadeira

sobre mim

○ 1 ○ 2 ○ 3 ○ 4 ○ 5 ○ 6 ○ 7

* 9. Numa aulacomo esta, prefiro um material de curso que realmente me desafie para que eu possa aprender coisas novas.

* 10. Se eu estudar apropriadamente, estarei entãoapto (a) a aprender a matéria do curso.

* 11. Quando faço uma prova, penso no quão mal estou indo em comparação com os outros alunos.

* 12. Acho que podereiusar o que estou aprendendo neste curso em outros cursos também.

* 13. Acredito que vou obter uma nota excelente nesta aula.

* 14. Tenho certeza de que posso entender o material mais difícil apresentadosna escuta para este curso.

* 15. Obter uma boa nota nesta aula é a coisa que mais me dá satisfação neste momento.

* 16. Quando faço uma prova, penso nos ítens da prova que não consigo responder.

* 17. É minha culpa se eu não aprendo a matéria deste curso.

* 18. É importante para mim aprender omaterial do curso.

* 19. No momento o mais importante para mim é melhorar minha nota geral, por isso minha maior preocupação é tirar uma boa nota.

* 20. Estou confiante de que consigo aprender os conceitos básicos ensinados neste curso.

* 21. Se sim, quero obter notas melhores do que a maioria dos outros alunos desta aula.

* 22. Quando faço provas penso nas consequências de se fracassar.

* 23. Estou confiante de que consigo entender o material mais complexo apresentado neste curso.

* 24. Numa aulacomo esta, prefiro materiais de curso que despertem minha curiosidade, mesmo que sejam difíceis de aprender.

* 25. Sou muitointeressado (a) na área do conteúdo deste curso.

* 26. Tenho expectativa de sair-me bem nesta aula.

* 27. Se eu tentar para valer, vou entender omaterial do curso.

* 28. Quando faço um exame tenho sentimentos de desconforto e nervosismo.

* 29. Estou confiante de que posso ter um excelente desempenho nas tarefas e provas deste curso.

* 30. O que mais me satisfaz neste curso é tentar entender o conteúdo o mais minuciosamente possível.

* 31. Acho que omaterial do curso é útil para o meu aprendizado.

* 32. Nesta aula, quando tenho oportunidade, escolho tarefas de curso que me façam aprender, mesmo que não me garantam boa nota.

* 33. Se não consigo entender omaterial do curso, é porque não tentei o suficiente.

* 34. Eu gosto do assunto deste curso.

* 35. Entender sobre o assunto deste curso é muito importante para mim.

* 36. Sinto meu coração bater rápido quando faço um exame.

* 37. Tenho certeza de que consigo dominar as habilidades ensinadas nesta aula.

* 38. Quero sair-me bem nesta aula porque é importante que eu mostre minha habilidade para a família, os amigos, empregadores e outros.

* 39. Considerando a dificuldade deste curso, o (a) professor (a), e minhas habilidades, acho que vou sair-me bem neste curso.

本问卷的网址为：

https://www.surveymonkey.com/r/Preview/?sm=ihKor87OS_2FMhlJ8ClgGFRuqaONdGAaKIwbbT_2F1Pw_2BkGikvVxEeOfAzF1oadPoabJ.

附录 4　巴西汉语学员学习动机调查问卷（汉语版）

问卷调查 1

1. 基本信息

下面的一些问题是关于您汉语的学习经历。所有收集到的资料将被严格保密，并仅用于学术研究。

＊1. 您的性别是

○男　○女

＊2. 您的年龄是？

○<20　○20~30　○31~40　○41~50　○51~60　○>60

＊3. 您学习汉语多长时间了？

○<6 个月　○6 个月~1 年　○1 年~1 年半　○1 年半~2 年　○2 年~2 年半　○2 年半~3 年　○>3 年

＊4. 您每周学习的汉语课程是多少小时？

○<3 小时　○3 小时　○4 小时　○5 小时　○6 小时　○>6 小时

＊5. 您每周课外学习多长时间的汉语？

＊6. 您所在的汉语课程班级是？

＊7. 您学习汉语课程的原因是（每个题项请选择是或否）

	是	否
汉语课程内容很有趣	○	○
汉语课程有助于我的其他课程	○	○
汉语课程有助于我的研究	○	○
汉语课程是我的研究领域的要求	○	○
汉语课程是通过朋友推荐给我的	○	○
汉语课程有助于提升我的职业前景	○	○
汉语课程在我的学习计划之列	○	○
我对中国文化感兴趣	○	○
我想到中国攻读硕士/博士学位	○	○

*8. 联系方式（这是为了后续的研究）

电子邮箱：

2. 学习汉语课程

下面的问题是关于您学习中文课程的动机和态度。请记住这些问题没有正确或者错误的答案，只需要您根据您的情况做出尽可能准确的选择。如果您觉得下面的表述对您完全真实，请选择7。如果您觉得下面的表述对您完全不真实，请选择1。如果觉得下面的表述对您或多或少有些真实，请根据实际情况在数字1~7之间作出选择。

您的答案将有助于我们改进孔子学院的教学设计。非常感谢您的帮助！

对我完全不真实　　　　　　　　　　　　对我完全真实

○1　○2　○3　○4　○5　○6　○7

*9. 我更喜欢对我有实际挑战从而使我能够学到新东西的课程内容。

*10. 如果学习方法合适，我将能够学到课程中的内容。

*11. 在考试时，我觉得自己与其他学生相比做得很差。

*12. 我觉得我会在其他课程上用到汉语课程里所学的内容。

*13. 我相信我会取得优秀的成绩。

＊14. 我确定我在听课中能听懂最难的内容。

＊15. 取得好成绩是我现在最满意的事情。

＊16. 在考试时，我想着卷子上我不能回答的部分。

＊17. 如果我没有学到课程中的内容，那将是我的错误。

＊18. 学习课程对我很重要。

＊19. 现在最重要的事情是提高我的成绩，所以我最关注的是得到一个好成绩。

＊20. 我自信能够学好课程中的基本概念。

＊21. 如果可能，我想得到比其他学生更好的成绩。

＊22. 在考试时，我想着考试失败的结果。

＊23. 我自信能够理解课程中最复杂的内容。

＊24. 我更喜欢那些让我感到好奇的课程内容，即使这些内容很难学。

＊25. 对课程的内容我很有兴趣。

＊26. 我期望在课堂上表现很好。

＊27. 如果我足够努力，我会理解课程内容。

＊28. 在考试时，我感觉心神不安、难过。

＊29. 我自信我的作业和考试都能够做到优秀。

＊30. 最让我满意的是我能够尽可能透彻地理解课程内容。

＊31. 我认为课程材料对我学习很有用。

＊32. 当我有机会时，我会选择我能学有所得的课程作业，即使这些内容无法保证好的学习成绩。

＊33. 如果我没有理解课程的内容，那是因为我没有足够努力。

＊34. 我喜欢课程的主题内容。

＊35. 理解课程的主题内容对我很重要。

＊36. 在考试时，我感觉心跳加速。

＊37. 我确信我掌握了课堂上所教的技能。

＊38. 我想做得更好，因为这样可以向我的家人、朋友和老板显示我的能力。

＊39. 考虑到课程的困难、老师和我的技能，我会做得很好。

附录5　巴西汉语学员学习策略调查问卷（巴西葡语版）

INVENTARIO DE ESTRATEGIAS PARA O APRENDIZADO DE LINGUA CHINES

VERSAO EM PORTUGUES

Instruoes

Este questionario foi preparado para investigar as diferentes estrategias utilizadas por você no seu aprendizado de chinês—descobrir COMO você aprende. Ele consiste de varias afirmaoes. Leia cada uma delas cuidadosamente e marque suas respostas（1，2，3，4 ou 5）no formulario de resposta，de acordo com o grau de veracidade das afirmaoes：

1. Nunca ou quase nunca verdadeiro sobre mim.
2. Normalmente nao e verdadeiro sobre mim.
3. De certa forma e verdadeiro sobre mim.
4. Normalmente e verdadeiro sobre mim.
5. E sempre verdadeiro sobre mim.

NUNCA OU QUASE NUNCA VERDADEIRO significa quea afirmaao **muito raramente** e verdadeira no que diz respeito a você.

NORMALMENTE NAO E VERDADEIRO significa quea afirmaao e verdadeira menos que **metade do tempo**.

DE CERTA FORMA VERDADEIRO significa quea afirmaao e

verdadeira **a metade do tempo**.

NORMALMENTE VERDADEIRO significa quea afirmaao e verdadeira **mais que a metade to tempo**.

SEMPRE OU QUASE SEMPRE VERDADEIRO significa quea afirmaao e verdadeira **quase sempre**.

Responda considerando **o quanto a afirmaao se aproxima de você. Nao ha resposta certa ou errada**. Trabalhe tao rapidamente quanto for possivel, sem ser descuidado. Em media, o questionario e preenchido em 20-30 minutos. Suas respostas serão muito importantes para a adaptação do ensino chinês para suas estratégias de aprender chinês.

Leia a afirmaao abaixo, escolha a resposta que melhor descreve você (1, 2, 3, 4 ou 5)

INFORMAÇÃO DEMOGRÁFICA

(Para esta parte, por favor, escreva sua resposta depois de cada pergunta.)

1. Eu sou Masculino Feminino

2. Quantos anos você tem? ______

3. Há quantos anos está estudando chinêscomo língua estrangeira? ______

4. Quantas aulas de chinês você tem por semana neste semestre? ______

5. Quantas horas por semana você estuda chinês depois das aulas? ______

6. Nível de proficiência em chinês? (sua classe) ______

7. Qual o grau de instrução mais alto que vocêobteve? ______

1) Não frequentou escola

2) Iniciou o ensino fundamental, entre a 1 e a 4 série

3) Iniciou o ensino fundamental, entre a 5 e a 8 série

4）Ensino Fundamental completo（1 a 8 séries）

5）Ensino Médio incomplete

6）Ensino Médio completo

7）Universitário incompleto

8）Universitário completo

9）Mestrado ou Doutorado

8. Qual o grau de instrução mais alto que seu pai obteve?（escolha uma das opções de questão 7）______

9. Qual o grau de instrução mais alto que sua mãeobteve?（escolha uma das opções de questão 7）______

10. Entre as alternativas abaixo，qual e a sua cor（IBGE）? ______

1）Branca； 2）Preta； 3）Amarela； 4）Parda；

5）Indígena

Exemplo

1. Nunca ou quase nunca verdadeiro sobre mim.
2. Normalmente nao e verdadeiro sobre mim.
3. De certa forma e verdadeiro sobre mim.
4. Normalmente e verdadeiro sobre mim.
5. E sempre verdadeiro sobre mim.

Leia a afirmaao abaixo，escolha a resposta que melhor descreve você（1，2，3，4 ou 5）

Eu procuro intensamente oportunidades de falar com pessoas que falam

chinês. __________

Você acabou de completar o exemplo. Agora，responda o questionario usando o formulario de resposta.

SECAO A

1. Associo o que e novo com o que ja sei quando aprendo chinês.
2. Coloco palavras novas em chinês dentro de frases para poder lembra-las.

3. Relaciono o som de uma palavra nova em chinês com uma imagem ou representaao (figura) da palavra que me ajude a lembra-la.

4. Eu consigo me lembrar de uma palavra nova em chinês se imaginar uma situaao na qual ela possa ser usada.

5. Eu uso rima para me lembrar de palavras novas em chinês.

6. Eu uso flashcards para aprender palavras novas em chinês.

7. Eu uso expressao corporal para representar palavras novas em chinês.

8. Eu sempre revejo minhas lioes de chinês.

9. Eu me lembro de palavras ou frases novas em chinês lembrando da localizaao delas na pagina, no quadro-negro, ou em sinal de rua.

SECAO B

10. Falo ou escrevo palavras novas em chinês varias vezes.

11. Tento imitar nativos da lingua chinêsa.

12. Pratico os sons da lingua chinêsa.

13. Uso as palavras que ja sei em chinês de formas diferentes.

14. Tomo a iniciativa de conversar em chinês.

15. Assisto programas de TV ou filmes, em chinês.

16. Leio em chinês por prazer.

17. Escrevo bilhetes, mensagens, cartas, ou relatorios em chinês.

18. Ao ler em chinês, primeiro passo os olhos rapidamente pelo texto, depois leio-o com cuidado.

19. Procuro encontrar palavras em portugues que sejam parecidas com as palavras novas em chinês.

20. Tento encontrar sequencias que se repetem (padroes) em chinês.

21. Descubro o significado de uma palavra em chinês dividindo-a em partes que posso compreender.

22. Tento nao traduzir palavra por palavra.

23. Fao resumos (sinopses) de textos que escuto ou leio em chinês.

SECAO　C

24. Para compreender palavras desconhecidas, procuro advinhar.

25. Quando nao consigo me lembrar de uma palavra durante uma conversa em chinês, uso gestos (expressao corporal) .

26. Eu crio palavras novas quando nao sei as corretas em chinês.

27. Leio em chinês sem pesquisar cada palavra nova que aparece.

28. Tento advinhar o que a outra pessoa vai responder em chinês.

29. Se nao consigo me lembrar de uma palavra em chinês, uso uma outra palavra ou frase que signifique a mesma coisa.

SECAO　D

30. Procuro as mais diversas oportunidades de usar o meu chinês.

31. Percebo os meus erros em chinês e uso essa informaao para melhorar o meu aprendizado.

32. Presto atenao quando alguem esta falando chinês.

33. Tento descobrir como aprender melhor em chinês.

34. Planejo o meu tempo de forma que tenha tempo suficiente para estudar chinês.

35. Procuro encontrar pessoas com quem possa falar chinês.

36. Procuro oportunidades de ler, quanto for possivel, em chinês.

37. Tenho objetivos claros que requerem o aperfeioamento de minhas habilidades em chinês.

38. Penso sobre o meu progresso no aprendizado de chinês.

SECAO　E

39. Tento relaxar toda vez que fico nervoso por ter que falar chinês.

40. Tento me incentivar a falar chinês mesmo quando estou com medo de cometer erros.

41. Presenteio-me com um agrado qualquer quando me saio bem em chinês.

42. Percebo se estou tenso ou nervoso quando estou estudando chinês.

43. Anoto as minhas inseguranas no aprendizado de chinês num

diario.

44. Converso com outras pessoas sobre como me sinto quando estou aprendendo chinês.

SECAO　F

45. Quando nao entendo alguma coisa em chinês, peo a outra pessoa para falar mais devagar ou repetir.

46. Peo a pessoas que falam chinês para me corrigir quando cometo erros.

47. Pratico chinês com os meus amigos.

48. Peo ajuda a pessoas que falam chinês.

49. Faço perguntas em chinês.

50. Procuro aprender sobre a cultura de nativos da lingua chinêsa.

1. Escreva a resposta de cada item (isto e, 1, 2, 3, 4, ou 5) nos espaos em branco.

2. Some cada coluna. Coloque o resultadona linha que indica SOMA.

3. Divida pelo numero indicado para obter asmedias em cada coluna. Arredonde esta media

ate a primeira casa decimal (como por exemplo em 3. 4).

4. Calcule sua media geral. Para isto, adicione as somas em cada secao do questionario, e depois, divida o total encontrado por 50.

5. Copie suas medias (em cada secao, e no geral) da folha de resposta para a folha que descreve oresultado.

SECAO A	SECAO B	SECAO C	SECAO D	SECAO E	SECAO F	TOTAL
1. ____	10. ____	24. ____	30. ____	39. ____	45. ____	soma A ____
2. ____	11. ____	25. ____	31. ____	40. ____	46. ____	soma B ____
3. ____	12. ____	26. ____	32. ____	41. ____	47. ____	soma C ____
4. ____	13. ____	27. ____	33. ____	42. ____	48. ____	soma D ____
5. ____	14. ____	28. ____	34. ____	43. ____	49. ____	soma E ____
6. ____	15. ____	29. ____	35. ____	44. ____	50. ____	soma F ____

7. ____ 16. ____ 36. ____
8. ____ 17. ____ 37. ____
9. ____ 18. ____ 38. ____
19. ____
20. ____
21. ____
22. ____
23. ____

SOMA A ____ 9=____
SOMA B ____ 14=____
SOMA C ____ 6=____
SOMA D ____ 9=____
SOMA E ____ 6=____
SOMA F ____ 6=____
TOTAL ____ 50=____ （MEDIA GERAL）

附录6 巴西汉语学员学习策略调查问卷（汉语版）

说 明

这份语言学习策略调查问卷表是为巴西汉语学生所设计。内容关于汉语学习状况等陈述。请仔细阅读每项陈述。依据每一项陈述对于您的真实性，请把答案（1，2，3，4，5）写在后面答案分数工作单上。

1. 我从来都没有或是几乎没有。
2. 我通常没有。
3. 有点像我。
4. 我通常是这样。
5. 我一直都是这样，或是几乎一向如此。

“我从来都没有或是几乎没有”表示该陈述的正确性很低。

“我通常没有”表示该陈述的正确性没有超过一半。

“有点像我”表示该陈述的正确性为一半。

“我通常是这样”表示该陈述的正确性已超过一半。

“我一直都是这样，或是几乎一向如此”表示该陈述的正确性几乎百分之百。

您的回答是根据该陈述有多么像你的程度。不要依照您认为自己应该是什么样子或是别人是怎么认为的来回答。这些陈述并没有对或错的标准答案。请在谨慎小心的情况下快速作答。这份问卷通常需花20到30分钟。您的回答对于调整针对巴西汉语学习者的教学策略十分重要。

基本信息

（这一部分，请把答案直接写在每个问题的后面）

1. 我是	男性	女性
2. 您的年龄？	______	______
3. 您学习汉语的时间？	______	______
4. 您每周学习汉语的课时是？	______	______
5. 您每周课外学习汉语的时间是？	______	______
6. 您所在的班级是？	______	______
7. 您的最高受教育程度是？	______	______

1）没有上过学

2）小学1~4年级

3）小学5~8年级

4）小学毕业

5）中学

6）中学毕业

7）大学

8）大学毕业

9）硕士或者博士

8. 您父亲最高受教育程度是？（请依照第7题的选项做出选择）________

9. 您母亲最高受教育程度是？（请依照第7题的选项做出选择）________

10. 您的肤色是（IBGE）？ ________

1）白人；　2）黑人；　3）黄种人；　4）混血；　5）印第安人

示　例

1. 我从来都没有或是几乎没有。
2. 我通常没有。
3. 有点像我。

4. 我通常是这样。

5. 我一直都是这样，或是几乎一向如此。

阅读下面的描述，根据您的情况在1，2，3，4，5中做出选择

我会找机会跟他人说汉语。________4________

现在请根据您的实际情况作出选择。

第一部分

1. 我常将自己已有的知识与汉语学习中学到的新知识联系起来。

2. 我常通过在句子中使用新学的单词来记住它们。

3. 我常通过联想把单词的音、形、义联系起来，以帮助记忆。

4. 我通过联想单词可能的使用情境来记忆单词。

5. 我利用汉语的节奏来记生词。

6. 我将生词写在卡片上来更好地记单词。

7. 我常借助肢体语言来记忆单词。

8. 我常通过复习汉语课文来记单词。

9. 我通过记住单词在书上、黑板上或路牌上的位置来记新单词。

第二部分

10. 我常重复读写来记忆单词。

11. 我试着模仿汉语本族语者的语音、语调。

12. 我常常练习汉语发音。

13. 我以多种方式使用我所学过的单词。

14. 我主动尝试用汉语与别人交谈。

15. 我课外经常主动看中文电视和电影。

16. 我把阅读汉语作为一种乐趣。

17. 我用汉语记笔记、留言、写信或写日记。

18. 读汉语文章时，我先快速地浏览一遍全文，然后再仔细地阅读。

19. 遇到生词时，我会寻找与其对应的中文词汇。

20. 我试着总结汉语中的规律，如习语或句型。

21. 如果知道单词各个部分的含义，我就能知道整个单词的

意思。

22. 我尽量避免逐字逐句地翻译。

23. 我常归纳总结我所听到或读到的中文。

第三部分

24. 遇到不太熟悉的单词，我会根据上下文来猜测它的意思。

25. 当我在交谈中一时想不起某个单词时，我会使用手势或动作来表达。

26. 当我不知道用哪个单词才能表达恰当时，我会用知道的单词造一个新的词。

27. 在阅读中文时，遇到新词，我不会逐个去查字典。

28. 在进行中文交谈时，我会去预测别人将要说什么。

29. 当我一下想不起某个中文单词时，我就用意思相近的单词或短语来代替。

第四部分

30. 我试着发现多种学习汉语的方法。

31. 我会留心自己所犯的汉语错误，并据此更有效地学习。

32. 有人说汉语时，我会非常集中注意力去听。

33. 我试着找出如何学好汉语的方法。

34. 为了有足够的时间来学习汉语，我会制定学习时间表。

35. 我会设法寻找能与我用汉语交谈的人。

36. 我积极寻求机会尽可能多地阅读汉语。

37. 对如何提高自己的汉语技能，我有明确的目标。

38. 我会经常检查自己在汉语学习中的进步。

第五部分

39. 每当我对汉语学习有恐惧感时，我会试着放松心情。

40. 尽管我担心出错，我仍会鼓励自己说汉语。

41. 当我的汉语表现不错或取得进步时，我会奖励自己。

42. 学习或使用汉语时，我会留意自己是否紧张。

43. 我会把自己学习汉语的感受记在日记中。

44. 我会和别人交流自己学习汉语的心得体会。

第六部分

45. 当我听不懂对方说的话时，我会请求对方讲慢一点或重复一遍。

46. 我请别人纠正我的中文表达。

47. 我课外尽量和其他同学一起练习中文。

48. 我会向汉语老师寻求帮助。

49. 我会用汉语来提问题。

50. 我努力学习汉语国家的文化。

参考文献

专著类：

[1]白乐桑．说文解字[M]．北京：北京大学出版社，2002.

[2]北京大学中国语言文学系现代汉语教研室．现代汉语[M]．北京：商务印书馆，2003.

[3]北京大学中国语言文学系现代汉语教研室．现代汉语专题教程[M]．北京：北京大学出版社，2003.

[4]北京语言大学对外汉语研究中心编．不同环境下的汉语教学探索：第五届对外汉语学术研讨会文集[C]．北京：外语教学与研究出版社，2009.

[5]北京语言大学对外汉语研究中心编．国际汉语教学理念与模式创新：第七届对外汉语学术研讨会文集[C]．北京：外语教学与研究出版社，2011.

[6]蔡整莹．汉语口语教学法[M]．北京：北京语言大学出版社，2009.

[7]曾立英．汉语作为第二语言的词汇教学[M]．北京：中央民族大学出版社，2010.

[8]陈昌来．对外汉语教学概论[M]．上海：复旦大学出版社，2007.

[9]陈默．汉语作为第二语言的声调浮现过程：基于无声调语言母语者的研究[M]．北京：北京语言大学出版社，2013.

[10]陈青文．语言、媒介与文化认同：汉语的全球传播研究[M]．上海：上海交通大学出版社，2013.

[11]陈贤纯．外语阅读教学与心理学[M]．北京：北京语言文化大学出版社，1998.

[12]陈英和．认知发展心理学[M]．杭州：浙江人民出版社，1996.
[13]陈志锐主编．行动与反思：华文作为第二语言之教与学[M]．南京：南京大学出版社，2011.
[14]程琪龙．概念框架和认知[M]．上海：上海外语教育出版社，2006.
[15]程棠．对外汉语教学理论与实践关系问题综论[M]．北京：北京语言大学出版社，2007.
[16]程棠．对外汉语教学目的、原则、方法(第二版)[M]．北京：北京语言大学出版社，2008.
[17]仇鑫奕．目的语环境优势与对外汉语教学的新思路[M]．北京：世界图书出版公司北京公司，2013.
[18]崔永华．对外汉语教学的教学研究[M]．北京：外语教学与研究出版社，2005.
[19]戴浩一，薛凤生．功能主义与汉语语法[M]．北京：北京语言学院出版社，1994.
[20]丁声树．现代汉语语法讲话[M]．北京：商务印书馆，2002.
[21]杜道明编著．汉语作为第二语言教学文化概说[M]．北京：北京大学出版社，2008.
[22]方绪军．对外汉语词汇教与学[M]．北京：北京师范大学出版社，2008.
[23]房玉清．实用汉语语法[M]．北京：北京语言学院出版社，1992.
[24]高燕．对外汉语词汇教学[M]．上海：华东师范大学出版社，2007.
[25]桂诗春．新编心理语言学[M]．上海：上海外语教育出版社，2000.
[26]郭熙．华文教学概论[M]．北京：商务印书馆，2007.
[27]国家汉语国际推广领导小组办公室．国际汉语教学通用课程大纲[M]．北京：外语教学与研究出版社，2008.
[28]何九盈，胡双宝，张猛．中国文化文字大观[M]．北京：北京

大学出版社，1995.
[29]何九盈．中国现代语言学史[M]．广州：广东教育出版社，2000.
[30]洪历建主编．不同语言、文化和政策环境下的汉语教学[M]．上海：学林出版社，2014.
[31]洪历建主编．全球语境下的汉语教学[M]．上海：学林出版社，2011.
[32]胡旭东．去他的巴西[M]．南京：南京大学出版社，2012.
[33]胡裕树．现代汉语[M]．上海：上海教育出版社，2004.
[34]黄伯荣，廖序东．现代汉语[M]．北京：高等教育出版社，2007.
[35]黄锦章，刘焱主编．对外汉语教学中的理论与方法[M]．北京：北京大学出版社，2004.
[36]黄志良，刘静言．热力桑巴——巴西[M]．上海：上海锦绣文章出版社，1970.
[37]姬建国．跨文化教学意识与国际汉语师资培训[M]．北京：北京师范大学出版社，2011.
[38]贾益民．华文教育概论[M]．广州：暨南大学出版社，2012.
[39]江新．对外汉语教学的心理学探索[M]．北京：教育科学出版社，2007.
[40]姜丽萍．对外汉语教学论[M]．北京：北京语言大学出版社，2008.
[41]姜丽萍．汉语作为第二语言课堂教学[M]．北京：北京大学出版社，2011.
[42]姜明宝主编．汉语国际教育人才培养理论研究[M]．北京：北京语言大学出版社，2013.
[43]卡洛斯·马泽澳．巴西资产阶级与资本主义[M]．圣保罗：圣保罗阿兹卡出版社，1988.
[44]李春红．汉语传播新视域：理论探微及词汇认知与习得[M]．广州：世界图书出版广东有限公司，2013.
[45]李德津，等．外国人实用汉语语法[M]．北京：华语教学出版

社，2009.
[46]李恩华．对外汉语教学中偏误分析与统计应用[M]．上海：上海大学出版社，2008.
[47]李坤珊主编．留学生在华汉语教育初探：汉语作为第二语言习得研究[M]．北京：北京大学出版社，2008.
[48]李泉．对外汉语教材研究[M]．北京：商务印书馆，2006.
[49]李泉主编．对外汉语教学学科理论研究[M]．北京：商务印书馆，2006.
[50]李泉主编．对外汉语课程、大纲与教学模式研究[M]．北京：商务印书馆，2006.
[51]李蕊．外国人汉字习得与教学[M]．广州：中山大学出版社，2014.
[52]李盛兵，周健主编．汉语国际教育理论研究[M]．北京：科学出版社，2012.
[53]李晓琪．汉语第二语言教材编写[M]．北京：北京师范大学出版社，2013.
[54]李晓琪主编．对外汉语口语教学研究[M]．北京：商务印书馆，2006.
[55]李晓琪主编．对外汉语听力教学研究[M]．北京：商务印书馆，2006.
[56]李晓琪主编．对外汉语文化教学研究[M]．北京：商务印书馆，2006.
[57]李晓琪主编．对外汉语阅读与写作教学研究[M]．北京：商务印书馆，2006.
[58]李晓琪主编．对外汉语综合课教学研究[M]．北京：商务印书馆，2006.
[59]李杨，等．对外汉语教学课程研究[M]．北京：北京语言文化大学出版社，1998.
[60]李珠，姜丽萍．怎样教外国人汉语[M]．北京：北京语言大学出版社，2008.
[61]刘焕卿．世界各国文化概览·巴西文化[M]．北京：文化艺术

出版社，2003.
[62]刘叔新．现代汉语理论教程[M]．北京：高等教育出版社，2004.
[63]刘颂浩．对外汉语教学研究[M]．北京：教育科学出版社，2005.
[64]刘珣．对外汉语教学引论[M]．北京：北京语言大学出版社，2000.
[65]刘珣．对外汉语教育学科初探[M]．北京：外语教学与研究出版社，2005.
[66]刘珣．对外汉语教育学引论[M]．北京：北京语言文化大学出版社，2003.
[67]刘月华．实用现代汉语语法(增订本)[M]．北京：商务印书馆，2007.
[68]卢福波．对外汉语教学实用语法[M]．北京：北京语言大学出版社，2013.
[69]吕必松．对外汉语教学发展概要[M]．北京：北京语言学院出版社，1990.
[70]吕必松．汉语和汉语作为第二语言教学[M]．北京：北京大学出版社，2007.
[71]吕必松．华语教学新探[M]．北京：北京语言大学出版社，2012.
[72]吕必松．语言教育与对外汉语教学[M]．北京：外语教学与研究出版社，2005.
[73]吕叔湘．吕叔湘语文论集[M]．北京：商务印书馆，1993.
[74]吕叔湘．现代汉语八百词(增订本)[M]．北京：商务印书馆，2003.
[75]吕叔湘．语文常谈[M]．北京：三联书店，1980.
[76]吕叔湘．中国文法要略[M]．北京：商务印书馆，1982.
[77]吕叔湘主编．现代汉语词典(第6版)[M]．北京：商务印书馆，2012.
[78]吕玉兰．透视课堂：对外汉语课堂言语交际研究[M]．北京：

中国文史出版社，2011.
[79]马建忠．马氏文通[M]．北京：商务印书馆，1983.
[80]毛世桢．对外汉语语音教学[M]．上海：华东师范大学出版社，2008.
[81]南美侨报社编印．华人移民巴西200周年纪念特刊[M]．圣保罗：南美侨报社，2013.
[82]欧阳祯人．对外汉语教学的文化透视[M]．北京：北京大学出版社，2009.
[83]欧阳祯人．中国古代文学史教程[M]．北京：北京大学出版社，2007.
[84]欧阳祯人．中国现当代文学史教程[M]．北京：北京大学出版社，2007.
[85]潘文国．汉英对比纲要[M]．北京：北京语言文化大学出版社，2002.
[86]彭俊主编．华文教学研究[M]．广州：暨南大学出版社，2009.
[87]彭增安．跨文化的语言传通：汉语二语习得与教学[M]．上海：学林出版社，2007.
[88]濮之珍．中国语言学史[M]．上海：上海古籍出版社，2013.
[89]齐沪扬．对外汉语教学语法[M]．上海：复旦大学出版社，2012.
[90]萨丕尔．语言论[M]．北京：商务印书馆，1985.
[91]邵菁，金立鑫．认知功能教学法[M]．北京：北京语言大学出版社，2007.
[92]邵敬敏．汉语与法学史稿[M]．北京：商务印书馆，2006.
[93]邵敬敏．现代汉语通论[M]．上海：上海教育出版社，2005.
[94]施春宏编著．作为第二语言的汉语概说[M]．北京：北京大学出版社，2009.
[95]石毓智．语法的认知语义基础[M]．南昌：江西教育出版社，2000.
[96]束定芳，庄志象．现代外语教学——理论、实践与方法[M].

上海：上海外语教育出版社，1996.
[97]束定芳．外语教学改革：问题与对策[M]．上海：上海外语教育出版社，2004.
[98]宋柔主编．对外汉语教学中的信息资源和信息处理[M]．北京：北京大学出版社，2008.
[99]孙德金．对外汉语教学课程论[M]．北京：商务印书馆，2014.
[100]孙德金．对外汉语语音及语音教学研究[M]．北京：商务印书馆，2006.
[101]孙德金．对外汉语教学研究[M]．北京：商务印书馆，2006.
[102]孙德金，等．欧美学生汉语语法习得与认知研究[M]．北京：北京大学出版社，2012.
[103]孙德金主编．对外汉语词汇及词汇研究[M]．北京：商务印书馆，2006.
[104]孙德金主编．对外汉语语法及语法教学研究[M]．北京：商务印书馆，2006.
[105]唐智芳．文化视域下的对外汉语教学研究[M]．长沙：湖南师范大学出版社，2014.
[106]田艳．国际汉语课堂教学研究：课堂教学的组织与设计[M]．北京：中央民族大学出版社，2010.
[107]王国安，要英主编．汉语国际推广与中国文化[M]．上海：学林出版社，2008.
[108]王建勤主编．汉语作为第二语言的学习者习得过程研究[M]．北京：商务印书馆，2006.
[109]王建勤主编．汉语作为第二语言的学习者与汉语认知研究[M]．北京：商务印书馆，2006.
[110]王建勤主编．汉语作为第二语言的学习者语言系统研究[M]．北京：商务印书馆，2006.
[111]王力．汉语语法史[M]．北京：商务印书馆，2000.
[112]王永德．留学生习得汉语句子发展研究[M]．上海：复旦大学出版社，2008.

[113]魏海平，李步军，王川．对外汉语教学课程设置及教材使用现状研究[M]．成都：四川大学出版社，2013.
[114]温晓红．汉语作为第二语言的习得与教学[M]．北京：北京大学出版社，2012.
[115]温晓红．汉语作为外语的习得研究——理论基础与课堂实践[M]．北京：北京大学出版社，2008.
[116]吴勇毅．对外汉语教学法[M]．北京：商务印书馆，2012.
[117]吴勇毅．对外汉语教学探索[M]．上海：学林出版社，2004.
[118]邢福义．现代汉语[M]．北京：高等教育出版社，2001.
[119]邢公畹．现代汉语教程[M]．天津：南开大学出版社，2008.
[120]邢志群．国别化：对英汉语教学法——汉英对比分析[M]．北京：北京大学出版社，2011.
[121]徐彩华．汉字认知与汉字学习心理研究[M]．北京：知识产权出版社，2010.
[122]徐捷源．曝斋随笔[M]．圣保罗：圣保罗中华会馆华光报，1999.
[123]徐通锵．基础语言学教程[M]．北京：北京大学出版社，2001.
[124]徐子亮．对外汉语教学心理学[M]．上海：华东师范大学出版社，2007.
[125]徐子亮．汉语作为外语的学习研究：认知模式与策略[M]．北京：北京大学出版社，2010.
[126]亚伯拉罕·马斯洛．动机与人格[M]．许金生等，译．北京：中国人民大学出版社，2014.
[127]严晓鹏．孔子学院与华文学校发展比较研究[M]．杭州：浙江大学出版社，2014.
[128]杨金华．外国人汉语语法习得难点研究[M]．上海：上海大学出版社，2012.
[129]杨翼．汉语教学评价[M]．北京：北京语言大学出版社，2008.
[130]姚道中，等．中文教材与教学研究：刘月华教授荣退纪念论

文集[M]. 北京：北京语言大学出版社，2005.
[131]叶蜚声，徐通锵. 语言学纲要[M]. 北京：北京大学出版社，2006.
[132]翟艳，苏英霞编著. 汉语作为第二语言技能教学[M]. 北京：北京大学出版社，2010.
[133]张本楠. 中文听力教学导论[M]. 北京：北京语言大学出版社，2008.
[134]张博，等. 基于中介语语料库的汉语词汇专题研究[M]. 北京：北京大学出版社，2008.
[135]张高翔主编. 汉语国际教育调查与研究[M]. 昆明：云南大学出版社，2013.
[136]张和生. 对外汉语词汇教学研究：义类和形类[M]. 北京：北京大学出版社，2010.
[137]张和生. 对外汉语课堂教学技巧研究[M]. 北京：商务印书馆，2006.
[138]张杰. 中国传统文化[M]. 武汉：武汉大学出版社，1993.
[139]张宁志，等. 国别化汉语教学研究：出国教师视角[M]. 郑州：河南大学出版社，2013.
[140]张西平. 世界主要国家语言推广政策概览[M]. 北京：外语教学与研究出版社，2008.
[141]张新明. 简明对外汉语教学法[M]. 上海：学林出版社，2012.
[142]赵金铭. 对外汉语教学概论[M]. 北京：商务印书馆，2004.
[143]赵贤州. 建国以来对外汉语教材研究报告[A]. 见：李泉. 对外汉语教材研究[M]. 北京：商务印书馆，2006.
[144]赵元任. 汉语口语语法[M]. 北京：商务印书馆，2001.
[145]赵元任. 语言问题[M]. 北京：商务印书馆，1980.
[146]郑世珏，等. 对外汉语可视化教学方法论[M]. 北京：清华大学出版社，2013.
[147]郑艳群. 对外汉语计算机辅助教学的实践研究[M]. 北京：商务印书馆，2006.

[148]郑艳群．计算机技术与世界汉语教学[M]．北京：外语教学与研究出版社，2008.
[149]中华人民共和国国务院新闻办公室编．中国—巴西[C]．北京：五洲传播出版社，2003.
[150]周健．汉字教学理论与方法[M]．北京：北京大学出版社，2007.
[151]周健．语感培养模式：对外汉语教学的理念与实践[M]．北京：外语教学与研究出版社，2011.
[152]周思源主编．对外汉语教学与文化[M]．北京：北京语言文化大学出版社，1997.
[153]周小兵，李海鸥．对外汉语教学入门[M]．广州：中山大学出版社，2004.
[154]周小兵．对外汉语教学入门(第二版)[M]．广州：中山大学出版社，2012.
[155]周雪，康建东编著．应用语言学论文撰写及数据分析[M]．北京：北京大学出版社，2012.
[156]朱德熙．语法讲义[M]．北京：商务印书馆，1997.
[157]朱永生，彭增安主编．多元文化背景下的对外汉语教学[M]．上海：学林出版社，2006.
[158]朱枝富．激情巴西与浪漫西欧[M]．长沙：湖南地图出版社，2004.
[159]朱志平，冯丽萍主编．汉语作为第二语言习得研究[M]．北京：北京师范大学出版社，2014.
[160]朱志平．汉语第二语言教学理论概要[M]．北京：北京大学出版社，2008.

期刊论文类：

[1]白乐桑．汉语教材中的文、语之争：是合并，还是自主，抑或分离？[J]．世界汉语教学，1996(4)：98-100.
[2]曹晓玉．留学生汉语学习策略的调查与分析[J]．外语教育教学，2010(6)：134-136.
[3]柴纹纹．巴西留学生汉语学习偏误分析与对外汉语教学[J]．科

教文汇(上旬刊)，2011(4)：84-85.
[4]柴纹纹．汉语和葡萄牙语构词法对比研究[D]．北京：中央民族大学，2011.
[5]常宝儒．在“新中国对外汉语教学 52 周年座谈会”上的讲话[A]．见：李泉．对外汉语教材研究[M]．北京：商务印书馆，2006.
[6]陈安改．浅析中国对巴西直接投资的现状及发展趋势[J]．连云港师范高等专科学校学报，2014(1)：91-94.
[7]陈培爱，沈蓓蓓．跨文化传播视域下的孔子学院功能研究[J]．新闻春秋，2013(4)：54-59.
[8]陈天序．非目的语环境下泰国与美国学生汉语学习动机研究[J]．语言教学与研究，2012(4)：30-37.
[9]陈文博．任务型语言教学法在对外汉语教学中的应用——基于汉语课堂教学示范初级口语课的分析[J]．语言与翻译，2011(2)：73-77，80.
[10]陈雯雯．巴西华文教育现状探析[J]．华文教学与研究，2015(2)：1-11.
[11]陈喜荣．中国巴西科技合作影响因素及前景[J]．中共福建省委党校学报，2013(1)：105-110.
[12]陈亚伟，李 娟．巴西基础教育十年进展述评(1995—2004)及启示[J]．外国教育研究，2006(8)：32-36.
[13]程晶．华侨华人与中国软实力在巴西的提升[J]．湖北大学学报(哲学社会科学版)，2012(6)：105-109.
[14]程相文．对外汉语教材的创新[J]．语言文字应用，2001(4)：36-42.
[15]程也. 专访许琳：孔子学院的使命——有朋在远方[J]．社会观察，2010(9)：37-39.
[16]崔希亮．汉语国际教育“三教”问题的核心与基础[J]．世界汉语教学，2010(1)：73-81.
[17]代爱芳．巴西留学生汉语语音偏误分析[J]．时代教育，2014(3)：125.

[18]代爱芳．对巴西留学生的汉语语音教学方法初探[J]．学周刊，2014(10)：18.
[19]戴浩一．以认知为基础的汉语功能语法刍议(上)[J]．叶蜚声，译．国外语言学，1990(4)：21-27.
[20]戴浩一．以认知为基础的汉语功能语法刍议(下)[J]．叶蜚声，译．国外语言学，1991(1)：25-33.
[21]丁安琪．美国夏威夷大学沉浸式汉语师资培训模式分析——兼谈国际汉语教师培训[J]．课程·教材·教法，2012(7)：118-122.
[22]丁金宏．巴西人口城市化进程及模式研究[D]．上海：华东师范大学，2011.
[23]杜金山．对"三教"问题的反思[J]．湖北教育：综合资讯，2012(1)：60.
[24]冯小钉．短期留学生学习动机的调查分析[J]．云南师范大学学报，2003(2)11-14.
[25]高伟浓，徐珊珊．巴西华人社团的类型及发展特色——以20世纪80年代之后成立的社团为主[J]．八桂侨刊，2013(2)：48-53.
[26]高子茜．对外汉语教材对比研究——以《长城汉语》和《精英汉语》为例[D]．保定：河北大学，2014.
[27]郭军叶．巴西留学生汉语声韵母习得偏误分析浅探[J]．科技创新导报，2012(2)：250.
[28]郭军叶．巴西留学生汉语声调偏误分析及教学对策浅探[J]．中国校外教育中旬刊，2012(1)：81，85.
[29]郭茜．不同类型汉语学习者的学习动机比较研究——美国大、中学生及联合国雇员动机调查报告[A]．第九届国际汉语教学研讨会文选[C]．北京：高等教育出版社，2010.
[30]郭熙．对海外华文教学的多样性及其对策的新思考[J]．语言教学与研究，2013(3)：1-6.
[31]国相．投资巴西[J]．中国对外贸易，2014(8)：14-18.
[32]何静．母语为日语、葡语的学习者使用名量词的偏误分析与

教学策略[D]. 武汉：湖北大学，2011.
[33]贺军. 任务型教学法的核心问题[J]. 中国电力教育[J]，2009(9)：206-209.
[34]贺阳. 汉语学习动机的激发与汉语国际传播[J]. 语言文字应用，2008(2)：23-31.
[35]胡晓慧. 在汉语热中走出去——近年来国内对外汉语教材出版评述[J]. 中国出版，2007(12)：31-33.
[36]黄燕飞. 中国会计准则国际趋同策略研究[D]. 北京：财政部财政科学研究所，2012.
[37]贾志高. 有关任务型教学法的几个核心问题的探讨[J]. 课程·教材·教法，2005(1)：51-55.
[38]姜安. 任务型教学法在对外汉字教学中的运用[J]. 海外华文教育，2009(4)：1-4.
[39]蒋辉宇. 境外企业境内股票发行与上市监管法律制度研究[D]. 上海：华东师范大学，2010.
[40]金彪. 浅析中国和巴西多边框架内的合作——从联合国到金砖国家机制[J]. 拉丁美洲研究，2012(2)：47-53.
[41]孔子学院在巴西[J]. 孔子学院(中葡文对照版)，2014(1)：73-79.
[42]寇志晖，李子建. 传统3P模式与任务型教学法的课堂实践与分析：汉语作为第二语言教学的角度[J]. 海外华文教育，2012(1)：3-10.
[43]雷容. 巴西孔子学院与中国文化的国际传播[J]. 荆楚学术论丛，2014(1)：79-82.
[44]黎天睦. 北京语言学院汉语教材简评[A]. 见：李泉. 对外汉语教材研究[M]. 北京：商务印书馆，2006.
[45]李春燕. 国内留学生汉语学习策略研究综述[J]. 内蒙古财经学院学报(综合版)，2010(4)：115-117.
[46]李丹. 高校英语教师在巴西进行语言教学时面临的跨文化冲突及适应问题研究[J]. 都市家教(上半月)，2013(11)：196.
[47]李婧. 任务型语言教学法在对外汉语口语教学应用中的反

思[J]. 吉林省教育学院学报, 2011(12): 63-64.
[48]李泉, 金允贞. 论对外汉语教材的科学性[J]. 语言文字应用, 2008(4): 108-117.
[49]李泉. 近20年对外汉语教材编写和研究的基本情况述评[J]. 语言文字应用, 2002(3): 100-106.
[50]李泉. 论对外汉语教材的实用性[J]. 语言教学与研究, 2007(3): 28-35.
[51]李泉. 论对外汉语教材的针对性[J]. 世界汉语教学, 2004(2): 49-57.
[52]李仁方. 中国与巴西贸易结构新解: 中国的视角[J]. 拉丁美洲研究, 2014(3): 40-48.
[53]李文莉. 巴西教师教育的发展及启示[J]. 国家教育行政学院学报, 2013(1): 87-90.
[54]李霞. 任务型教学法在大学英语教学中的应用[J]. 教育理论与实践, 2013(27): 56-58.
[55]李贤军. 关于华语教学"有效性"问题的思考[J]. 大家, 2010(22): 136-138.
[56]李晓亮. 对外汉语教材的几个问题[J]. 世界汉语教学, 1996(4): 101-104.
[57]李岩岩. 关于初级阶段汉语学习者词汇习得的研究——以重庆大学巴西班为例[D]. 重庆: 重庆大学, 2014.
[58]李燕. 任务型教学法与对外汉语初级口语教学[J]. 云南师范大学(对外汉语教学与研究版), 2006(3): 31-34.
[59]李宇明. 海外华语教学漫议[J]. 暨南大学华文学院学报(华文教学与研究), 2009(4): 6-11.
[60]李征. 浅谈对外汉语课堂教学法: 任务型教学法[J]. 教育教学论坛, 2011(1): 150-153.
[61]郦青, 王飞华. 字本位与对外汉语教学[J]. 西南民族大学学报·人文社科版, 2004(6): 370-373.
[62]梁宇. 任务型教学法在对外汉语写作教材中的体现——评《体验汉语写作教程》系列教材[J]. 海外华文教育, 2008(4):

51-56.
[63]林可，吕峡．越南留学生汉语学习策略分析[J]．暨南大学华文学院学报，2005(4)：19-24.
[64]零页．巴西华文教育概况[J]．侨务工作研究，2006(2)：29-30.
[65]刘凤芹．日本国内大学生汉语学习策略调查分析[J]．汉语学习，2012(4)：97-103.
[66]刘军．国际汉语教师资格考试的回顾与现状[J]．云南师范大学学报(对外汉语教学与研究版)，2015(5)：87-92.
[67]刘珣．新一代对外汉语教材的展望——再谈汉语教材的编写原则[J]．世界汉语教学，1994(1)：58-67.
[68]刘延东．创新　合作　包容　共享　携手并肩开创孔子学院发展新局面——在第十一届孔子学院大会开幕式上的主旨演讲[J]．孔子学院，2017(1)：12-15.
[69]刘延东．迈向孔子学院的新10年——在第九届孔子学院大会开幕式上的主旨演讲[J]．孔子学院，2015(1)：20-29.
[70]刘延东．适应需求 融合发展　为促进世界文明多元多彩贡献力量——在第十届孔子学院大会开幕式上的主旨演讲[J]．孔子学院，2016(1)：22-31.
[71]刘运红，陈东芳．中亚来华留学生汉语学习动机调查分析[J]．云南师范大学学报(对外汉语教学与研究版)，2012(4)：82-87.
[72]吕必松．对外汉语教学概论(讲义)(续五)[J]．世界汉语教学，1993(3)：206-219.
[73]吕必松．谈谈对外汉语教学的性质和特点[J]．语言教学与研究，1983(2)：4-24.
[74]吕鸿．外交部就李克强总理访问巴西、哥伦比亚、秘鲁、智利举行中外媒体吹风会[N]．人民日报，2015-05-14(3).
[75]马莉．简论黑人对巴西文化形成所作的贡献[J]．湖北大学学报(哲学社会科学版)，1989(2)：41-46.
[76]马如莎．中国与津巴布韦的关系：1980年以来双边合作关系

分析[D]. 长春：吉林大学，2012.
[77]马小垒. 浅析近年来拉美地区的"汉语热"[J]. 世界教育信息，2008(7)：71-75.
[78]茅海建. 巴西招募华工与康有为移民巴西计划之初步考证[J]. 史林，2007(5)：1-18.
[79]孟繁杰，李焱. 任务型教学法在对外汉语课堂教学中的应用[J]. 海外华文教育，2008(3)：35-40.
[80]欧阳祯人. 板书在对外汉语教学中的地位[J]. 海外华文教育，2009(1)：54-61.
[81]欧阳祯人. 从对外汉语教学的现状看历史文化语义学的作用[J]. 海外华文教育，2007(3)：1-9.
[82]欧阳祯人. 从对外汉语教学的现状看历史文化语义学的作用[J]. 海外华文教育，2007(3)：1-9.
[83]欧阳祯人. 浅谈针对零起点留学生的汉字教学[J]. 海外华文教育，2008(1)：14-18.
[84]欧阳祯人. 浅谈中国文化教学在对外汉语教学中的几个问题[J]. 长江学术，2007(4)：136-140.
[85]欧阳祯人. 中外比较是达到对外中国文化教学目的的桥梁[J]. 教育发展研究，1999(S2)：107-109.
[86]潘鸣威. 多模态视角下的口语交际能力重构与探究[D]. 上海：上海外国语大学，2011.
[87]潘文国."字本位"理论的哲学思考[J]. 语言教学与研究，2006(3)：36-45.
[88]齐沛. 对外汉语教材再评述[J]. 语言教学与研究，2003(1)：58-61.
[89]齐伟钧. 终极教育框架下成人外语教学研究[D]. 上海：上海外国语大学，2010.
[90]钱颖. 目标任务型教学法在线上华语教学中的应用[J]. 长江学术，2013(1)：130-136.
[91]塞韦里诺·卡布拉尔. 认识今天的中国：中国现象的巴西观点[A]. 载：雅尼丝，伊利克主编.《巴西与中国——世界秩

序变动中的双边关系》[C]. 北京：世界知识出版社，2001.
[92]邵恒章. 巴西黑人和巴西民族文化[J]. 拉丁美洲研究，1989(3)：47-48，61.
[93]盛双霞. 基于任务的对外汉语课堂教学[J]. 中国大学教学，2007(3)：65-67.
[94]石琳. 巴西学生汉语习得中的语法偏误分析——以巴西里约热内卢天主教大学孔子学院为例[D]. 保定：河北大学，2013.
[95]唐智芳. 文化视域下的对外汉语教学研究[D]. 长沙：湖南师范大学，2012.
[96]田诗园. 巴西学生使用汉语语气词的偏误分析与教学策略——以“吗、呢、吧、啊、的、了”为例[D]. 武汉：湖北大学，2014.
[97]佟秉正. 初级汉语教材的编写问题[J]. 世界汉语教学，1991(1)：33-39.
[98]王飞，吴缙嘉. 中国和巴西经贸关系的现状、机遇与挑战[J]. 国际论坛，2014(4)：52-58.
[99]王佳. 国际汉语教师澳门培训中心揭牌[J]. 世界汉语教学学会通讯，2009(1)：8.
[100]王泉玲.《精英汉语》和《新实用汉语课本》的对比研究[D]. 上海：上海外国语大学，2013.
[101]王英斌. 待遇低环境差巴西圣保罗州教师年离职逾3000人[J]. 世界文化，2014(1)：46.
[102]王悦欣. 对外汉语教材重在创新与实用[J]. 出版发行研究，2008(7)：57-59.
[103]王泽琳. 巴西和中国的高等教育体制对比与思考[J]. 教书育人·高教论坛，2013(11)：11-13.
[104]王正青. 高等教育国际化：巴西的因应策略与存在的问题[J]. 复旦教育论坛，2008(3)：82-85，93.
[105]魏先鹏，安然. 我国外派汉语教师志愿者研究概略[J]. 海外华文研究，2012(4)：346-351.

[106]魏子青，徐之明．中国与巴西关系的发展历程、特点与问题[J]．大连海事大学学报(社会科学版)，2013(4)：88-91.
[107]吴荣先．中国与巴西两国大学生人际价值观跨文化比较[J]．宁波广播电视大学学报，2005(1)：69-70.
[108]吴应辉．汉语国际传播研究，一个新兴的汉语国际教育研究领域[J]．云南师范大学学报(对外汉语教学与研究版)，2008(2)：1.
[109]徐大千．初级综合教材《当代中文》葡语版的针对性问题研究[D]．武汉：湖北大学，2014.
[110]徐家祯．从海外使用者的角度评论大陆编写的初级汉语课本[A]．见：李泉．对外汉语教材研究[M]．北京：商务印书馆，2006.
[111]徐捷源．国际汉语教育专家访谈提纲——中山大学访谈录[Z]．2010.
[112]徐通锵．“字”和汉语的句法结构[J]．世界汉语教学，1994(2)：1-9.
[113]许秋寒，于书诚，郭力，马小垒．来华留学生汉语学习动机调查[A]．北京高校来华留学生教育研究[C]．北京市高等教育学会，2008.
[114]严美华．世界汉语教学的新形势与新举措[J]．世界汉语教学，2003(4)：5-8.
[115]颜欢．巴西“中国热”推动汉语热[N]．人民日报，2015-02-05(003).
[116]杨帆．对巴西葡语学生对外汉语语音教学的探究——以巴西圣保罗州立大学孔子学院学生为例[D]．武汉：湖北大学，2011.
[117]杨小彬．外国学生汉语学习动机研究——以巴西汉语学习者为例[J]．武汉理工大学学报(社会科学版)，2017(2)：156-160.
[118]杨小彬．我国对外汉语教材编写的成就与问题[J]．湖北大学学报(哲学社会科学版)，2011(4)：31-43.

[119]杨小彬．转型期大学英语课程设置中的学生需求分析[J]．湖北大学学报(哲学社会科学版)，2013(4)：129-132.
[120]杨小彬．大数据对语言信息处理的挑战[J]．学习月刊，2015(11)：18-19.
[121]杨小彬．外国学生汉语学习动机研究——以巴西汉语学习者为例[J]．武汉理工大学学报(社会科学版)，2017(2)：156-160.
[122]杨翼．高级汉语学习者的学习策略与学习效果的关系[J]．世界汉语教学，1998(1)：88-93.
[123]姚敏．任务型教学法在对外汉语泛读教学中的运用探索[J]．中国成人教育，2010(8)：181-183.
[124]于晓日．任务型教学法与高校对外汉语教学[J]．海外华文教育，2014(3)：322-325.
[125]袁海霞．基于课程测试的留学生个体差异研究——以巴西来华预科学生为例[J]．湖北科技学院学报，2014(12)：137-139.
[126]袁一平．华人移民巴西二百年简史[A]．南美侨报社编印．华人移民巴西200周年纪念特刊[C]．圣保罗：南美侨报社，2013：1-14.
[127]翟汛．汉语教学资源体系所要求的新一代对外汉语教材[J]．长江学术，2010(1)：120-123.
[128]张宝宇．巴西500年历史嬗变[J]．拉丁美洲研究，2000(3)：1-8.
[129]张宝宇．巴西：离大国的目标有多远[J]．同舟共济，2008(1)：30-31.
[130]张宝宇．巴西经济发展与社会发展关系问题[J]．拉丁美洲研究，2005(1)：12-17，47.
[131]张宝宇．巴西咖啡种植业的发展和作用[J]．拉丁美洲丛刊，1984(1)：40-44.
[132]张宝宇．中国文化传入巴西及遗存述略[J]．拉丁美洲研究，2006(5)：55-61.

[133]张德鑫．从“词本位”到“字本位”——对外汉语教学的战略转移[J]．汉语学报，2006(2)：33-39.

[134]张高翔．对外汉语教学事业的过去、现在与未来[J]．云南教育，2002(4)：41-44.

[135]张杰．先秦儒家性情思想研究[D]．武汉：武汉大学，2003.

[136]张杰．学唱民歌与学习汉语[J]．海外华文教育，2007(1)：35-41.

[137]张靖．美国汉语学习者汉语学习策略初探[J]．开封大学学报，2011(3)：64-68.

[138]张亚军．历史上的对外汉语教学[J]．语言教学与研究，1989(3)：77-95.

[139]赵金铭．跨越与会通——论对外汉语教材研究与开发[J]．语言文字应用，2004(2)：109-118.

[140]郑桂芬．对外汉语文化教学改革研究与实践[J]．世界教育信息，2009(7)：65-68.

[141]周大炜．浅析巴西文化与巴西经济[J]．经济视角(中旬)，2012(2)：74-75.

[142]周世秀．90年代巴西教育的改革与发展[J]．拉丁美洲研究，2000(3)：41-44.

[143]周世秀．澳门在中华文明远播拉美中的重要作用[J]．拉丁美洲研究，1999(6)：1-4.

[144]周世秀．论中国巴西建交及两国战略伙伴关系的重要意义[J]．湖北大学学报(哲学社会科学版)，2004(4)：459-464.

[145]周志伟．巴西的战略地位与中巴关系[J]．拉丁美洲研究，2006(3)：42-47.

[146]周志伟．中巴关系：历史回顾与展望——纪念中国巴西建交35周年[J]．当代世界，2009(8)：55-57.

[147]周志伟．中巴关系“伙伴论”与“竞争论”：巴西的分析视角[J]．拉丁美洲研究，2014(2)：17-23.

[148]朱金花，周明芳．从建构主义视角探析任务型语言教学法的

应用[J]. 上海大学学报(社会科学版), 2008(3): 157-160.

[149]朱靓, 梁亮. 游戏教学法在零起点汉语口语课堂的合理运用——兼论对于任务型对外汉语口语教学系统的思考[J]. 中国轻工教育, 2008(4): 86-88.

[150]朱瑞花. 巴西学生汉语语序习得偏误分析[D]. 西安: 陕西师范大学, 2011.

[151]朱瑞花. 对外汉语教学中的中巴文化冲突[J]. 西安社会科学, 2010(2): 124-125.

[152]朱志平, 江丽莉, 马思宇. 1998—2008 十年对外汉语教材述评[J]. 北京师范大学学报(社会科学版), 2008(5): 131-137.

[153]左晓园. 中国与巴西: 战略伙伴关系的建立与深化[J]. 拉丁美洲研究, 2011(2): 34-43.

英语文献:

[1]Betty Lou Leaver and Jane R Willis(eds.). *Task-Based Instruction in Foreign Language Education: Practices and Programs* [A]. Washington, D. C.: Georgetown University Press, 2004.

(Betty Lou Leaver and Jane R Willis(eds.). 外语教育中的任务型教学: 项目与实践[A]. 华盛顿: 乔治城大学出版社, 2004.)

[2] Ellis, R 任务型教与学 = *Task-Based Language Learning and Teaching*[M]. 上海: 上海外语教育出版社, 2013.

[3]Gardner, R *Social Psychology and Second Language Learning: The Role of Attitude and Motivation* [M]. London: Edward Arnold, 1985.

(Gardner, R. 社会心理学与第二语言教学: 态度和动机的作用[M]. 伦敦: 阿诺德·爱德华出版公司, 1985.)

[4]George Lakoff. *Metaphors We Live By* [M]. Chicago: University of Chicago Press, 2003.

(George Lakoff. 我们赖以生存的隐喻 [M]. 芝加哥: 芝加哥大学出版社, 2003.)

[5] Janaina de Moura Engracia Giraldi, Ana Akemi Ikeda, Marcos

Cortez Campomar. Reasons for Country Image Evaluation: A Study on China Image from a Brazilian Perspective [J]. *Database Marketing & Customer Strategy Management*, 2011(2): 97-107.

(Janaina de Moura Engracia Giraldi, Ana Akemi Ikeda, Marcos Cortez Campomar. 国家形象评估的理据：以一个巴西人眼中的中国形象为例[J]. 数据库营销与消费者策略管理，2011(2): 97-107.)

[6] Leonard Bloomfield. *Language* [M]. Chicago: University of Chicago Press, 1984.

(Leonard Bloomfield. 语言论[M]. 芝加哥：芝加哥大学出版社，1984.)

[7] Marcin G, Lukasz S Monika S. Multidimensional Structure of Employee Motivation—Clustering Approach [J]. *International Conference on Quantitative Sciences and Its Applications*, 2014 (1635): 748-754.

(Marcin G, Lukasz S Monika S. 工作动机的多维结构：聚类分析法[J]. 定量科学及其应用国际会议，2014(1635): 748-754.)

[8] Nunan, D *Designing Tasks for the Communicative Classroom*[M]. Cambridge: Cambridge University Press, 1989.

(Nunan, D. 交际课堂的任务设计[M]. 剑桥：剑桥大学出版社，1989.)

[9] Nunan, D. 黄爱凤导读. 任务型语言教学=*Task-Based Language Teaching*[M]. 北京：外语教学与研究出版社，2014.

[10] O'Malley, J. M. and Chamot, A. U. *Learning Strategies in Second Language Acquisition* [M]. Cambridge: Cambridge University Press, 1990.

(O'Malley, J. M. and Chamot, A. U. 第二语言习得中的学习策略[M]. 剑桥：剑桥大学出版社，1990.)

[11] Oxford, R. L. 语言学习策略：教师必读[M]. 北京：北京世界图书出版公司，2008.

[12] Oxford, Rebecca L. & Burry-Stock, Judith A. Assessing the Use of Language Learning Strategies Worldwide with the ESL/EFL

Version of the Strategy Inventory for Language Learning (SILL)[J]. System, 1995(23): 1-23.
(Oxford, Rebecca L. & Burry-Stock, Judith A. 对语言学习策略量表(SILL)的 ESL/EFL 版本在全球语言学习策略研究中应用的评估研究[J]. System, 1995(23): 1-23.)

[13] Pinder, C. C. *Work Motivation in Organizational Behavior* (*2nd Edition*)[M]. New York: Psychology Press, 2008.
(Pinder, C. C. 组织行为中的工作动机(第二版)[M]. 纽约: 心理学出版社, 2008.)

[14] Pintrich, Paul R. and others. *A Manual for the Use of the Motivated Strategies for Learning Questionnaire* (*MSLQ*)[M]. Washington: Office of Educational Research and Improvement, 1991.
(Pintrich, Paul R. and others. 学习动机问卷使用手册[M]. 华盛顿: 教育研究与改革办公室, 1991.)

[15] Samuda, V. & Bygate, M. 第二语言学习中的任务 = *Tasks in Second Language Learning*[M]. 北京: 外语教学与研究出版社, 2010.

[16] TÂNIA GASTÃO SALIÉS. *Patterns of Learning Strategies of Brazilian EFL Learners*[R]. TESOL Conference in Atlanta, 1995.
(TÂNIA GASTÃO SALIÉS. 巴西 EFL 学习者学习策略模式[R]. 亚特兰大 TESOL 大会, 1995.)

[17] Willis, J. *A Framework for Task-Based Learning*[M]. Essex: Pearson Education, 2004.
(Willis, J. 任务驱动学习框架[M]. 艾塞克斯: 培生教育, 2004.)

[18] Yuan-Pang Wang, etc. Patterns of Psychopathological Manifestations Among Ethic Chinese Living in Brazil[J]. *Eur Arch Psychiatry Clin Neuosci*, 2004(254): 36-42.
(Yuan-Pang Wang, etc. 巴西华人种族的精神病理学表征模型[J]. 欧洲精神病学和临床神经科学档案, 2004(254): 36-42.)

后　记

5年前，我终以38岁“高龄”开始圆梦之旅，一路走来，有导师谆谆教导，有老师们传道解惑，有同学情深，有樱顶集体宿舍情怀，有雄心壮志，有爱人和亲人的鼓励和陪伴，有远离亲人、远赴巴西访学生活的艰辛，有在巴西开展研究的种种艰难，有无数个日夜的迷惘、孤独，更有幡然醒悟的惊喜。在论文即将完稿之际，掩卷沉思，似乎没有预料之中的惊喜，反而是感恩之请萦绕心头。

我与武汉大学的缘分始于高一，我的母校浠水县竹瓦高中为奖励我们历经数月平整学校操场的辛劳，组织了一天的武汉游，武汉大学是最后一站。参观完武汉大学后，我就下定决心报考武大。高考时，因为是在不知道分数的情况下，提前填报志愿，加上对自己不太自信，遗憾地与武大错过。后来，在湖北大学毕业并留校任教，结婚生子，总没有忘记儿时的梦想，每每看到影集中九·一二操场与电影场之间斜坡处拍摄的高一集体照，总有一股去武汉大学读书的冲动。2009年，我开始报考武汉大学语言学及应用语言学博士研究生，历经三年，终于通过考试，得以投身于张杰教授的门下。

首先谨以最诚挚的敬意感谢我的导师张杰教授，我的论文从选题到数据收集、数据分析直至论文的撰写和修改都凝结了先生的心血和智慧。先生学高为师，身正为范，身清气正，始终以严谨的治学之道、渊博的知识、高尚的人格为我树立了治学、做人的标杆，激励我在学习和工作中克服困难、开拓创新，使我终身受益。

感谢武汉大学文学院各位老师们，是他们将我这个英语专业出身的学生引领进对外汉语教学的研究道路。特别感谢冯学锋老师的提点和指导，感谢先生一直以来对我的关心和照顾，尤其是论文出版阶段的修订。感谢卢烈红老师、赵世举老师、萧国政老师、翟迅老师、赫琳老师、张延成老师、程乐乐老师、周颖菁老师、阮桂君老师、郭婷婷老师给予我的教导和关怀。感谢我的同学李德龙博士、彭琼博士、赵璞博士、许念一博士、莫凡博士、梁秀林博士和龙萍博士在学习上对我的帮助，感谢郭坦等同门师兄弟的深情厚谊。

感谢湖北大学国际交流与合作处处长刘国枝教授的推荐，使我有机会到巴西圣保罗州立大学访学。感谢巴西圣保罗州立大学孔子学院巴方院长保利诺教授的邀请，感谢巴西圣保罗州立大学孔子学院中方院长蔡蕾的帮助，感谢巴西圣保罗州立大学孔子学院林翠英老师、全体职工和全体学员们的支持和帮助。我要特别感谢参加问卷调查的孔子学院的巴西汉语学员们，他们在没有报酬的情况下，自愿参加，没有他们的无私帮助，我的论文将无法完成。还要特别感谢巴西孔子学院的志愿者们，他们帮助我发放、回收和统计问卷，关照我的生活，接受我的访谈，他们是：慕涛、王小诗、周远、胡裕涵、邹翠英、王元远、郭建辉、武文煜、尹荞和其他所有2014 年在巴西工作的汉语教师志愿者们。

回想在巴西半年访学的艰苦生活，我要特别感激给予我帮助的巴西学生、巴西朋友和中国朋友们。由于语言不通，住宿和生活需要自己独自处理，几乎面临无处落脚的窘境，特别感谢我的几位巴西学生，他们是：王景、Caroline、郤美、Guilherme 和他们的家人，他们去机场接我，照顾我的生活，帮我租到房子，使我度过了初到巴西时的适应期。还要特别感谢圣保罗大学 Odair 教授帮助我查阅资料，每周两次允许我无条件使用他的办公室，并指导我学习 Python 软件，给我的研究指点迷津。感谢圣保罗大学中文系主任 Antonio 教授的支持和帮助，感谢从事巴西汉语教学 30 余年的徐捷源老师的帮助。还有很多帮助我克服思乡之苦、在生活上给予我热情款待的在巴西结识的中国朋友们，他们是：李韬、王小强、张东宁、刘以谦、孙俊、胡开平、林颖、彭健、赵桂才、项志华、赫超和其他给予我帮助的朋友们。

我要借此机会，向一直支持我的湖北大学外国语学院大学英语部的同事们表示衷心的感谢。他们在我读博期间，帮我分担教学任务，协助我完成各项工作，特别是陶涛、董又能、周红兵、陆小丽、王婷、常娟等几位同事。特别感谢我的硕士生导师徐秋梅教授对我一直以来的关心和鼓励。感谢李祥坤教授的支持和帮助，感谢熊显长老师、韩文革老师、郁之行老师的帮助。感谢一直鼓励我的朋友们：孔奇志、杨银芬、蔡旭东、蔡毅、高新闻、汪小龙、黎亮、赵江南、陈平等。还要特别感谢帮助我校订本书的2015级编辑出版学的学生们。

我要特别感谢我的爱人谢丹。结婚以来，谢丹总是支持我的工作和学习，我曾先后三次赴国外学习和访学，她在家任劳任怨，孝敬父母，操持家务，使我在人生的不惑之年还能完成博士学业。在我访学巴西期间，妻子除了完成繁重的教学任务，还要照顾老人和孩子，为我解除了后顾之忧。在我论文写作期间，她承担全部家务，让我潜心写作。在我论文写作遇到瓶颈时，她总是鼓励我克服困难，给我提建设性意见，帮我修改论文。妻子给予我的爱值得我一生去回报。

我要特别感谢我的父母、我的岳父岳母、我的女儿杨羽彤和我的亲人们。父母养育之恩山高水长，虽然住在农村，但是无时无刻不在呵护我、激励我。我的岳父岳母帮我照顾我的家庭和我的女儿，不求回报，是我一生的榜样。我的女儿乖巧听话，学习努力上进，是我们生活的开心果。

衷心感谢参与博士论文盲评的三位匿名专家！衷心感谢博士论文答辩会5位专家：华中师范大学汪国胜教授、华中科技大学何洪峰教授、中南民族大学冯广艺教授、武汉大学赫琳教授和武汉大学冯学锋教授，感谢老师们的宝贵建议！

谨此向所有关心、支持与帮助我的老师同学、亲人和朋友们致以最诚挚的敬意和感谢！

笔者

2016年12月